KB262561

ГОВОРИМ ПО-РУССУКИ

한국인을 위한 표준러시아어 회화

강 흥 주

문예림

머 릿 말

　　우리나라에서 러시아語 교육이 실시된 지도 벌써 30여년이 지났다. 그러나 실제생활에서 러시아語가 활용되는 기회는 그리 많지 않았다. 때문에 러시아語의 생활응용을 위한 러시아語 會話 지침서를 펴낸다는 작업이 시기적으로 지나치게 빠르다는 주변의 판단이 있었던 것은 사실이다. 그럼에도 불구하고 학문으로서 러시아語를 배우고 있는 학생들에게는 물론이고, 기초적인 러시아語 지식만을 가지고 있는 사람에게, 또한 러시아語에 대한 흥미를 버리지 못하고 있는 사람들에게 구체적인 생활 러시아語를 습득시켜야 한다는 개인적인 과제를 풀기 위하여 標準러시아語 會話를 과감하게 펴내기로 하였다.

　　標準러시아語 會話는 발음과 기초적인 문법지식만 갖추고 있으면 누구라도 쉽게 응용할 수 있도록 편찬하였다. 기초편에서는 일상생활에서 많이 사용되는 표현을 도입하였으며, 응용편에서는 기초편을 응용하여 대인관계, 의식주, 교통, 통신, 스포츠, 여행, 관광 등 여러 분야에 걸친 생활용어를 중심으로 꾸몄다. 그리고, 문화적 차이에서 오는 혼동을 피하기 위하여 간단한 설명을 삽입하여 이해를 돕도록 하였다.

　　러시아語 會話의 길잡이가 될 수 있도록 편찬한 「標準러시아語 會話」는 М. М. Кудряцев, С. В. Неверев, Е. А. Бонди 共著인 「Русско-англиский разговорник」를 주로 참조하여 펴냈음을 밝힌다. 개인적으로 이 책이 모든 러시아語 학습자들의 생활회화 습득과 응용에 커다란 도움이 되기를 바란다.

　　이 책이 출판되기까지는 많은 후학들의 열정어린 도움이 있었다. 원고를 돌봐 준 이 주만, 임 홍수 선생, 교정과 편집 등 모든 구차한 작업을 폭염 속에서도 묵묵히 도와준 성 관열, 신 윤곤君에게 마음으로 부터의 고마움을 전한다. 끝으로 여러 가지의 어려운 상황에도 불구하고 오직 러시아語 보급을 위하여 출판의 결단을 내리고 편자를 독려하여 준 슬라브研究社의 崔 崇 사장에게 심심한 사의를 전한다.

編　　者

목   차

기 초 편

응 용 편

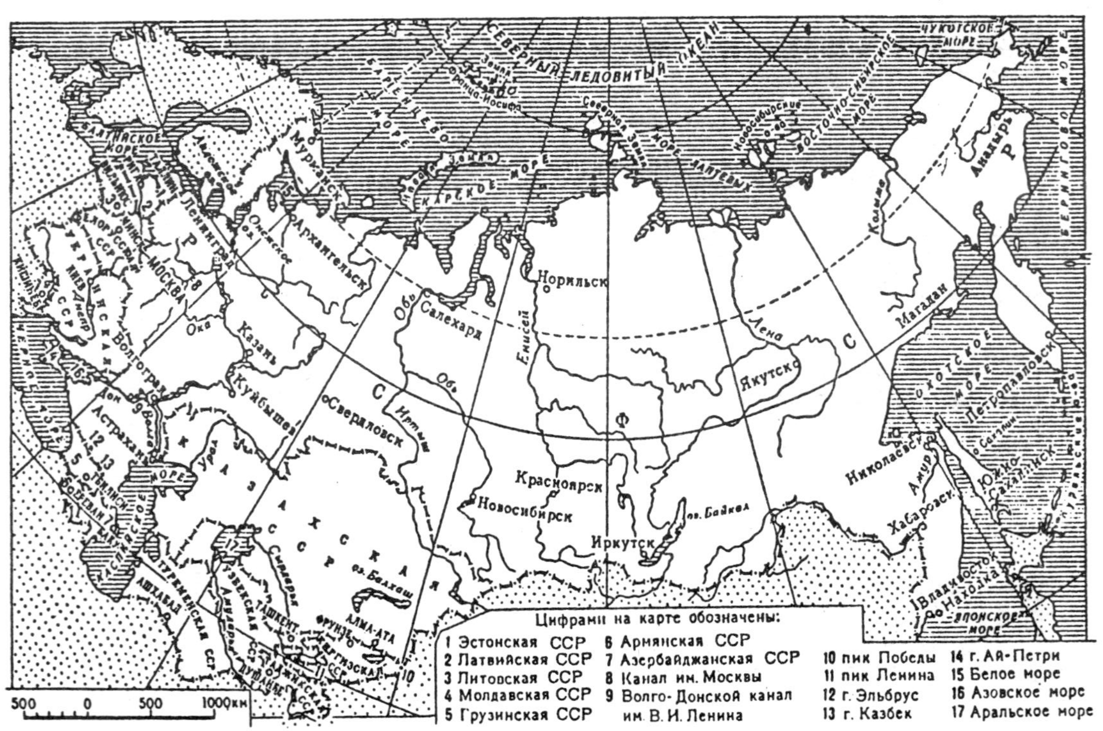

СЕВЕРНЫЙ ЛЕДОВИТЫЙ ОКЕАН
ЧУКОТСКОЕ МОРЕ
ВОСТОЧНО-СИБИРСКОЕ МОРЕ
МОРЕ ЛАПТЕВЫХ
КАРСКОЕ МОРЕ
БАРЕНЦЕВО МОРЕ
Земля Франца-Иосифа
Новая Земля
Северная Земля
Новосибирские о-ва
Анадырь Р.
Колыма
Лена
Магадан
Якутск
Норильск
Енисей
Обь
Салехард
Обь
Красноярск
Новосибирск
оз. Байкал
Иркутск
Николаевск
Амур
Хабаровск
ОХОТСКОЕ МОРЕ
о. Сахалин
Петропавловск
Южно-Сахалинск
Владивосток
Находка
ЯПОНСКОЕ МОРЕ
БАЛТИЙСКОЕ МОРЕ
Мурманск
Архангельск
Онежское оз.
Ленинград
МОСКВА
Казань
Ока
Сырдарья
Куйбышев
Свердловск
Иртыш
Урал
Дон
Волгоград
Волга
Астрахань
КАСПИЙСКОЕ МОРЕ
оз. Балхаш
АЛМА-АТА
ФРУНЗЕ
ТАШКЕНТ
Амударья
АШХАБАД
ТУРКМЕНСКАЯ ССР
УЗБЕКСКАЯ ССР
ТАДЖИКСКАЯ ССР
КИРГИЗСКАЯ ССР
КАЗАХСКАЯ ССР
УКРАИНСКАЯ ССР
БЕЛОРУССКАЯ ССР
Днепр
Киев
ЧЁРНОЕ МОРЕ
ТБИЛИСИ
ЕРЕВАН
БАКУ

Цифрами на карте обозначены:
1 Эстонская ССР
2 Латвийская ССР
3 Литовская ССР
4 Молдавская ССР
5 Грузинская ССР
6 Армянская ССР
7 Азербайджанская ССР
8 Канал им. Москвы
9 Волго-Донской канал им. В. И. Ленина
10 пик Победы
11 пик Ленина
12 г. Эльбрус
13 г. Казбек
14 г. Ай-Петри
15 Белое море
16 Азовское море
17 Аральское море
500   0   500   1000км

기 초 편

문자와 발음

Ⅰ. 러시아어 알파벳(**Алфавит**)

인쇄체		필기체	명 칭		발음 및 로마자표기	
А	а	_Аа_	а	아	아	a
Б	б	_Бб_	бэ	베	ㅂ	b
В	в	_Вв_	вэ	붸	ㅂ	v
Г	г	_Гг_	гэ	게	ㄱ	g
Д	д	_Дд_	дэ	데	ㄷ	d
Е	е	_Ее_	е(йэ)	예	1. 자음뒤에서〈예〉 2. 그밖에〈에〉	je e
Ё	ё	_Ёё_	ё(йо)	요	요	jo
Ж	ж	_Жж_	жэ	줴	ㅈ	ž
З	з	_Зз_	зэ	제	ㅈ	z
И	и	_Ии_	и	이	이	i
Й	й	_Йй_	и кра́ткое 이 끄라뜨꼬예		이	j
К	к	_Кк_	ка	까	ㄲ	k
Л	л	_Лл_	эл	엘	ㄹ	l
М	м	_Мм_	эм	엠	ㅁ	m
Н	н	_Нн_	эн	엔	ㄴ	n
О	о	_Оо_	о	오	오	o
П	п	_Пп_	пэ	뻬	ㅃ	p
Р	р	_Рр_	эр	에르	ㄹ	r
С	с	_Сс_	эс	에스	ㅅ	s
Т	т	_Тт_	тэ	떼	ㄸ	t
У	у	_Уу_	у	우	우	u
Ф	ф	_Фф_	эф	에프	ㅍ	f
Х	х	_Хх_	ха	하	ㅎ	ch
Ц	ц	_Цц_	цэ	쩨	ㅉ	c

Ч ч	𝒞ч	чз	체	츠	č
Ш ш	Шш	ша	샤	쉬	š
Щ щ	Щщ	ща	쉬차	쉬치	šč
Ъ ъ	ъ	твёрдый знак 뜨뵤르듸즈낙(경음부)	—	—	—
Ы ы	ы	ы	의	의	y
Ь ь	ь	мягкий знак 먀흐끼 즈낙(연음부)	—	—	,
Э э	Ээ	э	에	에	e
Ю ю	Юю	ю	유	유	ju
Я я	Яя	я	야	야	ja

Ⅱ. 발 음

1. 글자와 소리

러시아어의 글자와 소리, 즉 발음은 종종 일치하지 않는다. 따라서 이들은 정확하게 구별되어야 한다.

글자	발음
она́	〔aná, 아나〕
нож	〔noʃ, 노쉬〕

2. 모 음

러시아어의 모음은 경모음과 연모음으로 나누어진다.

경모음	a	o	y	э	ы
연모음	я	ё	ю	е	и

(1) 경모음 a, o, y, э는 각각 한국어의 〔아〕, 〔오〕, 〔우〕, 〔에〕와 비슷하다. ы는 〔우〕와 〔이〕의 중간에 해당하는 소리로서 한국어의 〔의〕와 비슷한 음이며 혀를 뒤로 당긴 다음 혀 중앙부를 입천장 쪽으로 올리며 발음한다.
(2) 연모음은 경모음 앞에 가볍고 짧은 〔이〕음이 첨가된 음으

로서 대체로 한국어의 [야], [요], [유], [예], [이]와 비
슷하다.
(3) ё (요)는 항상 악센트를 지닌다. 악센트가 있는 모음은 음
가 그대로 분명하게 그리고 강하고 약간 길게 발음한다. 악
센트가 없는 모음은 악센트가 있는 모음보다 약화되며 짧
게 발음한다. 따라서 악센트가 있는 음의 앞에 있는 о 는
[a], 악센트가 있는 음의 뒤에 있는 о는 [ə] 또는 [ʌ]로 발
음된다.
　예 : гора́ [gará, 가라 -], ко́локол [kóləkʌl, 꼴러껄]
　　　разгово́р [razgavór, 라즈가보 - 르]
　　　окно́ [aknó, 아끄노 -]
(4) 악센트가 없는 э, е, я가 악센트가 있는 모음 앞에 있을
때에는 [i] 또는 [ji]로 발음된다.
　예 : экспона́т [ikspanát, 익스빠나 - 뜨]
　　　еда́ [jidá, 이다 -], язы́к [jizík, 이직 - 끄]
　　　тяжело́ [tjižiló, 찌쥘로 -]

3. 자 음

러시아어의 자음은 무성자음과 유성자음으로 나누어지며
서로 대응하는 관계를 가지고 있다.

무성	п	т	к	ф	с	ш	х ц ч щ	대응관계없음
유성	б	д	г	в	з	ж	대응관계없음	л р м н ь

(1) 무성·유성자음의 대응관계는, 유성자음이 단어의 끝에 오
거나 무성자음 바로 앞에 있을 때에 그 유성자음은 그에 대
응하는 무성자음화하여 발음된다. 그리고 무성자음이 유성
자음 바로 앞에 있을 때에는 그 무성자음은 유성자음화하
여 발음된다(자음동화현상).
　예 : клуб [klup, 끌루 - 쁘]　трубка [trú pka, 뜨루 - 쁘까]
　　　сад [sat, 싸 - 뜨]　　　ло́дка [lótka, 로 - 뜨까]
　　　друг [druk, 드루 - 끄]　о́стров [óstrəf, 오 - 쓰뜨러프]
　　　всё [fsjo, 프쏘 -]　　　за́втра [záftrʌ, 자 - 프뜨라]
　　　колхо́з [kalchós, 깔호 - 스]　нож [noʃ, 노 - 쉬]
　　　пое́здка [paéstka, 빠예 - 스뜨까]
　　　экза́мен [jigzámen, 이그자 - 멘]

　　ло́жка [ló∫kâ, 로 - 쉬까]　отбо́р [adbór, 아드보 - 르]
　　сбор [zbor, 즈보 - 르]　예외 : твой [tvoj, 뜨보이]
(2) 대응관계가 아닌 경우에는 위의 알파벳란에 표기한　한국
　　어 음과 대체로 비슷하다. 단지 ф와 в의 발음은 윗니를 아
　　랫 입술에 대고 [프]와 [브]음을 낸다. г, к, x는 모두 후음
　　으로 목청을 마찰시켜 발음하며, ж, ч, ш, щ은　상악음으로
　　혀끝을 윗 잇몸의 뒤쪽으로 가볍게 말아올려 윗턱을　떨며
　　발음한다. л은 혀끝을 윗니 뒤쪽 밑에 가볍게 대고 [르]하
　　고 발음한다. p는 혀끝을 윗 잇몸에 가볍게 대고 진동을 시
　　켜서 [르]하고 발음한다.
(3) 러시아어의 자음은 또한 경자음과 연자음으로　구분되는데,
　　대부분의 자음 뒤에 ь(мя́гкий знак, 연음부)를 붙여　형성
　　된다.

경자음	б п в ф з с д т л м н р г к х	ц ш ж	——
연자음	б' п' в' ф' з' с' д' т' л' м' н' р' г' к' х'	——	ч' щ' j(й)

　　일반적으로 연자음은 대응하는 경자음을 발음할 때와 동일
한 입모양으로 발음하지만, 다만 혀의 중앙부를 и나 й를　발
음할 때처럼 입천장에 접근시켜 발음한다.
　　예 : мать [mat', 마 - 찌]　　ого́нь [agón', 아고 - 니]
　　　　ию́ль [ijúl', 이율 - 리]
(4) 연모음 я, ю, е, ё, и 앞의 경자음도 구개음화 현상을 일으
　　켜 연자음이 된다.
　　예 : где [gd'é, 그제 -]　　идёт [id'ot, 이죠 - 뜨]
　　　　дя́дя [d'jad'a, 쟈 - 자]　　те́кст [t'ekst, 쩨 - ㄲ스뜨]
　　　　лю́ди [ljud'i, 류 - 지]
(5) 이밖에 발음상에 주의해야 할 점.
　　① 보통 자음들은 단음이나 щ 는 장음이다.
　　② 같은 자음이 겹친 음은 장음이다.
　　　　ва́нная [vánaja, 반 - 나야]　　ка́сса [kása, 까 - 싸]
　　③ 음의 동화를 이룬 자음은 장음이다.
　　　　예 : отда́ть [adát', 앗 - 다찌]
　　④ 단어 속의 다음과 같은 글자의 결합은 장음이다.

글자결합	발음	예
тьСЯ⎫ тся⎭	[t͡sa, 짜]	мыться [mýt͡sa, 믜—짜] моется [mójt͡sa, 모—이짜]
тц, дц	[t͡s, 쯔]	отца́ [at͡sa, 아짜—] два́дцать [dvát͡sat', 드밧—짜찌]
сш, зш	[ʃ, 쉬]	бесшу́мный [beʃúmnyj, 베슘—늬이] вёзший [vjóʃij, 뵤—쉬이]
зж, сж	[ʒ, 즈]	уезжа́ть [ujeʒat', 우예좌—찌] сжать [ʒat', 좌—찌]
сч, зч	[ʃ', 쉬]	счита́ть [ʃ'tat', 쉬이—따찌] зака́зчик [zakáʃ'k, 자까—쉬ㄲ]
тч, дч	[t͡ʃ', 취]	лётчик [ljót͡ʃ'k, 료—취ㄲ] перево́дчик [pjirjivót͡ʃ'k, 삐리보—취ㄲ]

⑤ 예외적인 발음

글자결합	발음	예
ого, его	[ovo, 오보] [jivo, 이보]	но́вого [nóvovə, 노—보버] всего́ [fsjivó, 프시보—] сего́дня [sjivódn'a, 시보—드냐]
гк, гч	[chk, 흐ㄲ] [chtʃ, 흐츠]	лёгкий [l'jóchkij, 료—흐끼] ле́гче [l'échtʃ'e, 레—흐체]
чн	[ʃn, 쉬느]	коне́чно [kanéʃnə, 까네—쉬너]
чт	[ʃt, 쉬뜨]	что [ʃto, 쉬또—] (※ 단지 이 단 어에서만 적용)

⑥ 글자결합 -стн-, -здн- 에서 т와 д는 발음되지 않는다.
  예 : че́стный [t͡ʃésnyj, 체—스늬이]
       пра́здник [práznik, 쁘라—즈니ㄲ]
  다음 단어의 밑줄친 자음도 발음되지 않는다.
  счастли́вый, се́рдце, здра́вствуйте, чу́вствовать,
  со́лнце

⑦ 두 단어 이상, 특히 전치사와 연결되는 단어의 결합은
  한 단어처럼 발음한다.
  예 : в го́роде [vgórəd'e, 브고—러제]
       к окну́ [kaknú, 까ㄲ누—]
  이와 같은 현상은 음의 동화에도 적용된다.
  예 : в ко́мнату [fkómnatu, 프꼼—나뚜]
       с бра́том [zbrátəm, 즈브라—텀]
       к до́му [gdómu, 그도—무]

회화의 기초적인 표현

질문의 방법과 대답

【…입니까?】
　1. 여러 가지 의문사를 사용하여 만든다. 의문사는 보통 문장의 앞에 놓인다.

누구?

〔당신은〕 누구십니까?　　　　Кто вы?
〔나는〕 학생입니다.　　　　　Я студе́нт.

> 나(는) я, 우리들(은) мы, 너(는) ты, 너희들(은), 당신, 당신들(은) вы, 그(는) он, 그 여자(는) она́, 그들(은) они́

무엇?

이것은 무엇입니까?　　　　Что э́то?
이것은 사전입니다.　　　　Э́то слова́рь.
그 여자는 러시아 말을 어　Как она́ говори́т по-ру́сски?
　떻게 합니까?
잘 합니다.　　　　　　　Хорошо́.

누구의?

이것은 누구의 트렁크 입　Чей э́то чемода́н?
　니까?
나의 것 입니다. (이것은　Мой. (Э́то мой чемода́н.)
　나의 트렁크 입니다.)

> 나의 мой, 우리들의 наш, 너의 твой, 너희들의(당신의, 당신들의) ваш, 그의 его, 그 여자(녀)의 её, 그들의 их

어떤(어떠한)?

이것은 어떤(무슨) 잡지입니까?

Како́й э́то журна́л? (Что э́то за журна́л?)

이것은 소련 잡지「아가뇨끄」(불꽃) 입니다.

Э́то сове́тский журна́л «Огонёк».

얼마? 몇?

[당신은] 책을 몇 권 가지고 계십니까?

Ско́лько у вас книг?

[나는] 백 권 가지고 있읍니다.

У меня́ сто книг.

어디에(서)

당신 트렁크는 어디에 있읍니까?

Где ваш чемода́н?

여기(저기) 있읍니다.

Здесь. (Там.)

어디로?

[당신은] 어디로 가십니까?

Куда́ вы идёте?

[나는] 영화관에 갑니다.

Я иду́ в кино́.

어디에서?

당신들은 어디에서 오셨읍니까?

Отку́да вы прие́хали?

우리들은 한국에서 왔읍니다.

Мы прие́хали из Коре́и.

언제?

당신들은 언제 오셨읍니까?

Когда́ вы прие́хали?

우리들은 어제 왔읍니다.

Мы прие́хали вчера́.

왜(어째서)?

당신들은 왜 수업에 빠지셨읍니까?

Почему́ вы пропусти́ли заня́тия?

아팠기 때문입니다.

По боле́зни. (Из-за боле́зни. Я боле́л.)

아팠기 때문에 〔나는〕 수
　업에 빠졌읍니다.

Я пропустил занятия, потому
что (так как) был болен.

나는 아팠읍니다. 그래서
　수업에 빠졌읍니다.

Я был болен. Поэтому
пропустил занятия.

무엇 때문에?

무엇 때문에 당신들은　그
　곳으로 가십니까?

Зачем (для чего) вы поедете
туда?

휴식하려구요.

Для отдыха.

나는 휴식하려고　　그곳에
　가겠읍니다.

Я поеду туда отдохнуть.

Я　　поеду　　туда,　　чтобы
отдохнуть.

2. 의문문의 어순은 평서문과 같으며 **인토네이션**에 의해
서 의문의 의미를 나타낸다. 예컨데 질문의 중점이 되는　단
어를 약간 올려서 발음한다. 인토네이션에 의해서　표현되는
의문문은 의문소사 **ли**가 붙은 의문문 보다도 회화적인 뉴앙스
를 갖고 있다. 인토네이션으로 표현되는 질문에 대한　대답은
Да 와 **Нет**를 사용해서 표현한다.

이것은 사전입니까?

Это словарь?

예, 이것은 사전입니다.

Да, это словарь.

당신은 기사입니까?

Вы инженер?

아닙니다, 나는 기사가 아
　닙니다. 의사입니다.

Нет, я не инженер. Я врач.

3. 의문문은 의문소사 **ли** 「~입니까」를 사용해서 만들기도
한다. 의문소사 **ли** 는 항상 의문이 되는 단어의 뒤에 놓인다.
그리고 의문의 중점이 되는 단어는 반드시 문장의 맨 앞에 온
다. 의문소사 **ли**를 사용해서 만들어진 질문에 대한 대답은
Да와 **Нет**를 사용해서 표현한다.

당신은 일을 하십니까?

Работаете ли вы?

예, 일을 합니다.

Да, я работаю.

아닙니다, 일을 하지 않읍
　니다.

Нет, я не работаю.

【부정형(否定形)의 질문】

부정의 형태를 갖는 질문에 대해서는 어떠한 경우에도(예컨데 질문을 긍정으로 대답하는 경우이거나, 부정으로 대답하는 경우) Нет 를 사용한다.

이것은 사전이 아닙니까?	Э́то не слова́рь?
예, 이것은 사전이 아닙니다.	Нет, э́то не слова́рь.
아닙니다. 그것은 사전입니다.	Нет, э́то слова́рь.

그리고 부정의 형태를 갖는 질문에 대해 긍정으로 대답(예컨데 「예, …아닙니다」)할 경우에 да 를 사용할 수도 있다.

이것은 사전이 아닙니까?	Э́то не слова́рь?
예, 이것은 사전이 아닙니다.	Да, э́то не слова́рь.

【…이지요?】

당신은 러시아 사람이지요	Вы ру́сский, да?
예, 나는 러시아 사람입니다.	Да, я ру́сский.
아닙니다, 나는 러시아 사람이 아닙니다.	Нет, я не ру́сский.

【…입니까〔그렇지 않으면〕……입니까?】

그는 기사입니까, 의사입니까?	Он инжене́р или врач?
그는 의사입니다.	Он врач.
그는 누구입니까? 기사입니까, 의사입니까?	Кто он, инжене́р или врач?
그는 기사입니다.	Он инжене́р.

희 망

【…을 원합니다, …을 바랍니다】

당신은 이것을 원하십니까?	Вы **хоти́те** э́то?
예, 그렇습니다(그것을 원합니다).	Да, я **хочу́** э́то.
아닙니다, 그것을 바라지 않습니다.	Нет, **я не хочу** э́того.

【…하고 싶습니다】

〔나는〕 마시고(먹고) 싶습니다.	Я **хочу́** пить (есть).
〔나는〕 먹고 싶지 않습니다.	Я не **хочу́** есть.
〔나는〕 먹고(마시고, 잠자고, 쉬고) 싶습니다.	Мне **хо́чется** есть (пить, спать, отдохну́ть).

【…하고 싶은데요】

〔나는〕 쉬고 싶은데요. (할 수가 없거나 못하는 상태를 말함)	Я **хоте́л бы** отдохну́ть.
〔나는〕 그곳에 (쉬기위해) 가고 싶습니다. (그러나 갈수 없음을 말함)	Мне **хоте́лось бы** пое́хать туда́ (отдохну́ть).

좋아하는 것과 싫어하는 것

【…을 좋아합니다, 싫어합니다】

나는 좋아합니다(싫읍니다). Я (не) люблю́.

나는 이것을(노래를, 춤을).. Я люблю́ э́то (пе́ние, та́нцы).
좋아합니다.

나는 춤을 좋아하지 않읍 Я не люблю́ та́нцы.
니다. (싫어 합니다.)

좋아합니다. (싫어 합니다.) Мне (не) нра́вится.

나는 이것을 좋아(싫어)합 Мне э́то (не) нра́вится.
니다.

나는 그것이 마음에 들었 Мне э́то (не) понра́вилось.
읍니다(들지 않았읍니다).

【…하는 것을 좋아한다】

나는 독서(여행, 정원의 일) Я люблю́ чита́ть (путеше́-
를 좋아 합니다. ствовать, рабо́тать в саду́).

나는 여행(하는 것)을 좋 Мне нра́вится путеше́ст-
아 합니다. вовать.

흥미, 관심

【…이 재미있다, 지루하다】

영화가 재미 있었읍니다.	Карти́на была́ интере́сная.
이것은 재미 있읍니다(없 읍니다).	Э́то (не) интере́сно.
〔나는〕재미가 있읍니다(없 읍니다).	Мне (не) интере́сно.
〔당신은〕지루하지 않읍니 까?	Вам не ску́чно?
예, 지루하지 않읍니다.	Нет, не ску́чно.

【…에 흥미·관심이 있다】

〔당신에게〕이것은 흥미가 있읍니까?	Э́то вас интересу́ет?
예, 흥미가 있읍니다.	Да, интересу́ет.
아닙니다, 〔그것은 나에게〕 흥미가 없읍니다.	Нет, 〔э́то меня́〕 не интере- су́ет.
나는 그것에 흥미가 있읍 니다. (흥미가 없읍니다.)	Я (не) интересу́юсь э́тим.
당신은 음악(문학, 스포츠) 에 흥미가 있읍니까?	Вы интересу́етесь му́зыкой (литерату́рой, спо́ртом)?

【…에 싫증이 나다】

나는 그것에 싫증이 났읍 니다.	Мне э́то надое́ло.

필요, 의무

【…가 필요하다】

이것이 필요합니다(필요하 지 않읍니다).	Э́то (не) ну́жно (на́до).

나는 이 책이 매우 필요합니다.	Мне о́чень нужна́ э́та кни́га.

【…해야만 한다】

이것을 해야 합니다(하지 않으면 안됩니다).	Э́то ну́жно сде́лать.
나는 일을 해야(가야) 합니다.	Мне ну́жно (на́до) рабо́тать (идти́).
내일 나는 일을 하지 않으면 안됩니다.	За́втра я до́лжен (должна́) рабо́тать.

어려움, 쉬움

【…은 어렵다, 쉽다】

문법은 어렵습니다.	Грамма́тика тру́дная.
이 문제는 쉽습니다.	Э́та зада́ча лёгкая.
이것은 어렵습니다(어렵지 않읍니다).	Э́то (не) тру́дно.
이것은 쉽습니다(간단하지 않읍니다).	Э́то (не) легко́.
나는 어렵습니다.	Мне тру́дно.
당신은(에게는) 간단합니다.	Вам легко́.

【…하는 것이 어렵다, 쉽다】

〔나는〕러시아어로(를) 말하는 것이 어렵습니다.	Мне тру́дно говори́ть по-ру́сски.
당신은 이것을 하시는 것이 간단합니까?	Вам легко́ сде́лать э́то?
아닙니다, 어렵습니다.	Нет, тру́дно.

가　능

【…할 수 있다】

당신은 수영할 수 있읍니까?	Вы уме́ете пла́вать?

예, 할 줄 압니다.	Да, уме́ю.
수영합시다.	Дава́йте попла́ваем.
아닙니다, 오늘은 몸이 좋 　지 않아서 수영할 수 없 　읍니다.	Нет, не могу́, потому́ что сего́дня я чу́вствую себя́ пло́хо.

답　례

고맙습니다.	Спаси́бо [вам]!
대단히 고맙습니다!	Большо́е [вам] спаси́бо!

※ 러시아어를 처음 배우는 사람은 Óчень спаси́бо! 라고 말하기 쉬우나 이렇게 해서는 안된다.
　무엇에 대해서 고마움을 표시할 때에는 за+명사 대격 또는 [за то], что… 의 형식을 취한다.

주의를 기울여 주셔서　고 　맙습니다.　　경청해 주 　셔서 감사합니다.	Спаси́бо [вам] за внима́ние.
도와주셔서 고맙습니다.	Спаси́бо за по́мощь.
모든 것이 다 감사합니다.	Спаси́бо за всё.
[당신이]와 주셔서 감사합 　니다.	Спаси́бо, что вы пришли́.
고맙습니다.	Спаси́бо!
천만에요(별 말씀을).	Не́ за что.
대단히, 대단히 감사합니다!	Большо́е, большо́е спаси́бо!
천만에요, 무슨 말씀을요.	Пожа́луйста.
대단히 감사합니다 !	Большо́е вам спаси́бо!
별 말씀을 다 하십니다, 그 　러실 필요가 없읍니다.	Пожа́луйста, не сто́ит благо- да́рности.

「너무 지나친 칭찬이시군요」라는 한국어와 비슷한 말은 Спаси́бо за комплиме́нт! 로 표현한다. 직역하면 「칭찬에 감사합니다」이다.

사　과

실례합니다만, 용서해 주십시오(죄송합니다).	**Извини́те** (**прости́те**), пожа́луйста.

извини́ть 와 **прости́ть** 는 한국어로는 동일하게 「용서하다」로 번역되지만 원래의 의미로는, 잘못이 큰 것을 용서할 때는 **прости́ть** 로, 가벼운 것일 때에는 **извинить** 를 사용한다.

늦어서 죄송합니다.	Извини́те **за** опозда́ние.
늦게 온 것을 용서하십시오.	Извини́те, **что** опозда́л.
당신을 기다리게 해서 죄송합니다.	Извини́те, **что** я заста́вил вас ждать.

위와 같은 말에 대하여 다음과 같이 응대한다.

천만에요(아무렇지도 않습니다).	Ничего́. (Пожа́луйста.)
천만에요, 괜찮습니다.	Ничего́, ничего́.
괜찮습니다, 염려마십시요.	Ничего́, не беспоко́йтесь.
천만에요, 그럴 수 있지요.	Ничего́, быва́ет.

Пожалуйста 는 한국어로 「천만에 말씀입니다, 괜찮습니다」와 비슷한 말로, 고맙다는 답례에 대한 응답으로도 사용되며, 사과에 대한 응답으로도 사용된다. 그러나 **ничего́** 는 사과에 대한 응답으로만 사용한다.

권 고

【…하십시오】

동사의 명령형으로 표현한다. 동사의 명령형에 пожа́луй-ста를 함께 사용하면 정중한 표현이 된다.

앉으십시오.	Сади́тесь.
어서 앉으십시오.	Сади́тесь, пожа́луйста.
자, 어서!	Пожа́луйста.
고맙습니다.	Спаси́бо.
어서 드십시오.	Е́шьте (ку́шайте), пожа́луйста.
아닙니다, 고맙습니다 (괜 찮습니다).	Нет, спаси́бо.

【… 하도록(하기를) 권고하다】

이것을 하시도록(그렇게 하 시도록, 이것을 보시도 록,이 책을 읽으시도록) 권합니다.	Я сове́тую вам сде́лать э́то (поступи́ть так, посмотре́ть э́то, прочита́ть э́ту кни́гу).

…합시다

「…합시다」는 다음과 같은 방법으로 표현한다.

1. 동사의 1인칭 복수형. 상대방이 한 사람이면 그대로 사용하며, 두 사람 이상인 경우에는 -те를 붙인다.

갑시다!	Идёмте! Идём! Пойдёмте! Пойдём!

2. дава́й (상대방이 한 사람일 때 쓰며, 두 사람 이상을 향해서 말할 때는 дава́йте)+동사의 미래형 1인칭복수형 또는 불완료체동사 부정형

〔그늘에〕앉읍시다.	Дава́йте ся́дем 〔в тень〕.
장기(서양장기)를 둡시다.	Дава́йте игра́ть в ша́хматы.

3. 완료체동사의 복수 과거형

갑시다! (걸어서)	**Пошли́**!
갑시다! (탈 것에 타고)	**Пое́хали**!

위와 같이 말하는 상대방에게 다음과 같은 말로 응답한다.

예, 좋습니다.	**Хорошо́.**
예, 좋습니다.	**Ла́дно.**
기꺼이 하겠읍니다.	**С удово́льствием.**
기꺼이 하겠읍니다.	**С ра́достью.**
유감스럽지만 할 수 없군 요.	**К сожале́нию, не могу́.**
아닙니다, 그럴 수 없읍니 다(하고 싶지 않읍니다).	**Нет, не могу́** (не хочу́).

허가, 금지

괜찮읍니까?	**Мо́жно?** (Мо́жно ли?)
예, 괜찮읍니다(좋습니다).	Да, мо́жно.
아니오, 안됩니다.	Нет, **нельзя́.**
잠깐만 연필좀 빌려도 괜 찮읍니까?	Можно мне на мину́тку взять ваш каранда́ш?
예, 좋습니다. 쓰십시요.	Пожа́луйста.

사전이 없는데 댁의 것을
    좀 빌려 주시겠읍니까?
	У меня́ нет словаря́. **Мо́жете**
	    вы мне дать свой?

댁으로 전화를 할 수 있겠
    읍니까?
	Могу́ ли я позвони́ть вам
	    домо́й?

담배를 피워도 괜찮겠읍니 까?	**Разреши́те** кури́ть?
예, 어서 피우세요.	Пожа́луйста.

> **Мо́жно**의 부정. 러시아를 처음 배우는 사람 중에는 「할 수 없다」, 「해서는 안된다」를 표현하고자 할 경우에 мо́жно 앞에 부정소사 не를 써서 не мо́жно로 표현하는 사람이 많으나, 그것은 잘못된 사용이다. 이러한 경우에는 반드시 нельзя́를 사용해야 한다.
> **Разреши́те…?** 와 **Позво́льте…?** 는 Мо́жно…? 와 Мо-гу́ ли я…? 보다 정중하며 좋은 느낌을 준다.

찬성, 반대

찬성(동의) 하십니까?	Вы согла́сны?
예, 나는(우리들은) 찬성합니다.	Да, я согла́сен (я согла́сна, мы согла́сны).
아닙니다, 나는 찬성하지 않읍니다.	Нет, я не согла́сен (не согла́сна).
나는(우리들은) 반대합니다.	Я (мы) про́тив (не про́тив).

의　　뢰

「의뢰」는 동사의 명령형을 사용하여 표현한다.

이 일에(이것을 하도록) 나를 도와 주십시오.	Помоги́те мне в э́том (сде́лать э́то).

※명령형만 사용하면 정중한 표현이 아니므로, пожа́луйста, бу́дьте добры́, бу́дьте любе́зны 따위를 함께 사용한다. 그밖에 прости́те, извини́те 등도 사용한다.

미안합니다만, 이것을 하십시오.	Пожа́луйста, сде́лайте э́то.
미안합니다만, 도와주십시오.	Помоги́те [мне], пожа́луйста.
미안합니다만, 빌려주십시오.	Да́йте, пожа́луйста.

죄송합니다만, 물 좀 주십시오.	Бу́дьте добры́ (любе́зны), да́йте мне воды́.
죄송합니다만, 여의도 광장으로 가는 길을 가르켜 주시겠읍니까?	Прости́те, вы не мо́жете мне показа́ть, как пройти́ на пло́щадь Йоыдо?

상대방으로 하여금 제3자에게 전달할 말을 의뢰할 경우에는 다음과 같이 표현한다.

그 여자에게 이리 오도록 말씀 좀 해 주십시오.	Попроси́те её прийти́ сюда́.

의뢰를 받았을 때 승락을 하거나 거절을 할 경우에는 다음과 같이 표현한다.

예, 좋읍니다.	Хорошо́.
예, 좋읍니다.	Ла́дно.
기꺼이 하겠읍니다.	С удово́льствием [сде́лаю].
아닙니다, 할 수 없읍니다.	Нет, не могу́ (не мо́жем).
유감스럽지만, 할 수 없읍니다.	К сожале́нию, не могу́.

감　정

【감탄할 때】

어떤 말이라도 감정을 넣어서 강하게 발음하면 감탄이 된다.

좋읍니다! 아주 좋읍니다!	Хорошо́! О́чень хорошо́!
아주 아름답군요!	О́чень краси́во!
아주 멋이 있군요! 굉장히 훌륭합니다!	Прекра́сно! Замеча́тельно!

감탄할 때에는 또 대명사 како́й, как, ско́лько 따위를 사용하여 표현한다.

참 춥습니다! 대단한 추위군요!	Како́й хо́лод!
참 덥습니다! 대단한 더위군요!	Кака́я жара́!
참으로 멋진(예쁜) 물건이군요!	Кака́я краси́вая вещь!
참으로 불행합니다!	Кака́я беда́!
참으로 어려운 일입니다!	
참 불쌍하군요!	
참으로 불쾌한 일입니다!	Кака́я неприя́тность!
아주 역겨운 일이군요!	
참으로 슬픈 일입니다!	Како́е го́ре (несча́стье)!
참 춥군요(덥군요)! 무슨 추위가 (더위가)!	Как хо́лодно (жа́рко)!
참 재미있군요! 아주 재미있군요!	Как интере́сно!
참 아름다워요!	Как краси́во!

【놀랄 때】

〔이 일에〕　나는(우리는) 놀랐읍니다.	Я поражён (я поражена́, мы поражены́) э́тим.
〔이 일에〕　나는(우리는) 놀랐읍니다.	Я восхищён (я восхищена́, мы восхищены́) э́тим.
〔이 일에〕　나는(우리는) 놀랐읍니다.	Я удивлён (я удивлена́, мы удивлены́) э́тим.

восхищён, поражён, удивлён을 우리말로 번역하면 「깜짝 놀라다」「깜짝 놀랐다」의 뜻이지만, восхищён은 강한 감탄을 나타내고, поражён은 감동과 놀램이 뒤섞인 강한 놀램을 표시하는 경탄을 나타내며, удивлён은 뜻밖의 놀램을 나타낼 때 사용한다.

【기쁠 때】

| 나는(우리는) 그것이 기쁩(즐겁습)니다. | Я рад (я ра́да, мы ра́ды) э́тому. |

〔나는〕 기분이 좋습니다 (유쾌합니다).　Мне прия́тно (ве́село).

〔나는〕 웃음이 납니다.　Мне смешно́.

【근심, 걱정, 흥분, 슬플 때】

낙담하지 마십시오. 힘 내십시오.　Не па́дайте ду́хом.

나는 이 일 때문에 (그 사람 때문에, 그 여자 때문에, 그들 때문에) 걱정이 됩니다.　Я беспоко́юсь об э́том (о нём, о ней, о ни́х).

진정하십시오. 걱정하지 마십시오.　Успоко́йтесь.

흥분 (걱정) 하지 마십시오.　Не волну́йтесь.

【무서울 때】

〔나는〕 무섭습니다.　Мне стра́шно.

나는〔…이〕무섭습니다 (두렵습니다).　Я бою́сь 〔 …[生格]).

【유감, 동정】

〔나는〕 유감스럽습니다, 애석합니다, 딱합니다, 안됐읍니다.　Мне жаль.

〔나는〕유감스럽습니다, 애석합니다, 딱합니다, 안됐읍니다.　Мне доса́дно.

　　《Мне жаль.》는 「애석하다, 딱하다」라는 뉴앙스가 강하며, 《Мне доса́дно》는 「분하다」「원통하다」라는 뉴앙스가 강하다. 예를 들면 꼭 와야 할 사람이 오지 못했을 경우에는 жаль를, 쉬운 시험 따위에 떨어졌을 경우에는 доса́дно를 사용한다. 또한 жаль에는 「아주 안됐다」라는 동정의 의미도 포함되어 있다.

〔나는〕 그가(그　여자가,
　그들이)　딱합니다(안되
　었읍니다).

Мне жаль (жа́лко) его́ (её, их).

〔나는〕 당신을(그를, 그 여
　자를, 그들을) 동정합니
　다.

Я сочу́вствую вам (ему,　ей,
　им).

【선망】
〔나는〕 부럽습니다.

Мне зави́дно.

〔나는〕 당신을(그를, 그 여
　자를, 그들을) 부러워합
　니다.

Я зави́дую вам (ему́, ей, им).

【수치】
〔나는〕 부끄럽습니다.

Мне сты́дно.

【만족】
나는(우리는) 이 일에 만족
　합니다.

Я дово́лен (я дово́льна,　мы
　дово́льны) э́тим.

여러 가지 제스쳐

사람을 부를 때 우리 나라에서는 좀 떨어져 있는 사람을 손짓하여 부를 때 손을 앞으로 뻗고, 손바닥을 아래로 향하고 손가락을 상하로 움직이며 오라고 말을 하나, 소련에서는 손바닥을 위로 향하게 하고 손가락을 위쪽으로 움직인다. 손바닥을 아래로 향하고 손가락을 움직이면 소련에서는 「가라」는 의도이니 조심해야 한다.

분명치 않은 것, 불만이나 적합치 않다는 것을 표시할 때 일반적으로 외국인들이 그렇듯이 러시아인도 양 어깨를 위로 치켜올려 으쓱거리며 말은 하지 않는다.

「야!」「이게!」하고 위협을 나타낼 때 둘째 손가락을 세우고 앞으로 돌진하면서 Bo! 하고 말한다.

「이젠 아주 충분한데!」, 「여기까지 찼어!」 Bo! 라고 말을 하면서 오른손을(손바닥을 아래로 향하게 하고) 목까지 올리고 왼쪽에서 오른쪽으로(왼손인 경우 오른쪽에서 왼쪽으로) 수평으로 가로 긋는다. 이것은 по го́рло 「목까지 꽉 찼다」라는 의미로서 「이젠 정말 충분해!」「이제 그만!」 이라는 의미도 된다. 「배 부르다」「일거리가 태산같다」「그런 애기는 이젠 그만!」이라는 의미의 경우에도 사용된다.

수　사

개수사	서수사
1　оди́н [男]	第1의, 첫번째 пе́рвый [男]
одна́ [女] 　　одно́ [中] 　　одни́ [複]	пе́рвая [女] пе́рвое [中] пе́рвые [複]
2　два [男·中]	第2의, 두번째 второ́й
две [女]	(이하 тре́тий를 제외하 　고 пе́рвый와 같은 변화)
3　три (이하 男·女·中 　　　공통)	第3의, 세번째 тре́т/ий, -ья, -ье, -ьи 　(이하 생략)
4　четы́ре	четвёртый
5　пять	пя́тый
6　шесть	шесто́й
7　семь	седьмо́й
8　во́семь	восьмо́й
9　де́вять	девя́тый
10　де́сять	деся́тый
11　оди́ннадцать	оди́ннадцатый
12　двена́дцать	двена́дцатый
13　трина́дцать	трина́дцатый
14　четы́рнадцать	четы́рнадцатый
15　пятна́дцать	пятна́дцатый
16　шестна́дцать	шестна́дцатый
17　семна́дцать	семна́дцатый
18　восемна́дцать	восемна́дцатый
19　девятна́дцать	девятна́дцатый
20　два́дцать	двадца́тый
30　три́дцать	тридца́тый
40　со́рок	сороково́й

50	пятьдеся́т	пятидеся́тый
60	шестьдеся́т	шестидеся́тый
70	се́мьдесят	семидеся́тый
80	во́семьдесят	восьмидеся́тый
90	девяно́сто	девяно́стый
100	сто	со́тый
200	две́сти	двухсо́тый
300	три́ста	трёхсо́тый
400	четы́реста	четырёхсо́тый
500	пятьсо́т	пятисо́тый
600	шестьсо́т	шестисо́тый
700	семьсо́т	семисо́тый
800	восемьсо́т	восьмисо́тый
900	девятьсо́т	девятисо́тый
1,000	ты́сяча	ты́сячный

개수사 앞에 열거한 숫자 이외의 숫자는 숫자와 숫자를 이어서 쓰면 된다. 예를들면, 21은 два́дцать один, 125 는 сто два́дцать пять 로 쓰면 된다.

 2(3, 4)천은 две(три, четыье) ты́сячи (단수생격), 5 천 이상은 пять(шесть, …) ты́сяч (복수생격)를 사용한다.

 러시아어에서 「만」이상의 숫자를 쓸 때, 1만은 10천 (де́сять ты́сяч), 10만은 100천(сто ты́сяч)으로 말한다. 100만은 миллио́н, 10억은 миллиа́рд 이다. 0은 ноль (남)이다.

 체조의 구령이나 보조를 맞출 때, 즉 「하나, 둘, 셋…」 은 один를 사용하지 않고 раз 「회, 도수」를 사용하여 раз, два, три … 를 사용한다.

서수사 앞에 열거한 서수 이외의 숫자는 개수와 서수를 함께 사용하여 만든다. 즉 맨 마지막 숫자를 서수만 쓰면 된다. 예를 들면, 「21번째 (의)」는 два́дцать пе́рвый, 「112번째 (의)」는 сто двена́дцатый, 「1, 345번째 (의)」 는 ты́сяча три́ста со́рок пя́тый 이다.

때를 나타내는 방법

【년】

금년(에)	в э́том году́
지난 해(에)	в про́шлом году́
내년(에)	в бу́дущем году́
다음 해(에)	в сле́дующем году́
당신은 언제 소련을 방문 하시렵니까?	Когда́ вы собира́етесь посети́ть Сове́тский Сою́з?
금년에요.	В э́том году́.

「서기 …년」은 맨 마지막 숫자만 서수를 사용하며 다른 숫자는 개수를 쓴다.

지금은 몇 년(도) 입니까?	Како́й тепе́рь год?
금년은 1986년 입니다.	Тепе́рь ты́сяча девятьсо́т во́семьдесят шесто́й год.

「…년에」는 **в**＋서수(전치격)＋**году́** 로 표시하며 개수의 부분은 변화하지 않고, 맨 마지막 서수만 전치격으로 변한다.

몇 년도에 (언제) 태어나 셨읍니까?	В како́м году́ (когда́) вы роди́лись?
〔나는〕 1955년도에 태어 났읍니다.	Я роди́лся в ты́сяча девятьсо́т пятьдеся́т пя́том году́.

【월】

이 달(에)	в э́том ме́сяце
지난 달(에)	в про́шлом ме́сяце
내월(에)	в бу́дущем ме́сяце
다음 달(에)	в сле́дующем ме́сяце

언제 귀국하십니까?	Когда́ вы уезжа́ете на ро́дину?
다음 달에 귀국합니다.	Я уезжа́ю в **бу́дущем ме́сяце.**
1월 ; ～에	янва́рь; в январе́
2월 ; ～에	февра́ль; в феврале́
3월 ; ～에	март; в ма́рте
4월 ; ～에	апре́ль; в апре́ле
5월 ; ～에	май; в ма́е
6월 ; ～에	ию́нь; в ию́не
7월 ; ～에	ию́ль; в ию́ле
8월 ; ～에	а́вгуст; в а́вгусте
9월 ; ～에	сентя́брь; в сентябре́
10월 ; ～에	октя́брь; в октябре́
11월 ; ～에	ноя́брь; в ноябре́
12월 ; ～에	дека́брь; в декабре́
어느(무슨) 달에 당신은 태어 나셨읍니까?	В како́м ме́сяце вы родили́сь?
나는 7월생입니다.	Я роди́лся **в ию́ле.**
연(월) 초에	в нача́ле го́да (ме́сяца)
연(월) 중에	в середи́не го́да (ме́сяца)
연(월) 말에	в конце́ го́да (ме́сяца)

【주】

금주(에)	на э́той неде́ле
지난 주(에)	на про́шлой неде́ле
내주(에)	на бу́дущей неде́ле
다음 주(에)	на сле́дующей неде́ле
나는 금주(지난 주)에 그 곳에 있었읍니다(그곳에 갔읍니다).	Я был там **на э́той (про́ш- лой)** неде́ле.

【오늘, 어제, 내일】

오늘	сего́дня
어제	вчера́

내일	за́втра
그저께	позавчера́
모레	послеза́втра

〔나는〕 내일 한가한 시간이 있겠읍니다마는 오늘은 없읍니다.	У меня́ бу́дет свобо́дное вре́мя за́втра, а сего́дня у меня́ нет свобо́дного вре́мени.

【요일】

월요일 ; ～에	понеде́льник ; в понеде́льник
화요일 ; ～에	вто́рник ; во вто́рник
수요일 ; ～에	среда́ ; в сре́ду
목요일 ; ～에	четве́рг ; в четве́рг
금요일 ; ～에	пя́тница ; в пя́тницу
토요일 ; ～에	суббо́та ; в суббо́ту
일요일 ; ～에	воскресе́нье ; в воскресе́нье

오늘은 무슨 요일입니까?	Како́й сего́дня день 〔неде́ли〕?
오늘은 화요일입니다.	Сего́дня вто́рник.
우리는 토요일에 그곳에 가겠읍니다.	Мы пойдём туда́ в суббо́ту.
다음 일요일에 당신들은 어디에 가시렵니까?	Куда́ вы пойдёте в сле́дующее воскресе́нье?
우리들은 아직 생각하지 않았읍니다.	Мы ещё не ду́мали об э́том.

【날짜】

「…일」 ; 서수의 단수중성＋число́

그러나 число́는 보통 생략되며, 「…년…월」은 각각 생격을 쓴다.

오늘은 며칠 입니까?	Како́е сего́дня число́?
오늘은 3월 1일 입니다.	Сего́дня пе́рвое ма́рта.

「…일에」; 서수의 단수중성의 생격

다음 일요일은 며칠입니까?	Какóе числó бýдет слéдующее воскресéнье?
다음 일요일은 2월 8일입니다.	Слéдующее воскресéнье бýдет восьмóе февраля́.
당신의 생년월일은 언제입니까?	Когда́ вы родили́сь?
나는 1949년 10월 31일생입니다.	Я роди́лся три́дцать пéрвого октября́ ты́сяча девятьсóт сóрок девя́того гóда.

【주야】

1주야(24시간)	сýтки [複], 生 сýток
아침; ~에; ~의	ýтро ; ýтром ; ýтренний
낮; ~에; ~의	день ; днём ; дневнóй
저녁; ~에; ~의	вéчер ; вéчером ; вечéрний
밤; ~에; ~의	ночь ; нóчью ; ночнóй

그들은 금요일 아침에 도착합니다.	Они́ приезжа́ют в пя́тницу ýтром.
우리는 수요일 저녁에 떠납니다.	Мы уезжа́ем в срéду вéчером.
낮에는 덥습니다만, 밤에는 선선합니다.	Днём жа́рко, но нóчью прохла́дно.

한국어의 「밤」은 러시아어로 вéчер 와 ночь 로도 사용할 수 있기 때문에 분리해서 사용할 경우에 틀리지 않도록 조심해야 한다. вéчер 와 ночь 의 차이점은 개인의 ·주관과 장소의 상황에 따라 다르고, 확실하지는 않지만 대체로 밤 12시로 보는 것이 좋다.

【…시…분이다】

개수＋시·분(수사가 요구하는 격) 또는 분(개수주격)＋시(서수의 생격)

몇 시입니까?   Ско́лько вре́мени?
10시 입니다.   Де́сять часо́в.
지금은 3시 28분입니다.   Сейча́с три часа́ два́дцать
                               во́семь мину́т.

몇 시입니까?   Кото́рый час?
지금은 12시 5분입니다.   Сейча́с пять мину́т пе́рвого.
지금은 1시 15분입니다.   Сейча́с пятна́дцать мину́т
                               (че́тверть) второ́го.
지금은 4시 반입니다.   Сейча́с три́дцать мину́т
                               (полови́на) пя́того.

서수를 사용하여, 말하는 경우에, 서수는 「제 몇번째 시
간」이라는 의미를 갖는다. 따라서, пе́рвый час 는 「첫번
째 시간」 즉 12시에서 1시까지를, второ́й час 는 「두번
째 시간」 즉 1시에서 2시까지를 말하며, 이 때 час 는
보통 생략된다. 따라서 пять мину́т пе́рвого 는 「첫번째
시간의 5분」, 즉 12시 5분이다.

【…시…분에】
  в＋시(개수사 대격)＋분(개수사 대격) 또는 분(개수사
대격＋ 시(서수사 생격)

우리는 언제 출발합니까?   Когда́ мы отправля́емся?
우리는 8시 15분에 출발   Мы отправля́емся в во́семь
  합니다.   часо́в пятна́дцать мину́т.
우리는 8시 15분에 출발   Мы отправля́емся че́тверть
  합니다.   (пятна́дцать мину́т) девя́того.

※ 그러나 полови́на 를 사용할 때는 в＋전치격을 쓴다.

우리는 8시 반에 출발합   Мы отправля́емся в полови́не
  니다.   девя́того.

색채의 표현

당신의 트렁크는 무슨 색깔 입니까?	Како́го цве́та ваш чемода́н?
검은 색(갈색)입니다.	Он чёрный (кори́чневый).
어느 색깔들을 좋아하십니까?	Каки́е цвета́ вам нра́вятся?
나는 야한 색깔은 좋아하지 않습니다.	Я не люблю́ я́рких цвето́в.

색, 빛깔	цвет, 複 *цвета́*
하얀	бе́лый
검은	чёрный
붉은	кра́сный
장미색의	ро́зовый
황색의	жёлтый
오랜지색의	ора́нжевый
녹색의	зелёный
푸른(물 색깔)	голубо́й
파란(하늘 색깔)	си́ний
보라색의	фиоле́товый
회색의	се́рый
갈색의	кори́чневый
어두운	тёмный
밝은	све́тлый
(번쩍번쩍) 빛나는	блестя́щий
야한, 난한	я́ркий
투명한	прозра́чный

응용편

사람, 교제, 교류

인사말

【만났을 때 인사】

안녕하십니까!	Здра́вствуйте
안녕하십니까! (아침인사)	До́брое у́тро!
안녕하십니까! (낮인사)	До́брый день!
안녕하십니까! (저녁인사)	До́брый ве́чер!

---

zdра́вствуйте! 와 До́брый день! 는 한국어로 번역하면 둘 다 「안녕하십니까!」라는 뜻인데, Здра́вствуйте! 는 아침, 점심, 저녁에 다 사용될 수 있는 반면에, До́брый день! 는 낮동안에만 사용한다.

상대편의 이름도 함께 부를 경우에는 보통 인사말 뒤에 온다.

안녕하십니까! 니꼴라이 니꼴라예비치씨.

Здра́вствуйте, Николай Николаевич!

안녕하십니까! 김선생님.

Здра́вствуйте, господи́н Ким!

허물없는 사이에 「어이, 안녕!」하는 의미로는 Приве́т! Здоро́во! 를 사용한다.

—어떻게 지내십니까?	—Как вы живёте?
—감사합니다. 잘 지냅니다. (별일 없습니다.) 그런데 댁에서는(어떻읍니까)?	—Спаси́бо, хорошо́ (ничего́). А вы как?
—고맙습니다. 역시 좋읍니다.	—Спаси́бо, то́же хорошо́.
—댁의 남편(부친, 부인, 모친, 양친, 가족)께서는 어떠신지요?	—Как ваш муж (ваш оте́ц, ва́ша жена́, ва́ша мать, ва́ши роди́тели, ва́ша семья́)?

—감사합니다. 좋읍니다.　　　　—Спаси́бо, хорошо́.
　(안녕하십니다.)
—건강은 좀 어떠신지요?　　　　—Как ва́ше здоро́вье?
—감사합니다. 건강합니다.　　　—Спаси́бо, я здоро́в[-а].
—댁의 남편(부친, 형님)의　　　—Как здоро́вье ва́шего му́жа
　건강은 어떠신지요?　　　　　　(отца́, бра́та)?
—감사합니다.　　건강합니　　　—Спаси́бо, он здоро́в.
　다.
—댁의 부인(어머님, 누님)　　　—Как здоро́вье ва́шей жены́
　의 건강은어떠신지요?　　　　　(ма́тери, сестры́)?
—감사합니다.　　건강합니　　　—Спаси́бо, она́ здоро́ва.
　다.
—댁의 자녀들(양친)의 건　　　—Как здоро́вье ва́ших　детей
　강은 어떻읍니까?　　　　　　　(роди́телей)?
—감사합니다. 모두 건강합　　　—Спаси́бо, все здоро́вы.
　니다.
—댁의 일들은 어떻읍니다　　　—Как [ва́ши] дела́?
　(경기가 어떻읍니까)?
—감사합니다. 좋읍니다.　　　　—Спаси́бо, хорошо́ (ничего́).
　(별일 없읍니다.)
—감사합니다. 만사형통입　　　—Спаси́бо, всё в　поря́дке
　니다(모두가 순조롭습　　　　　(всё благополу́чно).
　니다).
—학업(공부)은 어떻게 돼　　　—Как идёт ва́ша учёба?
　갑니까?

Как вы живёте? 나 Как ва́ше здоро́вье?라는 인사
말에 대하여 대답하는 경우에 다음과 같이 말한다.
　고맙습니다. 늘 그렇읍니다. Спаси́бо, так себе́.
　고맙습니다. 잘 지내고 있　Спаси́бо, помале́ньку.
　읍니다.

　오래간만에 만났을 때에는 다음과 같이 말한다. 두번째 예
문은 특히 정겹게 말할 때 사용한다.

[우리는] 오랫동안　뵙지　　Давно́ мы не ви́делись　(не

못했읍니다(오래간만입   вида́лись).
니다).
당신을 만나 뵈어서 [매우]   Я [о́чень] рад (ра́да) вас
반갑습니다.   ви́деть.

안부를 전할 때에는 다음과 같이 말한다.

당신에게 안부를 전해 달   Меня́ проси́ли переда́ть вам
라고 하더군요.   приве́т.
나의 아내(친구)가 당신에   Вам приве́т от мое́й жены́
게 안부를 전해 달라고   (от моего́ дру́га).
하더군요.

【헤어질 때 인사】
안녕히 가십시오!   До свида́ния!
모든 것이 잘되시기를!   Всего́ хоро́шего!
  (인사말)   Всего́ до́рого!
건강하십시요! (인사말)   Бу́дьте здоро́вы!
안녕히 주무세요!   Споко́йной но́чи!
곧 다시 뵙기를!   До ско́рой (но́вой) втсре́чи!

    오래 이별을 하거나 또는 앞으로 다시 만날 수 없는 이별을 할 때는 До свида́ния!가 아니고 Проща́йте!를 사용한다.

    친한 친구들 사이에는 До свида́ния대신에 Ну, пока́! 「안녕, 잘가!」「잘있어!」라는 정겨운 표현방법도 사용한다.

    그밖에, 또한 「안녕히 계십시오(가십시오)」라는 의미로, 구체적으로 다시 만날 때를 명시하여 다음과 같이 말할 수 있다.

    그럼, 내일 다시(또)!   До за́втра!
    그럼, 저녁에 다시(또)!   До ве́чера!
    그럼, 일요(월요, 화요)   До воскресе́нья(понеде́л-
      일에 다시(또)!   ьника, вто́рника...)!

До свида́ния! 이외의 다른 작별 인사는 До свида́ния! 와 병용해서 사용하는 경우가 많다.

죄송합니다만, 먼저 실례 하겠읍니다(가겠읍니다).	Разреши́те попроща́ться с ва́ми.
즐겁게 앉아 계십시오! (먼저 자리를 뜰 때)	Счастли́во остава́ться!
다시 만나 뵙기를 바랍니 다!	Наде́юсь ещё встре́титься с ва́ми.
곧 다시 만나 뵙도록 하겠 읍니다.	Мы ско́ро с вами сно́ва уви́-димся.
그(그녀, 모든 이)에게 〔나 의, 우리의〕 안부를 전 해 주십시오.	Переда́йте ему́ (ей, всем) приве́т 〔от меня́, от нас〕.
감사합니다. 그러겠읍니다.	Спаси́бо.
당신의 남편(아버님, 아들, 형님)에게 안부를 전해 주십시오.	Переда́йте (передава́йте) при-ве́т ва́шему му́жу (отцу́, сы́ну, бра́ту).
당신의 부인(딸, 어머님, 누님)에게 안부를 전해 주십시오.	Переда́йте приве́т ва́шей жене́ (ма́тери, до́чери, сестре́).
당신의 양친(형제들, 자매 들)에게 안부를 전해 주 십시오.	Переда́йте приве́т ва́шим роди́-телям (бра́тьям, сёстрам).
〔모든〕친구들에게 안부를 전해 주십시오.	Пожа́луйста, переда́йте приве́т 〔всем〕 друзья́м.

【마중할 때 인사】

사람을 마중할 때에는 앞에 「만났을 때 인사」를 사용하는 것이 아니라, 다음과 같은 인사말을 사용한다.

환영합니다(어서 오십시 오)!	Добро́ пожа́ловать!
환영합니다(우리는 당신을 환영합니다).	Мы приве́тствуем вас.

탈 것을 이용하여 도착하는 경우에는 다음과 같이 인사한다.

어서 오십시오(무사히 도
착하셨읍니다)!
—도중에 무사하셨읍니까
(비행기 여행은 어떠
하셨읍니까)?
—감사합니다. 좋았읍니다
(쾌적했읍니다).
—비행기(배)에서 멀미는
하지 않았읍니까?
—예, 안했읍니다.
—혹시 여행중에 피곤하시
지는 않았읍니까?
—예, 조금은 피곤했읍니다.
나(우리)를 맞이해 주셔서
고맙습니다.
나(우리)를 마중하러 나와
주셔서 대단히 고맙습니
다.

С прие́здом!

—Как вы дое́хали(долете́ли)?

—Спаси́бо, хорошо́.

—Не укача́ло ли в полёте
(на су́дне)?

—Нет, спаси́бо.

—Наве́рно, вы уста́ли с до-
ро́ги?

—Да, немно́го уста́л (-а).

Спаси́бо, что вы встре́тили
меня́ (нас).

Большо́е спаси́бо, что вы
пришли́ (меня́)нас встре́тить.

【전송할 때 인사】

　여행하는 사람을 전송할 때에는 앞에 「헤어질 때 인사」를
사용하는 것이 아니라, 다음과 같은 인사말을 사용한다.

—도중에 무사하시기를(즐
거운 항해가 되시기
를!)
—감사합니다(잘 다녀오겠
읍니다).
무사히 여행을　마치기를
바랍니다!

—〔Жела́ю вам〕 счастли́вого
пути́ (пла́вания)!

—Спаси́бо.

Жела́ю вам благополу́чного
путеше́ствия!

　Счастли́вого пути́! 와 **Жела́ю вам благополу́чного
путеше́ствия!** 는 탈 것을 이용하여 여행을 할 때에나, 걸
어서 출발할 때에도 사용되나, **Счастли́вого пла́вания**
는 배를 타고 항해할 경우에 사용한다.

몸 건강하십시오(건강에 유념하십시오).	Береги́те себя́ (своё здоро́вье).
전송하러 나오셔서 대단히 감사합니다.	Большо́е спаси́бо, что вы пришли́ проводи́ть меня́.

【희망을 표시하는 인사】

—나(우리)는 당신의 성공을 빕니다.	—Жела́ю (жела́ем) вам успе́ха (успе́хов).
—감사합니다.	—Спаси́бо.
사업이 잘 되시기를 바랍니다(사업의 성공을 기원합니다).	Жела́ю (жела́ем) вам успе́хов в рабо́те.

소련에서는 성공을 기원하면, 오히려 반의적으로 실패한다고 생각하는 경향이 있기 때문에 위에서의 **표현방식** 대신에 다음과 같이 말하는 사람이 많다(예를들면　시험 직전에 있는 학생들에게).

자, 잘해봐! 힘내라!　Ни пу́ха, ни пера́!

—행복(안녕)하시기를 빕니다.	—Жела́ю (жела́ем) вам сча́стья.
—감사합니다. 댁에서도 그러시기를.	—Спаси́бо, и вам то́же.
—건강하시기를 기원합니다.	Жела́ю (жела́ем) вам здоро́вья.
—오래 사시기를 바랍니다.	Жела́ю (жела́ем) вам до́лгих (мно́гих) лет жи́зни.
—즐겁게 시간을 보내시기 바랍니다.	—Жела́ю вам хорошо́ (ве́село) провести́ вре́мя.
—감사합니다.	—Спаси́бо.

【축하인사】

축하할 때에는 **Поздравля́ю**(поздравля́ем) **вас** с… (조격)! 으로 표현한다. 간단히 줄여서 с… (조격)! 으로 사용하기도 한다.

—경축일(축제일)을 축하 합니다. — —Поздравля́ю (поздравля́ем) вас с пра́здником!

—감사합니다. 당신께도 역 시 축하드립니다. — —Спаси́бо, и вас то́же.

밝아오는 신년 축하! — С наступа́ющим Но́вым го́дом!

신년 축하(합니다)! — С Но́вым го́дом!

신년 축하(합니다)! — Поздравля́ю (поздравля́ем) вас с Но́вым го́дом!

(당신의) 생일을 축하합니 다. — Поздравля́ю вас с днём рожде́ния!

완쾌되신 것을 축하합니다. — Поздравля́ю вас с выздоровле́нием!

결혼을 축하합니다. — Поздравля́ю вас со вступле́нием в брак (с жени́тьбой)!

※Поздравля́ю вас с жени́тьбой! 는 남자에게 결혼축하하는 인사이며 여성에게는 사용하지 않는다.

득남(득녀)를 축하합니다. — Поздравля́ю вас с новорождённым сы́ном (до́чкой)!

※물론 Поздравля́ю вас с сыном! 은 아들이 태어났을 때, ...с до́чкой! 는 딸이 태어났을 때 사용한다.

시험의 합격을 축하합니다! — Поздравля́ю вас со сда́чей экза́мена (экза́менов)!

대학 입학을 축하합니다! — Поздравля́ю вас с поступле́нием в университе́т (в институ́т)!

대학 졸업을 축하합니다! — Поздравля́ю вас с оконча́нием университе́та (институ́та)!

취직을 축하합니다! — Поздравля́ю вас с поступле́нием на рабо́ту!

새집의 이사를 축하합니 다! — С новосе́льем!

한국과 소련의 인사의 차이

「잘 다녀 오세요」

　소련에서는 외출하는 사람을 향하여 「잘 다녀 오세요」라는 표현은 하지 않는다. 이를 직역하면 Иди́[те]라는 말인데 이는 「가세요」라는 명령으로서 쫓아내는 의미가 된다.　이러한 경우에는 Сча́стливо! 라고 말하는 것이 좋다. 그러나 부모가 자식에게 Будь остро́жен(остро́жна)!「조심해라」, Не выбега́й на у́лицу! Там маши́ны.「길에 들어가지 마라 ! 자동차가 있으니 조심해」, Не простуди́сь!「감기들지 않게 조심해」 등의 표현은 종종 들을 수 있다.

　「다녀 오겠읍니다 ! 」라는 표현은 사용하지 않는다.　따라서 「그럼, 회사에〔학교에〕 다녀 오겠읍니다 ! 」라는 의미로서 Ну, я пошёл(пошла́) на рабо́ту 〔в школу〕! 라는 말은 사용하지 않는다.

　「막 다녀 왔읍니다」라는 표현도 사용하지 않는다.　즉 Вот я 〔и верну́лся(вернулась)〕.「지금 돌아 왔읍니다」라는 인사 말은 사용하지 않는다.　그러나 귀가하는 시간이　늦었을　때 Прости́, что я верну́лся(вернулась) по́здно.「늦게 돌아와서 죄송합니다」라고는 표현할 수 있다.

　그러나 일터에서 돌아오는 가족에게 Ты уста́л〔-a〕?「피곤하지 ? 피곤하시죠?」라고 위로의 말을 할 수는 있다.

　요컨데, 소련에서 부부의 경우와 부모 자식 사이에 외출을 했다가 귀가하면 서로 얼싸안고 키스를 하는 것이 일상적이다

「어제는 실례가 많았읍니다」

　「어제는 폐를 많이 끼쳐서 실례가 많았읍니다」「어제는 미안했읍니다」라는 인사말은 소련에는 없다.　따라서 보통 때처럼 Здра́вствуйте! До́брый день! 등으로 인사하면 된다.　그러나 실제로 어떤 발생한 일에 대해서 사과할 필요가 있는 경우에는 Прости́те (извини́те) меня 〔за то〕, что... 라고 말하며, 또 답례를 꼭 해야 할 경우에는 Спаси́бо 〔за то〕, что... 라고 말한다.

「수고하셨읍니다」「애쓰셨읍니다」

　「수고 많이 하셨읍니다」「애를 써 주서서 고맙습니다」라는 인사말은 러시아어로 직역될 수 있는 말이 아니다. 실제로 어

떤 사실적인 일에 대하여 답례의 말을 하고저 할 때에는 C-пасибо за труд (работу)! 라고 말을 하거나 때에 따라 임기 응변적으로 말할 수 있다. 예를들면 Вы не устали?「피곤하지 않으세요?」, Вы устали, наверно.「피곤하시죠!」라고 간단하게 인사하고 난 다음 До свидания! Будьте здоровы! Всего хорошего (доброго)! 라고 말하는 것이 보통이다.

「변변치 않습니다만……」

우리 나라에서는 선물을 할 때「변변치 않습니다만……」하고 말을 하지만 러시아어로 그런 표현 방법은 없다. 이와 유사한 말인 Примите мой (наш) скромный подарок「나 (우리들)의 조촐한 선물을 받아 주십시오」라는 표현이 있지만, Это от меня (нас).「이것은 내 (우리)가 드리는 선물입니다」라고 분명히 말하는 것이 보통이다.

소련에서는 선물을 받을 경우 그 자리에서 즉시 펴보는 것이 보통이다. 이때에 Спасибо! 라고 답례를 말하며, 받고 나서 Можно открыть?「열어 봐도 되겠읍니까?」「열어 봐도 좋겠지요?」라고 물으며, 열어 본 후에 Это хорошая (прекрасная, красивая) вещь!「이거 아주 멋진 물건입니다」, Мне это очень нравиться.「아주 마음에 듭니다」, Я давно хотел [-а] иметь это.「전에부터 갖고 싶었던 것입니다」 등등 솔직하게 기쁜 마음을 표시하며 Спасибо! 라고 말한다.

【병 문안 인사】

환자를 병 문안 했을 때 다음과 같은 말을 사용한다.

당신이 아프시다는 것을 알고 매우 염려스러웠읍니다.	Я о́чень беспоко́ился, узна́в, что вы заболе́ли.
—[오늘은]기분이 좀 어떠십니까?	—Как вы себя́ чу́вствуете [сего́дня]?
—고맙습니다. 좀 좋읍니다. (안 좋습니다)	—Спаси́бо, мне лу́чше (мне ху́же).
[오늘은] 기분이 어떠십니까?	Как ва́ше самочу́вствие [сего́дня]?
환자의 상태가 어떻읍니까?	Как себя́ чу́вствует больно́й?
환자의 상태가 어떻읍니까?	Как состоя́ние больно́го?
안색이 훨씬 좋아 보입니다.	Вы вы́глядите лу́чше.
—속히 나아지시기를(건강해 지십시오).	—Поправля́йтесь скоре́е.
—고맙습니다.	—Спаси́бо.
하루 속히 건강해 지시기를 바랍니다.	Жела́ю вам скоре́е попра́виться!
나(환자)를 병 문안 와 주셔서 감사합니다.	Спаси́бо, что вы навести́ли меня́ (больно́го).

불행을 당한 사람에게는 다음과 같이 위로의 말을 한다.

참으로 괴로우시리라고 생각합니다.	Я представля́ю себе́, как вам тяжело́.
어떻게 (무어라고) 위로를 해드려야 할지요.	Я не зна́ю, как вас успоко́ить (уте́шить).
어떻게 (무어라고) 위로의 말씀을 드려야 할찌요.	Я не нахожу́ слов, как вас успоко́ить (уте́шить).

초면 인사, 소개

—당신은 저 사람(저 여자, 그들)을 아십니까?

—아닙니다, 그(그 여자, 그들)를 모릅니다.

—원하신다면, 그(그 여자, 그들)를 소개하겠읍니다.

—그렇게 해 주십시오. (당신에게 청합니다).

나를 당신의 친구 (당신의 남편, 당신의 부인)에게 소개해 주십시오.

죄송하지만, 나를 당신의 상사(대사)에게 소개해 주십시오.

소개합니다(알고 지내십시요). 이 분은 나의 친구 김씨입니다.

제 소개를 드리겠읍니다. 나는 김입니다.

—Вы с ним (с ней, с ни́ми) знако́мы?

—Нет, я не знако́м [с ним (с ней, с ни́ми).

—Если вы хоти́те, я познако́млю вас с ним(с ней, с ни́ми).

—Прошу́ вас.

Познако́мьте меня́ с ва́шим дру́гом (с ва́шим му́жем, с ва́шей жено́й).

Предста́вьте меня́, пожа́луйста, ва́шему нача́льнику (това́рищу послу́).

[По]знако́мьтесь, пожа́луйста (прошу́ знако́миться). Э́то мой друг Ким.

Разреши́те (позво́льте) предста́виться, я Ким.

좀 더 정중하게 말을 하려면 다음과 같이 말한다.

제 소개를 해도 좋읍니까? 김입니다.

알고 지냅시다. 나는 박입니다.

[당신을 알게 되어서] 매우 기쁩니다.

[당신을 알게 되어서] 매우 기쁩니다.

Мо́жно с ва́ми познако́миться? Я Ким.

Дава́йте познако́мимся. Я Пак.

О́чень рад (ра́да) [с ва́ми познако́миться].

О́чень прия́тно [с ва́ми познако́миться].

「처음 뵙겠읍니다」「잘 부탁합니다」「많은 지도를 바랍니다」 등등의 인사말은 러시아어로 직역할 수 없다.

당신에 대해서 말씀 많이 들었읍니다.	Я мно́го слы́шал [-а] о вас.
오래 전부터 당신을 알고 싶었읍니다.	Я давно́ хоте́л [-а] познако́миться с ва́ми.
오래 전에 당신의 성함을 들었읍니다.	Я давно́ слы́шал ва́шу фами́лию.

성명, 경칭, 호칭

—죄송합니다만, 당신의 이름과 부칭을 말씀해 주십시오.	—Скажи́те, пожа́луйста, как ва́ше и́мя и о́тчество?
—이반 뻬뜨로비치입니다.	—Ива́н Петро́вич.
—죄송합니다만, 당신 (그 사람, 그 여자)의 성을 말씀해 주십시오.	—Скажи́те, пожа́луйста, как ва́ша (его́, её) фами́лия?
—나는 이씨입니다.	—Я Лий.
—이름은 무엇입니까?	—Как вас зову́т?
—나는 따냐입니다.	—Меня́ зову́т Та́ня.
당신 아이(당신 아들, 당신 딸)의 이름은 무엇입니까?	Как зову́т ва́шего ребёнка (ва́шего сы́на, ва́шу дочь)?

Как вас зову́т? 라는 질문을 받으면 보통 이름 (또는 이름과 부칭)을 대야 하며, 성만을 말하지 않도록 해야 한다. 다만 외국인의 경우 성과 이름을 함께 말해도 무방하다.

죄송합니다만, 당신의 성 (당신의 이름, 당신의 이름과 부칭)을 써 주십시요.	Напиши́те, пожа́луйста, ва́шу фами́лию (ва́ше и́мя, ва́ше и́мя и о́тчество).

애칭 러시아 사람의 이름(성이 아니고)에는 모두 애칭이 있다. 예를들면 남자의 이름 Пётр 나 Николáй 의 애칭은 Пéтя, Кóля 이며, 여자의 이름 Áнна 나 Татья́на 의 애칭은 Áня, Тáня 이다.

애칭은 상당히 친한 사이에 사용된다. 예를들면 아이들끼리, 어른이 아이들에게, 부부사이에, 아주 친한 친구사이 등등에 사용된다.

이름+부칭 러시아 사람들에게는 성과 이름이외에 부칭(óтчество)이라는 것이 있다. 예를들면 아버지의 이름이 Ивáн 이라면 그의 아들의 부칭은 Ивáнович, 그의 딸의 부칭은 Ивáновна 가 된다. 직역하면 「이반의 아드님」, 「이반의 따님」이라는 뜻이다.

이름+부칭(예를들면 Алексáндр Пáвлович, Анна Петрóвна 등등)은 친밀감이외에 존경의 뜻이 포함되어 있기 때문에 윗사람, 선배, 상사, 또 친구사이 등등에 사용되며, 이는 러시아인들 사이에 널리 사용되고 있다.

Товáрищ+성 товáрищ (남녀공통으로 쓰임)는 원래 「동지, 동무」라는 의미이지만, 오늘날에는 공산당원이 아니라 하더라도 소비에트 시민들 사이에 널리 사용되고 있다. 그러나 일반적으로 성을 부르는 것은 공적인 경우에만 한하더라도 товáрищ+성은 상당한 친밀한 느낌을 갖는다.

господи́н+남자의 성, госпожá+여자의 성 일반적으로 외국인에게 사용된다.

【직장에서의 경칭】

제일 많이 사용되는 경(호)칭은 소련인 사이에는 товáрищ, 외국인에 대해서는 господи́н 이다.

과(부, 국)장님!	Товáрищ (господи́н) начáльник!
사장님! 소장님! 교장선생님!	Товáрищ (господи́н) дирéктор!
지배인님! 관장님! 부장님!	Товáрищ (господи́н) завéдующий!
의장(님)! 위원장(님)!	Товáрищ (господи́н) председáтель!

※그러나 소련인 사이에는 친밀한 경우가 아니면 역시 「이름
＋부칭」을 부른다.

　　선생(님)　한국어에서는 「선생(님)」이라는 말이　여러
사람들에 대해서 사용되지만, 러시아어에서는 이에 해당
되는 말이 없다.
　　예를들면, 러시아어를 처음 배우는 사람 가운데에는 교
사를 향해 Учи́тель! 라든가 Преподава́тель! 라고　부르
는 사람이 많지만, 이것은 「교사님！」이라는 호칭과 같기
때문에 실례가 된다. 러시아어의 учи́тель 와 преподава́-
тель 는 존칭으로써 사용되는 한국어의 「선생(님)」이　아
니고, 다만 「교사」라는 직업을 나타내는 말에 불과하다.
따라서 한국어의 존칭인 「선생(님)」이라는 의미를 나타내
기 위해서는 това́рищ 또는 господи́н 등등의 경칭을　붙
여서, Това́рищ(господи́н) преподава́тель(учи́тель) 라고
불러야만 한다.　다만 Профе́ссеор 「교수」의 경우는 경칭
을 붙이거나 붙이지 않아도 상관없다.　또한　소련에서는
교사나 교수를 이름과 부칭으로 부르는 것이 보통이다.
　　한국어에서는　「선생(님)」은 의사에 대한　존칭으로도
사용되지만 러시아어에서는 〔Това́рищ〕 до́ктор! 「닥터
！」라는 말로 표현된다.　그리고 врач 「의사」는 이런　경
우에는 사용되지 않고 직업이름을 나타낸다.
　　이외의 의미로 사용되는 한국어의 「선생(님)」은 러시아
어에서는 대체로 господи́н 이나 това́рищ 라는 경칭을 붙
여서 표현한다.

【이름을 모르는 사람을 향하여 부르는 호칭】

지나가는 사람을 부를 때
Граждани́н! (남성을 향하여), Гражда́нка! (여성을　향하
여).
　　이 말의 원래의 의미는 「시민」이라는 뜻이지만, 호칭으로써
상대방의 나이에 관계없이 누구에게나 불리워진다.
※이 말은 소련사람에게는 성(姓)에 대한 경칭으로 사용되
고 있지만, 이러한 경우에 това́рищ보다 좀 더 정중한　느낌
이　든다.

이외에 나이에 따라 젊은 사람에게는 Молодо́й челове́к!
「여보시오, 젊은이！」, Де́вушка!「아가씨！, …양！」, Ма́ль-
чик!「애야！」, Де́вочка!「아가야！, …양！」(작은소녀에게),
Де́душка!「할아버지！」, Ба́бушка!「할머니！」등이 사용된다.
또한, 청년 남녀·소년소녀의 복수인 경우의「여러분！」이라
는 의미로는 Ребя́та! Девча́та! 가 각각 사용된다.
　상대방이 바로 가까운 곳에 있는 경우에는, Извини́те, …
Скажи́те, пожа́луйста, … Бу́дьте добры́, …「잠깐…」,「여
보세요…」라고도 많이 말한다.

> **Алло́!**「여보세요！」는 전화를 걸 때만 사용되고, 사
> 람을 부를 때는 사용하지 않는다.

호텔, 레스토랑 및 탈것 따위 등에서

　대체로 직업명만 불러도 무방하다. 예를들면, 호텔의 객실
담당 여자총업원을 향하여 Го́рничная!, 레스토랑의 보이에
게는 Официа́нт!, 여급에게는 Официа́нтка!, 시내 교통수단
의 차장에게는 Конду́ктор!, 기차 차장에게는 Проводни́к!,
비행기 여자 승무원에게는 Стюарде́сса!, 철도역의 짐꾼에게
는 Носи́льщик! 따위로 부른다. 그러나 경칭을 붙이는 것이
정중하기 때문에, Това́рищ го́рничная! 등으로 부르는 것이
좋다. 연설을 시작할 때 사용하는 호칭의 말은 83페이지 이
하를 보시오.

가족, 친구

—당신은 가족이 많습니까
　?
　　　　　　　　　　　—У вас больша́я семья́?

—예, 많습니다.
　　　　　　　　　　　—Да, больша́я.

—아니오, 그렇게 많지는
　않습니다.
　　　　　　　　　　　—Нет, не о́чень больша́я.

—아니오, 적습니다.
　　　　　　　　　　　—Нет, ма́ленькая.

—당신의 가족은 몇 명이
　나 됩니까?
　　　　　　　　　　　—Ско́лько челове́к в ва́шей
　　　　　　　　　　　　семье́? (Ско́лько у вас
　　　　　　　　　　　　чле́нов семьи́?)

—모두 5사람입니다 (저를
　빼고 4사람입니다).
—누구 누구입니까?
—아버님, 어머님, 형, 누
　이 그리고 저입니다.

—Всего́ пять челове́к. (Кро́ме
　меня́, четы́ре челове́ка.)
—А кто и́менно?
—Оте́ц, мать, брат, сестра́ и
　я.

　당신은 가족이 몇 분입니까? 라는 표현을 러시아어를
처음 배우는 사람들 중에 자주 Ско́лько у вас семе́й?
라고 하며, 「당신 가족은 식구가 많습니까?」를 У вас
мно́го семе́й? 라고 말하는 사람이 있기도 하지만, 이러
한 질문방법은 모욕적인 표현이기 때문에 사용할 수 없다.
위에서 말한 семья는 「가족」이지만, 원래의 뜻은 「가족
구성원의 집합체」이기 때문에 위와 같은 질문을 하면, 「당
신은 몇 개의 가정을 갖고 있읍니까?」, 「당신은 많은 가
정을 갖고 있읍니까?」라는 뜻이 되므로, 결국 「당신은
본처이외의 첩을 많이 갖고 있읍니까?」라는 의미가 되
므로 사용하지 않는다.
　러시아어에서 형제, 자매라는 말을 쓸 때, 형과 아우,
손위 누이와 손아래 누이의 구별을 하지 않는다. 따라서
брат는 형도 아우도 되고, сестра́는 손위 누이도 손아
래 누이도 된다. 특히 형과 아우, 손위 누이와 손아래 누
이를 구별하고저 할 때는 ста́рший брат 「형」, мла́-
дший брат 「아우」, ста́ршая сестра́ 「손위 누이」, мла́-
дшая сестра́ 「손아래 누이」를 사용한다.

—(남자에게) 당신은 결혼
　하셨읍니까?
—예, 결혼했읍니다.
—아니오, 결혼하지 않았
　읍니다 (저는 독신입니
　다).
—(여자에게) 당신은 결혼
　하셨읍니까?
—예, 결혼했읍니다.
—아니오, 아직 결혼하지
　않았읍니다.

—Вы жена́ты?

—Да, я жена́т.
—Нет, я не жена́т (я хо́лост).

—Вы за́мужем?

—Да, я за́мужем.
—Нет, я ещё не за́мужем.

그는 그녀와 결혼했읍니다.	Он жени́лся на ней.
그녀는 그와 결혼했읍니다.	Она́ вы́шла за́муж за него́.
그들은 결혼했읍니다.	Они́ пожени́лись.
결혼식은 언제입니까?	Когда́ бу́дет сва́дьба?
이 분은 제 남편(아내)입니다.	Э́то мой муж (моя́ жена́).
그들은 이혼했(헤어졌)읍니다.	Они́ развели́сь (разошли́сь).
그는 아내와 헤어졌읍니다.	Он развёлся с жено́й.

> **муж, жена́** 는 자기의 남편이나 아내 뿐만아니라, 다른 사람의 남편과 아내에 대해서도 사용한다. 따라서 **ваш муж, ва́ша жена́** 는 「당신 남편」, 「당신 아내」라는 의미로서 이것을 결코 불손한 말이 아니므로, 아랫사람이나 동년배 뿐만아니라 윗사람에게 사용해도 무방하다. 그러나 특히 지위가 높은 사람에게 정중하게 말할 때에는 **ваш супру́г** 「주인 어른」, **ваша супру́га** 「사모님」이라는 말을 사용한다.

저는 어머님 한 분만 계십니다. 아버님은 10년 전에 돌아가셨읍니다.	У меня́ то́лько мать. Оте́ц у́мер де́сять лет тому́ наза́д.
―당신은 자녀들이 있읍니까?	―У вас есть де́ти?
―예, 있읍니다.	―Да, есть.
―아니오, 나는 아이가 없읍니다.	―Нет, у меня́ нет дете́й.
―당신은 자녀들이 몇이나 됩니까?	―Ско́лько у вас дете́й?
―아들 하나 딸 하나입니다.	―У меня́ дво́е дете́й: сын и дочь.
―당신은 남매가 있읍니까?	―У вас есть бра́тья и сёстры?
―형제 뿐입니다.	―Бра́тья есть, а сестёр нет.
―몇 형제입니까?	―Ско́лько у вас бра́тьев?
―2(3)형제입니다.	―У меня́ два (три) бра́та.

—당신은 할아버님과 할머 　—У вас есть де́душка и ба́-
님이 계십니까?　　　　　 бушка?

—할머님은 아직　생존해 　—Ба́бушка ещё жива́,　но
계시지만, 할아버님은 де́душка давно́ у́мер.
오래 전에 돌아가셨읍
니다.

당신은 손자(손녀)들이 있 У вас есть вну́ки (вну́чки)?
읍니까?

그는 나의 친척입니다. Он мой ро́дственник.

그녀는 나의 친척입니다. Она́ моя́ ро́дственница.

이 분은 나의 아저씨(아주 Э́то мой дя́дя (моя́ тётя).
머니) 입니다.

дя́дя 와 тётя 는 「백부, 숙부」, 「백모, 숙모」라는 뜻이
외에 아이들이 어른을 부를 때에 「아저씨」, 「아주머니」라
는 의미로도 사용한다.

이 사람은 나의　조카입니 Э́то мой племя́нник
다.

이 사람은 나의　조카딸입 Э́то моя́ племя́нница.
니다.

당신은 4촌(남자)이 있읍 У вас есть двою́родный брат?
니까?

당신은 4촌(여자)이 있읍 У вас есть двою́родная сестра́?
니다.

댁에는 가정부가　있읍니 У вас есть домрабо́тница (до-
까? ма́шняя рабо́тница)?

그는 나의 이웃(남자)입니 Он мой сосе́д.
다.

그녀는 나의 이웃(여자)입 Она́ моя́ сосе́дка.
니다.

누가 당신의 이웃입니까? Кто ва́ши сосе́ди?

그(그녀)는 나의 친구입니 Он (она́) мой това́рищ.
다.

그는 나의 친구(친우, 아는 Он мой друг (прия́тель, знако́-
사람)입니다. мый).

그녀는 나의 친구(친우, 아는 사람)입니다.	Она́ моя́ подру́га (прия́тельница, знако́мая).
그들은 나의 친구들입니다.	Они́ мои́ това́рищи (друзья́, подру́ги).

위에 있는 친구라는 단어의 친밀도의 순위는 друг(подру́га), това́рищ, прия́тель(прия́тельница), знако́мый (знако́мая)의 순서가 된다. 그러나 подру́га 는 друг 의 여성형이 아니고, 별개의 단어로 어려서부터 또는 상당히 오랫동안 사귄 친한 여자친구라는 의미이다. друг 와 това́рищ 는 남녀에게 똑같이 사용한다.

나 이

—당신(그, 그녀)은 몇 살입니까?	—Ско́лько вам (ему́, ей) лет?
—저(그, 그녀)는 20(35)세입니다.	—Мне (ему́, ей) два́дцать (три́дцать пять) лет.
당신의 남편(아들, 형, 아버지)은 나이가 몇입니까?	Ско́лько лет ва́шему му́жу (сы́ну, бра́ту, отцу́)?
당신의 부인(딸, 누이, 어머니)은 나이가 몇입니까?	Ско́лько лет ва́шей жене́ (до́чери, сестре́, ма́тери)?
—댁의 아이는 몇 개월이나 됐읍니까?	—Ско́лько вре́мени ва́шему ребёнку?
—3개월 20일(2년 반)됐읍니다.	—Ему́ три ме́сяца и два́дцать дней (два с полови́ной го́да).
내 아들은 만 6세가 되었읍니다.	Моему́ сы́ну испо́лнилось шесть лет.
나는 곧 31세가 됩니다.	Мне ско́ро бу́дет три́дцать один год.
—당신은 나이가 몇입니까?	—Ско́лько вам лет?

—몇 살로 보입니까? (몇 살로 생각됩니까?)

—А сколько лет вы дади́те? (А как вы ду́маете?)

당신은 나이보다 더 젊어 보입니다.

Вы вы́глядите моло́же свои́х лет.

그는 40살입니다.

Ему́ лет со́рок.

그녀는 40살에 가깝습니다.

Ей под со́рок.

그녀는 나이가 40이 넘었지만 젊어 보입니다.

Ей за со́рок, но вы́глядит она́ мо́лодо.

당신은 나보다 4살 더 어리군요(많습니다).

Вы моло́же (ста́рше) меня́ на четы́ре го́да.

우리는 당신(그, 그녀)과 동갑입니다.

Мы с ва́ми (с ним, с ней) рове́сники (рове́сницы).

—당신은 몇 년생입니까?

—Когда́ вы родили́сь?

—나는 1963년생입니다.

—Я роди́лся (родила́сь) в ты́сяча девятьсо́т шестьдеся́т тре́тьем году́.

—당신의 생일은 언제입니까?

—Когда́ бу́дет ваш день рожде́ния?

—내 생일은 8월 5일입니다.

—У меня́ день рожде́ния — пя́того а́вгуста.

—당신은 어디서 태어났읍니까?

—Где вы родили́сь?

—나는 청주에서 태어났읍니다.

—Я роди́лся (родила́сь) в го́роде Чхонджу́.

당신은 어디서 자랐읍니까?

Где вы вы́росли?

이 노인(젊은이)은 누구입니까?

Кто э́тот ста́рый (молодо́й) челове́к?

이 노부인(처녀)은 누구입니까?

Кто э́та ста́рая же́нщина (молода́я де́вушка)?

이 중년 남자(중년 부인)는 누구입니까?

Кто э́тот пожило́й челове́к (пожила́я же́нщина)?

이 소년(청년, 처녀, 소녀)은 누구입니까?

Кто э́тот ма́льчик (э́тот ю́ноша, э́та де́вушка, э́та де́вочка)?

이 아기는 당신 아이입니까?

Э́то ваш ребёнок?

당신 아기를 좀 안아 보아도 될까요?

Разреши́те мне подержа́ть ва́шего ребёнка.

—나는 이미 늙었어요.
—아닙니다, 당신은 아직
　젊습니다.

—Я уже́ стара́ (стар).
—Нет, вы ещё мо́лоды.

사람의 성격

—그는 어떤 사람입니까?
—그는 성실한 사람입니다.
—그의 누이는 어떤 사람
　입니까?
—그녀는 매우 겸손합니다.
그는 성격이 좋습니다.

—Что он за челове́к?
—Он че́стный челове́к.
—Что за челове́к его́ сестра́?

—Она́ о́чень скро́мная.
У него́ хоро́ший хара́ктер.

좋은	хоро́ший
나쁜	плохо́й
선량한, 착한	до́брый
사려깊은, 친절한	забо́тливый
교활한, 약은	хи́трый
정직한, 성실한	че́стный
공정한, 정의감이 강한	справедли́вый
예의바른, 얌전한	ве́жливый
난폭한, 거칠은	гру́бый
엄격한, 단호한	стро́гий
겸허한	скро́мный
자신만만한	самоуве́ренный
오만한, 거만한	го́рдый
현명한, 영리한	у́мный
어리석은	глу́пый
재치가 많은	остроу́мный
재능있는, 능력있는	спосо́бный
천재적인	гениа́льный
용기있는, 대담한	сме́лый
비겁한, 줏대가 없는	трусли́вый
부지런한, 근면한	стара́тельный
게으른, 나태한	лени́вый
끈질긴, 끈기있는	насто́йчивый

주의깊은, 세심한	внима́тельный
부주의한, 멍한	рассе́янный
신중한	осторо́жный
진지한, 심각한	серьёзный
경박한, 경솔한	легкомы́сленный
정확한	аккура́тный
쾌활한, 명랑한	весёлый
어두운, 음울한, 우울한	мра́чный
(욕구가) 강렬한, 탐욕적인	жа́дный
관대한, 도량이 넓은	ще́дрый
옹졸한, 인색한	скупо́й
호기심이 강한	любопы́тный
정력적인, 활동적인	энерги́чный
경험이 풍부한	о́пытный
낙천주의자	оптими́ст, оптими́стка
염세주의자	пессими́ст, пессими́стка

직 업

> **여성에게도 사용되는 직업을 나타내는 남성 명사**
> 직업이나 직무를 나타내는 단어는 대부분 남성 명사이다. 따라서 여성명사가 아니라도 여성에게 대해서도 남성 명사가 사용된다. 예를들면 **врач** 「의사」는 남성 명사이지만 여성에게도 사용되어 「여의사」라는 말도 된다.

—직업이 무엇입니까?	—Кто вы по профе́ссии?
	(—Кем вы рабо́таете?)
—나는 기사입니다.	—Я инжене́р.
	(—Я рабо́таю инжене́ром).

> 직업을 묻는 방법으로써, 위에 나온 표현이외에도 Кака́я у вас профе́ссия? 「당신 직업이 무엇입니까?」, Разреши́те (позво́льте) узна́ть ва́шу профе́ссию? 「당신 직업을 알려 주시겠읍니까?」 등이 있는데, 후자는 정중한 표현 방법이다.

나는 노동자입니다	Я рабóчий (рабóтница).
나는 고용인입니다.	Я слýжащий (слýжащая).
나는 직장에 나가지 않읍니다. 학생입니다.	Я не рабóтаю. Я студéнт (студéнтка).
나는 (가정) 주부입니다.	Я домáшняя хозяйка (домохозяйка).
—당신 남편의 직업은?	—Кто ваш муж [по профéссии]?
—나의 남편은 교사입니다.	—Мой муж учúтель.
—부인의 직업은?	—Кто вáша жена́ [по профéссии]?
—타이피스트입니다.	—Она́ машинúстка.
—어디에서 근무하고 계십니까?	—Где вы рабóтаете?
—나는 공장에서 근무하고 있읍니다.	—Я рабóтаю на завóде (на фáбрике).
나는 사무실(회사, 상사)에서 근무하고 있읍니다.	Я рабóтаю в контóре (в компáнии, в фúрме).
나는 은행에서 근무합니다.	Я рабóтаю в бáнке.
나는 직업이 없읍니다.	Я нигдé не рабóтаю.

소련의 구세대 사람들 중에는 「근무하다」라는 의미로 **рабóтать** 대신에 **служúть** 를 사용하는 사람도 가끔 있다. 그러나 **служúть** 는 「봉사하다, 고용되어 있다」라는 옛날의 주종관계를 나타내는 말이기 때문에 현재에는 거의 사용되고 있지 않다. 단지 오늘날에는 이 말은 군대에서 사용되고 있다.

나는 군복무하고 있읍니다. Я служý в áрмии.

Где вы рабóтаете? 라고 물으면 「N … 에서 일하고 있읍니다」 따위로 직장의 소재지를 말하는 초학자가 적지 않지만, 이러한 질문에 대해서는, **Я рабóтаю на завóде (в компáнии)** N. 처럼 반드시 자기의 직장 또는 직장명을 말해야만 한다. 만약에 직장의 소재를 묻고 싶을 때에는 **Где [нахóдится] ваш завóд (вáша компáния)?** 「당신 공장(회사)은 어디 있읍니까?」라고 물어야 한다.

—전문 직종은 무엇입니까?   —Кака́я у вас специа́льность? (—Кто вы по специа́льности?)

—경제 담당입니다.   —Я экономи́ст.

—당신의 직책은 무엇입니까?   —Кака́я у вас до́лжность? (—Кто вы по до́лжности? Разреши́те узна́ть ва́шу до́лжность?)

—나는 부장(과장) 입니다.   —Я (моя́ до́лжность) нача́льник отде́ла.

남학생, 여학생	студе́нт, студе́нтка
기사, 엔지니어	инжене́р
농부	крестья́нин, крестья́нка
상인	торго́вец
점원, 판매원	продаве́ц, продавщи́ца
의사	врач
간호원	медсестра́
건축가	архите́ктор
선생, 교원(주로 초, 중등 학교의)	учи́тель, учи́тельница
선생, 교원(주로 중, 고, 대학의)	преподава́тель, преподава́тельница
도서관원, 사서	библиоте́карь
연구원	нау́чный рабо́тник
편집원	сотру́дник реда́кции
신문기자	корреспонде́нт
저널리스트	журнали́ст, журнали́стка
작가	писа́тель, писа́тельница
화가, 예술가	худо́жник, худо́жница
배우	актёр, актри́са
음악가	музыка́нт
작곡가	компози́тор
법률가	юри́ст
재판관, 판사	судья́, 複 су́дьи, суде́й, су́дьям
검사	прокуро́р
변호사	адвока́т

경찰, 민경	милиционе́р
경찰, 경관	полице́йский
군인	вое́нный

주 소

—어디에 살고 계십니까?

—Где вы живёте?

—모스끄바(서울)에 살고 있읍니다.

—Я живу́ в Мсокве́ (в Сеу́ле).

—강남구 테헤란로에 살고 있읍니다.

Я живу́ на у́лице Тегера́н, в райо́не Кангнам-ку.

—당신의 주소를 알고 싶습니다.

—Скажи́те, пожа́луйста, ваш а́дрес.

—나의 주소는, 고리끼가, 60동 12호(실) 입니다.

—Мой а́дрес: у́лица Го́рького, дом №. 60 (но́мер шестьдеся́т), кварти́ра №. 12 (но́мер двена́дцать).

댁은 몇 호실입니까?

Како́й но́мер ва́шего до́ма (ва́шей кварти́ры)?

죄송합니다만, 댁의 주소 (전화번호)를 써 주십시 오.

Бу́дьте добры́, напиши́те ваш а́дрес (телефо́н).

방 문

【만날 약속】

당신을 만나 뵐까 합니다만.

Я хоте́л бы с ва́ми встре́титься (вас уви́деть).

어떤 일(어떤 문제, 우리 회사의 용건)로, 당신과 좀 상의를 했으면 합니다.

Я хоте́л бы поговори́ть с ва́ми по одному́ де́лу (по одному́ вопро́су, по дела́м на́шей компа́нии).

—언제 만날까요?

—Когда́ мы встре́тимся?

—내일로 합시다.

—Дава́йте за́втра.

—언제 찾아 뵈면 좋겠읍니까? (언제가 괜찮겠읍니까?)

—Когда́ мо́жно к вам зайти́? (—Когда́ вам удо́бно?)

—오늘은 바쁘니까, 내일 오후 2시경에 와 주십시오.

—Я сего́дня за́нят. Приходи́те (приезжа́йте), пожа́луйста, за́втра часа́ в два дня.

다음 월요일에 찾아 뵈어도 괜찮겠읍니까?

Мо́жно зайти́ к вам в сле́дующий понеде́льник?

어디서 만날까요?

Где мы встре́тимся?

【면담신청】

스미르노프씨를 만나 뵐 수 있을까요?

Могу́ ли я ви́деть това́рища Смирно́ва?

스미르노바(여사)를 만나 뵙고 싶읍니다만.

Я хоте́л бы ви́деть госпожу́ Смирно́ву.

뽀뽀프씨에게, 동수가 왔었다고 전해주시지 않겠읍니까?

Бу́дьте добры́, скажи́те господи́ну Попо́ву, что пришёл Тонъ Су.

알렉싼드로프씨에게 제 명함을 전해 주십시오.

Прошу́ переда́ть мою́ визи́тную ка́рточку това́рищу Алекса́ндрову.

잠깐만 기다려 주십시오.

Подожди́те мину́тку.

여기(거기, 응접실)서 기다려 주십시오.

Подожди́те здесь (там, в приёмной).

곧 나오십니다.(바쁘십니다.)

Он сейча́с придёт (за́нят).

지금 손님과 함께 계십니 니다. — У него́ сейча́с посети́тель.

—미하일로프씨 계십니까? — —Господи́н Миха́йлов у себя́?

—그는 지금 안 계십니다. 조금 전에 외출하셨읍 니다. — —Его́ сейча́с нет. Он то́лько что вы́шел.

이곳에서 (그를) 기다려도 괜찮겠읍니까? — Мо́жно ли подожда́ть его́ здесь?

기다리게 해서 죄송합니다. — Прости́те (извини́те), что заста́вил вас ждать.

이쪽으로 오십시오. — Приходи́те сюда́.

5호실로 가 주십시오. — Иди́те в ко́мнату (кабине́т) №. 5 (но́мер пять).

【만남】

—들어가도 좋겠습니까? — —Мо́жно мне войти́?

—들어오십시오. — —Входи́те, пожа́луйста.

—들어가도 괜찮겠읍니까? — —Разреши́те войти́?

—들어오세요. — —Да.

여기에 명함이 있읍니다. — Возьми́те мою́ визи́тную ка́рточку.

앉으십시오. — Сади́тесь, пожа́луйста.

먼저 용건부터 말씀드리겠 읍니다. — Разреши́те мне сра́зу приступи́ть к де́лу.

—용건이 있어 찾아 뵈었 읍니다(한가지 의논드 릴 일이 있읍니다만). — —Я к вам по одному́ де́лу.

—듣고 있읍니다(말씀하세 요). — —Слу́шаю вас.

어떤 용건입니까? — Что за де́ло у вас ко мне?

—무슨 일이시지요? — —По како́му по́воду?

—실은 ……일입니다만, — —Я по по́воду…[生格] (Я насчёт…[生格])

—무슨 일이십니까? — —В чём де́ло?

—실은…… — —Де́ло в том, что…

걱정을 끼쳐드려 죄송합니 다. — Извини́те за беспоко́йство.

시간을 빼앗아 죄송합니다.	Прости́те, что я о́тнял у вас вре́мя.

【손님 초대】

―오늘 저녁 저희 집에 놀러 오십시오.	―Приходи́те, пожа́луйста, к нам в го́сти сего́дня ве́чером.
―감사합니다. 기꺼이 가겠읍니다.	―Спаси́бо, с удово́льствием.
―감사합니다만, 유감스럽게도 갈 수가 없군요. 매우 바빠서(어쩔 수 없이 꼭 해야 할 일이 있어서) 그렇습니다.	―Спаси́бо, но, к сожале́нию, не могу́. Я бу́ду о́чень за́нят (у меня́ есть неотло́жное де́ло).
―안녕하십니까? 놀러 왔읍니다.	―Здра́вствуйте! Мы к вам в го́сти.
―잘 오셨읍니다.	―О́чень ра́ды.
잘 오셨읍니다.	Ми́лости про́сим (прошу́).
정말로 잘 오셨읍니다.	Мы о́чень ра́ды, что вы пришли́.
들어 오십시오.	Входи́те, пожа́луйста.
이리 오십시오.	Приходи́те, пожа́луйста.
―방해가 된 것은 아닙니까?	―Я не помеша́л вам?
―당치도 않읍니다. 방해는 커녕, 언제라도 대환영입니다.	―Нет, что вы, что вы, мы, наоборо́т, всегда́ ра́ды.
앉으십시오.	Сади́тесь, пожа́луйста.
앉으십시오.	Приса́живайтесь.
댁에서처럼 편히 하십시오.	Бу́дьте как до́ма.
댁에서처럼 편히 하십시오.	Пожа́луйста, чу́вствуйте себя́ как до́ма.
사양하지 마십시오.	Пожа́луйста, не стесня́йтесь (без стесне́ния).
잠깐 들렸을 따름입니다.	Я зашёл то́лько на мину́тку.
잠깐 들렸을 따름입니다.	Я совсе́м ненадо́лго.

나는 괜찮읍니다. | Пожа́луйста, не беспоко́йтесь обо мне.

너무 오래 앉아있었읍니다. | Я засиде́лся.

—좀 더 계시다 가시지요. | —Посиди́те ещё.

—고맙습니다만, 그럴 수가 없군요. | —Спаси́бо, но не могу́.

잘 놀았읍니다(대접 고마 왔읍니다). | Спаси́бо (благодарю́ вас) за угоще́ние (за гостепри́мство).

—자주 저희 집에 들러 주 십시오. 언제든지 대 환영입니다. | —Заходи́те (приходи́те) к нам поча́ще. Мы бу́дем о́чень ра́ды.

—감사합니다! 저희들 집 에도 놀러 오십시오. | —Спаси́бо! Приходи́те, пожа́луйста, и вы к нам.

나라, 민족

—어느 나라에서 오셨읍니까? | —Из како́й страны́ вы прие́хали?

—나는(우리들은) 소련(한 국)에서 왔읍니다. | —Я прие́хал (мы прие́хали) из Сове́тского Сою́за (Коре́и).

—당신은 어느 나라 사람 입니까? | —Кто вы по национа́льности? (Кака́я у вас национа́льность?)

—나는 한국인입니다. | —Я коре́ец (корея́нка).

—당신은 러시아 사람입니까? | —Вы ру́сский (ру́сская)?

—아니오, 나는 우끄라이 나 사람입니다. | —Нет, я украи́нец (украи́нка).

【세계 주요국가 · 민족 · 수도】

《유럽》	**Евро́па**
오스트리아 · 오스트리아인 · 빈.	**А́встрия**. австри́ец, австри́йка. Ве́на.
알바니아 · 알바니아인 · 티라나.	**Алба́ния**. алба́нец, алба́нка. Тира́на.
벨기에 · 벨기에인 · 브뤼셀	**Бе́льгия**. бельги́ец, бельги́йка. Брюссе́ль.
불가리아 · 불가리아인 · 소피아.	**Болга́рия**. болга́рин, болга́рка. Софи́я.
대영제국(영국) · 영국인 · 런던.	**Великобрита́ния** (**А́нглия**). англича́нин, англича́нка. Ло́ндон.
헝가리 · 헝가리인 · 부다페스트.	**Ве́нгрия**. венгр, венге́рка. Будапе́шт.
독일(독일민주공화국 · 독일연방공화국) · 독일인 · 베를린 · 본.	**Герма́ния** (**Герма́нская Демократи́ческая Респу́блика, ГДР** [*гэ-дэ-эр*]. **Федерати́вная Респу́блика Герма́нии, ФРГ** [*фэ-эр-гэ*]). не́мец, не́мка. Берли́н. Бонн.
그리스 · 그리스인 · 아테네.	**Гре́ция**. грек, греча́нка. Афи́ны.
덴마크 · 덴마크인 · 코펜하겐.	**Да́ния**. датча́нии, датча́нка. Копенга́ген.
스페인 · 스페인인 · 마드리드.	**Испа́ния**. испа́нец, испа́нка. Мадри́д.
이탈리아 · 이탈리아인 · 로마.	**Ита́лия**. италья́нец, италья́нка. Рим
노르웨이 · 노르웨이인 · 오슬로.	**Норве́гия**. норве́жец, норве́жка. О́сло.
폴란드 · 폴란드인 · 바르샤바.	**По́льша**. поля́к, по́лька. Варша́ва.
포르투갈 · 포르투갈인 · 리스본.	**Португа́лия**. португа́лец, португа́лка. Лиссабо́н.

루마니아 · 루마니아인 · 부하레스트.

Румы́ния. румы́н, румы́нка. Бухаре́ст.

핀란드 · 핀란드인 · 헬싱키.

Финля́ндия. фин. фи́нка. Хе́льсинки [不変·男]

프랑스 · 프랑스인 · 파리.

Фра́нция. францу́з, францу́женка. Пари́ж.

체코슬로바키아 · 체코인 · 프라하.

Чехослова́кия. чех, че́шка. слова́к, слова́чка. Пра́га.

스위스 · 스위스인 · 베른.

Швейца́рия. швейца́рец, швейцарка. Берн.

스웨덴 · 스웨덴인 · 스톡홀름.

Шве́ция. швед, шве́дка. Стокго́льм.

유고슬라비아 · 유고인 · 베오그라드.

Югосла́вия. югосла́в, юго-сла́вка. Белгра́д.

《아시아》

А́зия.

버마 · 버마인 · 랑군.

Би́рма. бирма́нец, бирма́нка. Рангу́н.

베트남(베트남 사회주의 공화국) 베트남인. 하노이

Вьетна́м (Социалисти́ческая Респу́блика Вьетна́м). вьетна́мец, вьетна́мка. Ха-но́й.

인도 · 인도인 · 뉴델리.

И́ндия. инди́ец, индиа́нка. Де́ли [дэ]

인도네시아 · 인도네시아인 자카르타.

Индоне́зия. индонези́ец, ин-донези́йка. Джака́рта.

이란 · 이란인 · 테헤란.

Ира́н. ира́нец, ира́нка. Те-гера́н.

중국 · 중국인 · 북경.

Кита́й. кита́ец, китая́нка. Пеки́н.

한국 · 한국인 · 서울.

Коре́я. коре́ец, корея́нка. Сеу́л.

몽고인민공화국 · 몽고인 · 울란바토르.

Монго́льская Наро́дная Респу́блика. монгол, мон-го́лка. Ула́н-Ба́тор.

터키 · 터키인 · 앙카라.	**Ту́рция.** ту́рок, турча́нка. Анкара́.
일본 · 일본인 · 동경.	**Япо́ния.** япо́нец, япо́нка. Токио.

《아프리카》 — **А́фрика.**

알제리아 · 알제리아인 · 알제이.	**Алжи́р.** алжи́рец, алжи́рка. Алжи́р.
콩고 · 콩고인 · 브라자빌.	**Ко́нго.** конголе́зец, конголе́зка. Браззави́ль.
이집트 · 이집트인 · 카이로.	**Ара́бская Респу́блика Еги́пет.** египтя́нин, египтя́нка. Каи́р.

《북아메리카》 — **Се́верная Аме́рика.**

미합중국 · 미국인 · 워싱턴.	**Соединённые Шта́ты Аме́рики, США** [*сша*]. америка́нец, америка́нка. Вашингто́н.
캐나다 · 캐나다인 · 오타와.	**Кана́да.** кана́дец, кана́дка. Отта́ва.

《중앙아메리카》 — **Центра́льная Аме́рика**

쿠바 · 쿠바인 · 아바나.	**Ку́ба.** куби́нец, куби́нка. Гава́на.
멕시코 · 멕시코인 · 멕시코시티.	**Ме́ксика.** мексика́нец, мексика́нка. Ме́хико.

《남아메리카》 — **Ю́жная Аме́рика**

아르헨티나 · 아르헨티나인 · 부에노스아이레스.	**Аргенти́на.** аргенти́нец, аргенти́нка. Буэ́нос-А́йрес.
브라질 · 브라질인 · 브라질리아.	**Брази́лия.** брази́лец, бразилья́нка. Брази́лия.
페루 · 페루인 · 리마.	**Пе́ру.** перуа́нец, перуа́нка. Ли́ма.
우루과이 · 우루과이인 · 몬테비디오.	**Уругва́й.** уругва́ец, уругва́йка. Монтевиде́о [*тэ, дэ*]

칠레 · 칠레인 · 산티아고.	**Чи́ли.** чили́ец, чили́йка. Сантья́го.
《오스트렐리아》	**Австра́лия**
《오세아니아》	**Океа́ния**
오스트렐리아연방 · 오스트렐리아인 · 캔버라	**Австрали́йский Сою́з.** австрали́ец, австрали́йка. Канбе́рра.

대표단

당신은 소련 대표단원입니까?	Вы член сове́тской делега́ции?
나는(우리들은) 한국노동조합대표단의 일원으로 왔읍니다.	Я прие́хал (мы прие́хали) в соста́ве коре́йской профсою́зной делега́ции.
방문(여행) 목적은 무엇입니까?	Какова́ цель ва́шего прие́зда (ва́шей пое́здки)?
우리들은 독 · 소협회의 초청으로 독일에서 왔읍니다.	Мы прие́хали из Герма́нии по приглаше́нию О́бщества СССР-Герма́ния.
나는 관광객으로 (회사일로) 소련에 왔읍니다.	Я прие́хал в Сове́тский Сою́з как тури́ст (по дела́м фи́рмы).
우리들은 스포츠경기에 참가하기 위해 왔읍니다.	Мы прие́хали на спорти́вные соревнова́ния.
우리들은 러시아어문학 국제교육자협회 회의에 참가하기 위해 왔읍니다.	Мы прие́хали на конфере́нцию по МАПРЯЛ (Междунаро́дной Ассоциа́ции Преподава́телей Ру́сского Языка́ и Литерату́ры).
대표단원은 전부 몇 명입니까?	Ско́лько челове́к в соста́ве ва́шей делега́ции?
어느 분이 사절단 단장입니까?	Кто возглавля́ет ва́шу делега́цию?

대표단원은 어떤 분들입니까?	Кто вхо́дит в соста́в ва́шей делега́ции?
사절단은 언제 서울에 왔읍니까?	Когда́ прибыла́ ва́ша делега́ция в Сеу́л?
대표단(사절단) 단장	руководи́тель (глава́) делега́ции
대표단(사절단)의 교환	обме́н делега́циями
정부대표단(사절단)	прави́тельственная делега́ция
국회대표단(사절단)	парла́ментская делега́ция
경제대표단(사절단)	экономи́ческая делега́ция
무역대표단(사절단)	торго́вая делега́ция
농업대표단(사절단)	сельскохозя́йственная делега́ция
학술대표단(사절단)	нау́чная делега́ция
예술인대표단(사절단)	делега́ция де́ятелей культу́ры
미술가대표단(영화관계자대표단)	делега́ция худо́жников (де́ятелей кино́)
여성대표단(사절단)	же́нская делега́ция
청년대표단	молодёжная делега́ция
스포츠대표단	спорти́вная делега́ция
친선방문	дру́жественный визи́т, визи́т дру́жбы
공식방문	официа́льный визи́т
당신 대표단은 얼마동안 한국에 체류하게 됩니까?	Ско́лько вре́мени пробу́дет ва́ша делега́ция в Коре́е?

교　류

우리들은 소련대표단 여러분들(소련의 관광객 여러분, 소련대사관원, 소련선원 여러분)과 친선교류를 갖고 싶습니다.	Мы хоте́ли бы устро́ить (организова́ть) дру́жескую встре́чу с сове́тской делега́цией (сове́тскими тури́стами, сотру́дниками сове́тского посо́льства, сове́тскими моряка́ми).

—당신들과 이야기를 나누 고 싶습니다만.

—말씀하십시오.

—Мо́жно с ва́ми побесе́довать?

—Пожа́луйста, с удово́льст- вием.

대화를 갖게되어 대단히 즐거웠읍니다.

Спаси́бо за прия́тную бесе́ду.

파티, 리셉션

만찬회에 초대하겠읍니다.

Разреши́те пригласи́ть вас на банке́т.

만찬에 참석해 주십시오.

Прошу́ вас прису́тствовать на на́шем ве́чере.

부인과 함께 초대하겠읍니 다(부부동반해서 와 주 십시오).

Приглаша́ем вас с жено́й.

초대해 주셔서 감사합니다.

Спаси́бо за приглаше́ние.

유감스럽지만, 어쩔 수 없 이 꼭 해야만 할 일이 있어서, 만찬에 참석할 수가 없읍니다.

К сожале́нию, я не могу́ прису́тствовать на ве́чере, так как у меня́ бу́дут неот- ло́жные дела́.

리셉션(파티)은 언제(어디) 입니까?

Когда́ (где) состои́тся приём (ве́чер)?

프랑스 사절단 환영리셉션

приём в че́сть францу́зской делега́ции

【축배의 말】

당신의 건강(행운)을 위해 서!

За ва́ше здоро́вье (сча́стье)!

당신의 성공을 위해서!

За ва́ши успе́хи!

평화와 우호를 위해서!

За мир и дру́жбу!

참석한 여러분들의 건강을 위해서!

За здоро́вье всех прису́тству- ющих!

한미 양국민의 우호를 위 하여!

За дру́жбу наро́дов Коре́и и США!

우리들의 우정을 위하여 축배를 들고자 합니다.　Я хочу́ предложи́ть тост за на́шу дру́жбу.

평화를 위해 축배를 들고자 합니다.　Я поднима́ю э́тот тост за мир!

회　의

집회(회의)는 어디에서 열릴 예정입니까?　Где бу́дет проходи́ть собра́ние (совеща́ние, конфере́нция)?

개회를 선언합니다.　Разреши́те откры́ть собра́ние.

의사일정은 어떻게 되어 있읍니까?　Кака́я пове́стка дня?

보고자는 누구입니까?　Кто докла́дчик?

우리들은 이 문제를 토의하지 않으면 안됩니다.　Мы должны́ обсуди́ть э́тот вопро́с.

발언하고 싶으신 분이 계십니까?　Кто жела́ет взять сло́во?

누군가 의견을 말씀하고 싶으신 분은 안계십니까?　Кто́-нибудь хо́чет вы́сказаться?

발언하고 싶읍니다.　Да́йте мне сло́во.

[다음은] 꾸즈네쪼프씨께서 발언해 주십시오.　Сло́во предоставля́ется това́рищу Кузнецо́ву.

이 문제를 토의할 것을 제안합니다.　Я предлага́ю обсуди́ть э́тот зопро́с.

찬성(반대)하시는 분은?　Кто за (про́тив)?

찬성하시는 분은 손을 들어 주십시오.　Кто согла́сен, подними́те ру́ки.

연　설

【연설을 시작 할 때】

[존경하는] 여러분!　[Уважа́емые] господа́!

[존경하는] 신사 숙녀 여러분!　[Уважа́емые] да́мы и господа́!

[친애하는] 동지 여러분!　[Дороги́е] това́рищи!

〔친애하는〕 동료 여러분!
친애하는 동료 동지 여러분!
친애하는(존경하는) 귀빈 여러분

친애하는 한국국민 여러분!
동료 여러분!

〔Дороѓие〕 друзья́!
Дороѓие друзья́ и това́рищи!
Дороѓие (уважа́емые) го́сти!

Дороѓие коре́йские друзья́!
Колле́ги!

【환영사】

치애하는 여러분(친애하고 존경하는 귀빈 여러분) 잘 오셨읍니다.

Добро́ пожа́ловать, дороѓие друзья́ (дороѓие и уважа́емые го́сти)!

우리 조합의 전조합원을 대표해서, 여러분들을 환영합니다.

От и́мени всех чле́нов на́шего профсою́за я приве́тствую вас.

우리 대학의 학생 일동을 대표해서 여러분들께 환영의 인사말을 할까 합니다.

Разреши́те приве́тствовать вас от и́мени всех уча́щихся на́шего университе́та (институ́та).

우리나라에 체류하시는 동안 즐겁게 지내시길 바랍니다.

Жела́ю вам прия́тного пребыва́ния (хорошо́ провести́ вре́мя) в на́шей стране́.

우리들은 당신 나라의 국민들과 더불어 평화롭고 사이좋게 지내길 바라고 있읍니다.

Мы хоти́м жить с ва́шим наро́дом в ми́ре и дру́жбе.

우리들은 세계평화를 위하여 한국과의 문화, 경제 관계가 보다 더 발전되기를 바라고 있읍니다.

Мы жела́ем дальне́йшего разви́тия культу́рных и экономи́ческих отноше́ний с Коре́ей в интере́сах ми́ра во всём ми́ре.

【답례사】

사절단 전원을 대표해서, 소련에 초청하여 주신데 대해 진심으로 감사를 드

От и́мени всей делега́ции я хотел бы серде́чно побла-года́рить вас за приглаше́ние

리고 싶읍니다.

우정어린 환영에 대해서 감사를 드립니다.

친애하는 여러분, 마음의 (따뜻한) 환대에 감사를 드립니다.

귀국에서 받은 배려와 환대에 대해 사례를 표합니다.

우선 먼저, 여러분들의 따뜻한 영접과 우정어린 환대에 대해 진심으로 감사의 뜻을 드리고 싶읍니다.

여러분들께 한국의 동료들로부터 열렬한(형제적인, 진심의) 인사말을 전하고 싶읍니다.

가는 곳마다 우리들은 따뜻하고도 정성어린 환대을 받았읍니다.

우리들은 어디를 가든지, 도처에서 한국인들의 진심에서 우러나는 따뜻한 환영을 받았읍니다.

우리들은 A씨와 매우 홍미 있는 회담을 가졌던 것은 물론, 당신들 나라의 명소를 둘러 볼 수 있었읍니다.

우리들은 한국국민이 우호적이고 평화를 사랑하고 있음을 확신했읍니다.

우리는 한국사람들의 정성이 담긴 환대에 특히 감동했읍니다.

посети́ть Сове́тский Сою́з.

Благодарю́ вас за дру́жеский приём.

Спаси́бо вам. дороги́е друзья́, за раду́шный (тёплый) приём.

Разреши́те мне поблагодари́ть вас за внима́ние и гостеприи́мство. ока́занное нам в ва́шей стране́.

Пре́жде всего́, позво́льте мне от всей души́ поблагодари́ть вас за тёплую встре́чу и дру́жеское гостеприи́мство.

Позво́льте мне переда́ть вам горя́чий (бра́тский, серде́чный) приве́т от. коре́йских колле́гий

Повсю́ду мы встре́тили тёплый и серде́чный приём.

Повсю́ду, где бы мы ни́ были, коре́йские лю́ди встреча́ли нас с серде́чностью и теплото́й.

Мы не то́лько вели́ весьма́ интере́сные бесе́ды с А, но име́ли возмо́жность та́кже осмотре́ть достопримеча́тельности в ва́шей стране́.

Мы убеди́лись в дружелю́бии и миролю́бии коре́йского наро́да.

Нас осо́бенно порази́ло исключи́тельное раду́шие и гостеприи́мство коре́йских люде́й.

<table>
<tr><td>

우리들은 아주 좋은 추억을 가지고 한국국민의 행복을 진심으로 빌며 한국을 떠납니다.

</td><td>

Мы покида́ем Коре́ю с са́мыми лу́чшими воспомина́ниями и до́брыми пожела́ниями его́ наро́ду.

</td></tr>
<tr><td>

귀국하게 되면 이 일에 관하여 이야기를 하겠읍니다.

</td><td>

Об э́том мы расска́жем по прибы́тии на ро́дину.

</td></tr>
</table>

【끝맺음 말】

경청해 주서서 감사합니다.	Спаси́бо за внима́ние.
한미 양국민 우호 만세!	Да здра́вствует дру́жба ме́жду наро́дами Коре́и и США!
세계평화 만세!	Да здра́вствует мир во всём ми́ре!
제민족 우호 만세!	Да здра́вствует дру́жба наро́дов!
우리들은 양국민간의 우호가 강화되고 번성되기를 희망하고 있읍니다.	Пусть кре́пнет и процвета́ет дру́жба ме́жду на́шими наро́дами!

사교춤

〔당신은〕춤을 출 줄 아십니까?	Вы танцу́ете (уме́ете танцева́ть)?
어떤 춤을 추실 줄 아십니까?	Каки́е та́нцы вы танцу́ете?
폭스트롯(왈츠, 탱고)을 출 줄 아십니까?	Вы танцу́ете фокстро́т (вальс, та́нго)?
어떤 춤을 제일 좋아하십니까?	Како́й та́нец вы лю́бите бо́льше всего́?
춤추러(댄스파티에) 갑시다.	Пойдёмте на та́нцы (на ве́чер та́нцев).
—〔왈츠를〕 한곡 추시겠읍니까?	—Разреши́те пригласи́ть вас на та́нец (на вальс)?
—미안합니다만, 춤출 줄 모릅니다.	—Извини́те, я не танцу́ю.

—피곤해서요.

저는 춤을 잘 추지는 못
합니다.

이 춤을 무어라고 하지요?

이 춤의 스텝을 가르쳐 주
십시오.

지금 한국에서는 어떤 춤
을 제일 많이 추고 있읍
니까?

사교춤
블루스
로큰롤
트위스트
룸바

—Нет, спаси́бо. Я уста́ла.

Я не о́чень хорошо́ танцу́ю.

Как называ́ется э́тот та́нец?

Покажи́те мне па э́того та́нца.

Како́й та́нец са́мый мо́дный
сейча́с в Коре́е?

ба́льные та́нцы
блюз
рок-н-ролл
твист
ру́мба

衣 食 住

식 사

【식성, 요리】

나는 먹고(마시고) 싶읍니다.	Я хочу́ есть (пить).
나는 배고픕니다.	Я проголода́лся (проголода́лась).
—벌써 아침식사(점심식사 저녁식사) 하셨읍니까?	—Вы уже́ за́втракали (обе́дали, у́жинали)?
—아직 안했읍니다.	—Нет, ещё.
—함께 점심식사(아침식사 저녁식사) 합시다.	—Пообе́даем (поза́втракаем, поу́жинаем) вме́сте.
—좋습니다.	—С удово́льствием.
언제(어디서) 아침식사(점심식사, 저녁식사) 할까요.	Когда́ (где) бу́дем за́втракать (обе́дать, у́жинать)?
—당신은 음식에 까다롭습니까?	—Вы разбо́рчивы в еде́?
—아닙니다.	—Нет, не о́чень.
—고기와 생선 중에서 어느 것을 더 좋아하십니까?	—Что вам бо́льше нра́вится, мя́со и́ли ры́ба?
생선보다 고기를 더 좋아합니다(고기 쪽을 더 좋아합니다).	—Мне мя́со нра́вится бо́льше, чем ры́ба. (Я предпочита́ю мя́со.)
—어떤 고기를 좋아하십니까?	—Како́е мя́со вам нра́вится?
—저는 쇠고기(돼지고기)를 좋아합니다.	—Мне нра́вится говя́дина (свини́на).
—어떤 생선을 가장 좋아하십니까?	—Кака́я ры́ба бо́льше всего́ вам нра́вится?
—참치(고등어)를 가장 좋아합니다.	—Бо́льше всего́ мне нра́вится туне́ц (макре́ль).

—어떻게 요리한 생선 (고 기)을 좋아하십니까?

—В како́м ви́де вы лю́бите ры́бу (мя́со)?

—구운 (찐, 회, 말린, 훈제) 생선을 좋아합니다.

—Я люблю́ жа́реную (варёную, сыру́ю, сушёную, копчёную) ры́бу.

—구운 (삶은) 고기를 좋아 합니다.

—Я люблю́ жа́реное (варёное) мя́со.

—지금은 어떤 과일 (채소) 철입니까?

—На каки́е фру́кты (о́вощи) сейча́с сезо́н?

—지금은 배 (감자) 철입니 다.

—Сейча́с сезо́н на гру́ши (карто́фель).

—어떤 과일을 좋아하십니 까?

—Каки́е фру́кты вы лю́бите?

—사과 (포도, 바나나, 참외) 를 좋아합니다.

—Я люблю́ я́блоки (виногра́д, бана́ны, ды́ню).

나는 모든 과일을 다 좋아 합니다.

Я люблю́ все фру́кты.

당신은 오렌지와 귤 중에 어느 것을 더 좋아하십 니까?

Что вы бо́льше лю́бите, апельси́ны и́ли мандари́ны?

당신은 차와 커피 중에 어 느 것을 좋아하십니까?

Что вы предпочита́ете, чай и́ли ко́фе?

—러시아 요리를 좋아하십 니까? 만약에 그렇다면 어떠한 〔러시아〕요리를 가장 좋아하십니까?

—Вы лю́бите ру́сскую ку́хню? Е́сли да, то каки́е и́менно блю́да лю́бите бо́льше всего́?

—샤슐릭 (쁠로프, 보르시, 삐로그)을 좋아합니다.

—Мне нра́вится шашлы́к (плов, борщ, пиро́г).

집에서 만든 요리가 무엇 보다도 가장 맛있읍니다.

Вкусне́е всего́ блю́да дома́шнего приготовле́ния.

이 요리는 무엇으로 만들 었읍니까?

Из чего́ пригото́влено э́то блю́до?

이 요리는 어떻게 만듭니 까?

Как пригото́вить э́то блю́до?

그녀는 요리를 잘 합니다.

Она́ хорошо́ гото́вит.

맛	вкус	싱거운	пре́сный
맛있는	вку́сный	신	ки́слый
단	сла́дкий	쓴	го́рький
매운	о́стрый	떫은	те́рпкий
짠	солёный	기름진	жи́рный

【식사대접】

당신(들)을 점심식사에 초대합니다.	Мы приглаша́ем вас на обе́д.
식탁이 차려져 있읍니다.	Стол накры́т.
식탁에 자리를 하십시오.	Прошу́ к столу́.
드십시오	Е́шьте (ку́шайте), пожа́луйста.
식기 전에 드십시오.	Е́шьте (ку́шайте), пока́ не осты́ло.
아주 맛있군요!	О́чень вку́сно!
—좀 더 드세요	—Е́шьте (ку́шайте) бо́льше.
—감사합니다만, 이미 마음껏 먹었읍니까?	—Спаси́бо, мне уже́ доста́точно.
나는 벌써 배부릅니다.	Я уже́ сыт (сыта́).
더 이상 못 먹겠읍니다.	Бо́льше не могу́ есть.
맛있는 음식에 감사드립니다.	Благодарю́ вас за вку́сный обе́д (за угоще́ние).

아무 것도 없읍니다만… 한국어에는 「차린 것이 아무 것도 없읍니다만 많이 드십시오」라는 겸손한 말이 있다. 이러한 인사말을 러시아어로 《Ничего́ нет, но…》라고 직역을 하면 우스운 말이 된다. 이러한 경우에는 러시아식으로 《Е́шьте, пожа́луйста.》 「자, 많이 드십시오.」라고 말한다.

잘 먹겠읍니다, 잘 먹었읍니다 한국어에는 식사 전에 「잘 먹겠읍니다!」, 식사 후에 「잘 먹었읍니다!」라고 말하는 사람이 많지만 소련에서는 그렇게 말하는 인사말은 없다.

자기 집에서라면 그저 묵묵히 먹기 시작하거나 끝낼 수도 있겠으나, 손님으로갔을 때에는 《Спаси́бо》라고 인사말을 하고 식사를 시작하고, 또 끝나서는 《Спаси́бо   за угощéние!》「잘 먹었읍니다!」라고 말한다. 이러한 인사도 친한 사이라면 반드시 말하지 않아도 된다. 식사 권고를 더 받았을 때 맛이 있으면 솔직하게 《Вкýсно!》《Óчень вкýсно!》라고 말하는 것이 자기 집에서나 손님으로 갔을 때 「잘 먹겠읍니다」, 「잘 먹었읍니다」의 인사말에 해당한다.

또한, 한국어에는 손님에게 「차린 것이 없읍니다만(변변치 않습니다만)…」이라고 말을 하지만 러시아어로는 그렇게 말하지 않는다. 그러나 「잘 먹었읍니다」라고 말을 하는 경우에, 「뭘요, 차린 것도 없는데요」에 해당하는 러시아어는 《Пожáлуйста.》 정도로 표현한다.

누군가가 무엇을 먹고 있을 때에 들어갔을 경우에, 《Приятного аппетита!》「맛있게 잡수세요!」라고 인사를 해야 한다. 이에 대해 상대방은 《Спаси́бо!》라고 답례를 한다. 《Приятного аппетита!》를 직역하면 「멋진 식욕을 희망합니다!」라는 말이지만, 우리 한국사람에게는 습관된 말이 아니다.

식사를 대접할 때에 사용하는 말로는, **на здорóвье** 라는 말이 있다. 이것은 「많이 드십시요」「맛있게 드십시요」라는 말로 건강을 위해서 많이 들라는 희망을 나타내는 말이지만, 《пожáлуйста》「아무쪼록」이라는 정도의 의미가 되는 경우도 있고, 번역할 수 없는 경우도 있다.

—아무쪼록 많이 드십시 　　　— Éшьте (пéйте) на　здо-
　오(마시십시오).　　　　　　 рóвье.

—고맙습니다.　　　　　　　— Спаси́бо.

—참, 잘 먹었읍니다.　　　　— Спаси́бо за　вкýсный
　　　　　　　　　　　　　　　 обед.

—뭘요, 천만에 말씀이 　　　— Пожáлуйста, на　здо-
　십니다.　　　　　　　　　　 рóвье.

동사 **кýшать** 의 제1인칭 단수형은 사용하지 않는다. кýшать 는 есть 보다 덜 사용되어지고 점점 사라지는 경향이 있다.

【식당】

실례지만 근처에 레스또랑 (식당)이 어디있읍니까?
Скажи́те, пожа́луйста, где есть побли́зости рестора́н (столо́вая)?

까페 (맥주집) 는 언제 문을 엽니까 (닫읍니까) ?
Когда́ открыва́ется (закрыва́ется) кафе́ (пивно́й зал)?

레스또랑 (식당)에 갑시다.
Пойдёмте (зайдёмте) в рестора́н (столо́вую).

까페에서 아침식사를 합시다 (쉬었다 갑시다).
Поза́втракаем (посиди́м) в кафе́.

어떤 레스또랑에서 러시아 요리를 합니까?
В како́м рестора́не гото́вят ру́сские блю́да?

—이 식탁에 자리가 비었읍니까?
—Э́тот сто́лик свобо́ден?

—예, 비었읍니다.
—Да, свобо́ден.

—아니오, 손님 있읍니다.
—Нет, за́нят.

이 식당에 앉읍시다.
Ся́дем за э́тот сто́лик.

이 식탁은 누가 담당입니까?
Кто обслу́живает э́тот сто́лик?

차림표 좀 주십시오.
Да́йте, пожа́луйста, меню́.

미안하지만 냉수 (물 1 컵) 좀 주십시오.
Да́йте пожа́луйста, холо́дной воды́ (стака́н воды́).

얼음물 좀 주십시오.
Да́йте воды́ со льдом.

무엇을 주문하시겠읍니까?
Что вы бу́дете зака́зывать?

무엇을 주문할까요?
Что мы зака́жем?

무엇을 드시겠읍니까?
Что вы бу́дете есть?

나는 뭐든지 러시아(한국) 고유 요리를 좀 맛보고 싶읍니다.	Я хочу́ попро́бовать како́е-нибудь ру́сское (коре́йское) национа́льное блю́до.
간식으로 무엇을 먹을까요?	Что мы возьмём на заку́ску?
술안주로 어떤 것들이 있읍니까?	Каки́е есть заку́ски?
비엔나 소세지를 주십시오.	Да́йте, пожа́луйста, соси́ски.
나는 야채사라다를 원합니다.	Я хочу́ взять овощно́й сала́т.
햄(소시지, 치즈, 철갑상어알)이 들은 버터 빵을 주십시오.	Да́йте бутербро́д с ветчино́й (с колбасо́й, с сы́ром, с икро́й).
—제 1 코오스로 무엇을 드시겠읍니까?	—Что вы возьмёте на пе́рвое?
—보르시를 주십시오.	—Да́йте мне борщ.
제 2 코오스로 무엇을 추천하시겠어요?	Что вы мо́жете предложи́ть на второ́е?
고기(생선, 야채, 우유) 요리로 어떤 것들이 있읍니까?	Каки́е у вас есть мясны́е (ры́бные, овощны́е, моло́чные) блю́да?
달걀 요리로 어떤 것들이 있읍니까?	Каки́е у вас есть блю́да из яи́ц?
비프스테이크 1 인분(다진 커틀레트 2 인분) 주십시오.	Да́йте одну́ по́рцию бифште́кса (две по́рции ру́бленой котле́ты).
[비프스테이크]를 잘(보통으로, 살짝) 구어 주십시오.	Поджа́рьте [бифште́кс] лу́чше (сре́дне, слегка́).
[이 요리] 금방 준비됩니까?	[Это блю́до] ско́ро бу́дет гото́во?
될 수 있으면 빨리 좀 해 주세요.	Е́сли мо́жно, прошу́ побыстре́е.
미안해지만[흰, 검은] 빵 좀 갖다 주세요.	Принеси́те, пожа́луйста, [бе́лого, чёрного] хле́ба.
미안하지만 수저 1 벌 (포크하나, 숟가락, 칼 하나) 더 주십시오.	Да́йте, пожа́луйста, ещё оди́н прибо́р (ещё одну́ ви́лку, ещё одну́ ло́жку, ещё оди́н нож).

미안하지만 후추(소금, 소금통) 좀 건네 주십시오.	Передайте, пожалуйста, мне перец (соль, солонку).
디저트(제3코스)로 무엇을 원하십니까?	Что вы хотите на десерт (третье)?
미안하지만 커피(차, 코코아, 생과자)를 좀 갖다 주십시오.	Принесите, пожалуйста, кофе, (чай, какао, пирожное).
나는 블랙(프림) 커피를 원합니다,	Я хочу чёрный кофе (кофе со сливками).
우리에게 커피와 생과자를 갖다 주십시오.	Нам кофе и пирожное.
[진한] 차 한잔(레몬차 한잔) 주십시오.	Дайте стакан [крепкого] чаю (стакан чаю с лимоном).
아이스크림(콤뽀트) 주십시오.	Дайте нам мороженого (компот).

※ компот : 과일이나 기타 나무열매를 설탕물에 찐 음료 일종 (열매도 먹음)

레몬즙(오렌지주스) 1병 주십시오.	Прошу бутылку лимонада (бутылку апельсинного сока).
생수 1병 주십시오.	Пожалуйста, бутылку минеральной воды.
나는 코카콜라(토마토주스) 하나 주십시오.	Мне, пожалуйста, кока-кола (томатного соку).
—무엇을 더 갖다 드릴까요?	—Что вам ещё принести?
—더 이상 필요없읍니다.	—Больше ничего не нужно.
자, 계산 받으십시오.	Получите с нас, пожалуйста.

소련의 кафе 「까페」는 столовая 와 ресторан 의 중간 형태로 취급된다.
소련의 столовая 「식당」에는 보통 주류는 없으며, 주류의 지참도 금지되어 있다.

【식료품점에서】

여기 근처에 식료품점이 있 읍니까?	Есть ли здесь поблизости продово́льственный магази́н (гастроно́м)?
식빵 한 개 주십시오(흰 빵, 흑빵)	Да́йте, пожа́луйста, бато́н (бу́лку бе́лого хле́ба, бу́лку чёрного хле́ба).

※ бато́н은 칼로 썰어서 먹을 수 있는 긴 빵임.

건빵(소고기, 돼지고기, 소
  시지, 햄) 반 킬로그램만
  달아 주십시오.
	Взве́сьте, пожа́луйста, полки-
	ло́ сухаре́й (говя́дины, сви-
	ни́ны, колбасы́, ветчины́).

싱싱한(절인) 생선 어떤 것 이 있읍니까?	Кака́я есть све́жая (солёная) ры́ба?
고기(생선) 통조림 어떤 것 이 있읍니까?	Каки́е есть мясны́е (ры́бные) консе́рвы?
설탕(과자) 1봉지 주십시 오.	Да́йте, пожа́луйста, па́чку са́- хара (пече́нья).
치즈(버터) 200(300)그람 을 달아 주십시오.	Взве́сьте, пожа́луйста, две́сти (три́ста) гра́мм сы́ра (сли́- вочного ма́сла).
이 알사탕 속에는 무엇이 들어 있읍니까?	С како́й начи́нкой э́ти конфе́- ты?

웨이터, 웨이트리스	официа́нт, официа́нтка
부페	буфе́т
부페의 점원, 바텐더	буфе́тчик, буфе́тчица
셀프서비스식당	столо́вая самообслу́живания
스낵코너	заку́сочная
바아	бар
카바레	кабаре́ [不変·中]
식사; 음식	еда́
음식	ку́шанье
식료품	проду́кты [複]
반가공식료품	полуфабрика́т
냉동식품	моро́женые проду́кты
요리	стол

빵, 면류, 요리	
밥	варёный рис
죽	ка́ша
흰(밀, 메밀) 죽	ри́совая (ма́нная, гре́чневая) ка́ша
오트밀	овся́ная ка́ша, овся́нка
모닝빵	бу́лочка
로울빵	бара́нка, 複生 -нок
로울빵(부드러운 것)	бу́блики [複] (単 бу́блик)
국수(굵은 것)	лапша́
마카로니	макаро́ны. -рон [複数로만 사용]
국수(가는 것)	вермише́ль [女]
(~의) 수프	суп [с... (造格)]
포타지(수프의 일종)	суп-пюре́
고깃국	бульо́н
콩소메(수프의 일종)	консоме́ [мэ][不変·中]
시치(야채 수프 일종)	щи, щей, щам [複数로만 사용]
쏠랸까(고기, 생선 또는 버섯에 약초를 넣어 찐 수프)	соля́нка
라쏠리니크(소금에 절인 오이와 고기 혹은 생선으로 만든 수프)	рассо́льник
우하(생선 수프)	уха́ [単数로만 사용]
로스트비프	ро́стбиф
스튜	рагу́ [不変·中]
불고기	жарко́е
양배추루울라드	голубцы́ [複] (単 голубе́ц)
뻴리메니	пельме́ни [複] (単 пельме́нь)
블린(평평한 빵과자 일종)	блины́ [複] (単 блин)
오믈렛	омле́т
계란부침	яи́чница [шн]
계란프라이	глазу́нья
삶은계란	варёное яйцо́
반숙	яйцо́ всмя́тку (вкруту́ю)
가르니르(고기, 생선요리에 곁들이는 야채)	гарни́р

퓨레 (감자, 콩, 야채 따위 　로 만든 죽)	пюре́ [рэ] [不変・中]
감자퓨레	карто́фельное пюре́

조미료, 양념

식초	у́ксус
마요네즈	майоне́з
겨자	горчи́ца
서양 고추냉이	хрен
생강	имби́рь [男]
향료, 양념	пря́ности [複], спе́ции [複]
간장 ·	со́я, со́евый со́ус
조미료	припра́ва

고기, 유제품, 기름, 계란

양고기	бара́нина
송아지고기	теля́тина
새고기	дичь [女]
닭고기	кури́ное мя́со, ку́рица
거위고기	гуся́тина, гусь, 複生 -се́й [男]
오리고기	ути́ное мя́со, у́тка
칠면조고기	инде́йка
다진 고기	фарш
베이컨	беко́н
간	печёнка
헛바닥	язы́к, -а́
크림버터	сли́вочное ма́сло
식용유	расти́тельное ма́сло
마가린	маргари́н
비계살	са́ло
기름기	жир, 複 -ы́
우유	молоко́
연유	сгущённое молоко́
유제품	моло́чные проду́кты
크림	смета́на
크림	сли́вки, -вок [複数로만 사용]
요구르트	кефи́р

응유	творо́г, -а́
계란	яйцо́, 複 *я́йца, яи́ц, я́йцам*

생선가공품

유장(油臟) 정어리	сарди́ны в ма́сле
염장연어	солёная ке́та (сёмга)
철갑상어알(붉은 색)	кра́сная (ке́товая) икра́
철갑상어알(검은 색)	чёрная (зерни́стая) икра́
(다진) 철갑상어알	па́юсная икра́

※ 생선의 명칭은 381페이지를 참조.

야채	о́вощи, -*ще́й* [複]
오이	огуре́ц, -*рца́*
도마도	помидо́р
양배추	капу́ста
콜리플라우어, 꽃양배추	цветна́я капу́ста
양배추 1 포기	коча́н капу́сты
당근	морко́вь [女]
긴파(옥파)	зелёный (ре́пчатый) лук
무우	ре́дька
홍당무(살라드용)	реди́ска
순무	ре́па
비이트	свёкла
가지	баклажа́н, 複生 -*жа́н*
호박의 일종	кабачо́к, -*чка́*
호박	ты́ква
시금치	шпина́т
고구마	сла́дкий карто́фель
완두콩	зелёный горо́шек
콩	бобы́ [複] (単 *боб*)
강남콩	фасо́ль [女]
부추	черемша́
마늘	чесно́к, -а́
파슬리	петру́шка
대두	со́евые бобы́
버섯	грибы́ [複] (単 *гриб*)

※　농산물 명칭은 359페이지 하단 참조.

과일	фру́кты〔複〕
레몬	лимо́н
복숭아	пе́рсик
서양 오얏, 자두	сли́ва
월귤	черни́ка
덩귤, 월귤	клю́ква
들딸기	земляни́ка
딸기	клубни́ка

※　клубни́ка 는 земляни́ка 의 일종으로, 구어에서는 보통 딸기 알이 큰 земляни́ка 를 말한다.

나무딸기	мали́на
감	хурма́
살구	абрико́с
구즈베리	крыжо́вник
〔검은〕 구즈베리	〔чёрная〕 сморо́дина
그레이프프루트	грейпфру́т
파인애플	анана́с
수박	арбу́з
(딸기·포도따위) 나무열매	я́годы〔複〕　(単 *я́года*)
버찌	ви́шня
단 버찌(검은 색)	чере́шня
말린 오얏(자주)	черносли́в
밤	кашта́н
호두	оре́х
열매, 과실	плод, -*а́*
(과일의) 씨	ко́сточка,　複生 -*чек*
익은	спе́лый

과자류	конди́терские изде́лия
케잌	торт
초콜렛	шокола́д

판 초콜렛	плитка шокола́да
초콜렛과자	шокола́дные конфе́ты
캬라멜	ири́с, ири́ска (1 개)
껌	жева́тельная рези́нка
캔디, 과즙을 넣은 드로프스	леденец, *-нца́*
비스켙	бискви́т
과일 따위가 든 케잌	пря́ники [複] (单 *пря́ник*)
샤베트, 과즙으로 만든 아이스크림	фрукто́вое моро́женое
바닐라 아이스크림	вани́льное моро́женое
초콜렛 아이스크림	эскимо́ [不変]
건포도	изю́м
잼	варе́нье
마멀레이드(잼의 일종)	мармела́д
꿀, 벌꿀	мёд
끼쎌리(과자로 만든, 시큼한 시렆 비슷함)	кисе́ль [男], *-я́*
음료	напи́тки [複] (单 *напи́ток*)
청량음료수	прохлади́тельные напи́тки
소다수	газиро́ванная вода́
크바스	квас
과일쥬스	фрукто́вые со́ки
사과(오렌지, 포도) 쥬스	я́блочный (мандари́новый, виногра́дный) сок
끓인 물	кипято́к, *-тка́*
녹차	зелёный чай

러시아어로는 물도, 더운 물도 вода́라고 말한다. 구별해서 말한다면, 「찬 물」은 холо́дная вода́, 「더운 물」은 тёплая вода́, 「뜨거운 물」은 горя́чая вода́, 「끓인 물」은 кипято́к 이다.

квас는 보리와 엿기름으로 만든 청량음료수로, 맛은 맥주 맛과 비슷하지만 알코올 성분은 거의 없다.

부엌용품	ку́хонная у́тварь
식기	посу́да
접시	таре́лка
보온병	те́рмос [тэ]
(배가 불룩한) 마개 달린 유리병	графи́н
식사용(차) 숟가락	столо́вая (ча́йная) ло́жка
젓가락	па́лочки [複] [для еды́]
찻주전자	ча́йник
커피포트	кофе́йник
컵	стака́н
찻잔	ча́шка, 複生 ча́шек
(포도주용) 유리잔	бока́л
위스키잔	сто́пка
받침 접시(컵, 잔을 위한)	блю́дце
사모바르(러시아의 차 끓이는 주전자)	самова́р
(식탁용) 설탕 그릇	са́харница
후추가루통	пе́речница
빨대	соло́минка
이쑤시개	зубочи́стка
병따개	открыва́шка
(나사 모양의) 코르크 마개뽑이	што́пор
깡통 따개	консе́рвный нож
쟁반	подно́с
냅킨	салфе́тка
책상, 식탁보	ска́терть [女], 複 -и, -е́й, -я́м
남비	кастрю́ля
후라이팬	сковоро́дка
칼	нож, -а́
냉장고	холоди́льник

【술】

―무슨 술을 마십니까?	―Каки́е ви́на вы пьёте?
―포도주, 보드카, 위스키를 마십니다.	―Я пью виногра́дное вино́, во́дку и ви́ски.

언젠가 러시아보드까를 마셔 본 적이 있읍니까?

Вы пили когда́-нибудь ру́сскую во́дку?

나는 독한 술은 마시지 않습니다.

Я не пью кре́пких напи́тков.

어떤 맥주를 가장 좋아하십니까?

Како́й ма́рки пи́во вам нра́вится бо́льше всего́?

이 보드까는 얼마나 독합니까?

Како́й кре́пости э́та во́дка?

이 포도주(맥주)는 몇 도나 됩니까?

Ско́лько гра́дусов в э́том вине́ (пи́ве)?

어떤 포도주를 주문하시겠읍니까?

Что-нибудь из вин вы зака́жете?

죄송하지만, 포도주 목록을 좀 주십시오.

Да́йте, пожа́луйта. спи́сок вин.

(우리는) 무엇을 마실까요?

Что мы бу́дем пить?

포도주(맥주) 한병 (갖다) 주십시오.

Принеси́те, пожа́луйста, буты́лку вина́ (пи́ва).

맥주 한 캔(갖다) 주십시오.

Принеси́те, пожа́луйста, кру́жку пи́ва.

우리들에게는 붉은 포도주 (백포도주, 샴페인) 한병을.

Нам буты́лку кра́сного вина́ (бе́лого вина́, шампа́нского).

보드카 100그람(칵테일 두 잔) 주십시오.

Да́йте, пожа́луйста, сто грамм во́дки (два кокте́йля [тэ])

나에게는 꼬냑(위스키) 한 잔.

Мне рю́мку коньяку́ (ви́ски).

한잔 마십시다. 건배합시다.

Дава́йте вы́пьем.

무엇을 위해 건배할까요?

За что мы вы́пьем?

—(술을) 따라 드릴까요.

—Разреши́те нали́ть вам?

—고맙읍니다.

—Спаси́бо.

—괜찮읍니다. 벌써 충분합니다.

—Нет, спаси́бо. Мне уже́ доста́точно.

나는 벌써 (약간) 취했읍니다.

Я уже́ (немно́го) опьяне́л.

취기가 드셨읍니까?

У вас хмель прошёл?

(나는) 많이 취해서 머리가 아픕니다.

У меня́ с похме́лья голова́ боли́т.

　　　소련사람의 음주방법　Давайте вы́пьем до дна!
「자, 한 잔 쭈욱 마십시다!」또는 Вы́пейте до дна!
「한 잔 쭈욱 다 마십시요!」라는 표현을 사용하는네, 이
것은 잔의 밑바닥이 다 보일 때까지 마시는 것을 말한다.
Вы оставля́ете зло나 **Не оставля́йте зло**라는 표현
은 술을 마시다 남기면 「좋지 않은 일이 생길 것」이라는
농담조의 의미이기 때문에 어쨌든 다 마시게 권유하는 표
현이다. 이를 직역하면 「재앙(불행)을 남겼읍니다」, 「재
앙을 남기지 마시요」이다.

알코올 음료	спиртные напи́тки
식후용(감미로운) 와인	десе́ртное вино́
드라이(세미(半) 드라이) 와인	сухо́е (полусухо́е) вино́
포오트 와인	портве́йн
과실주	насто́йка
버찌술	вишнёвая насто́йка
생맥주	бо́чковое пи́во

【담배】

—담배 피우십니까?	—Вы ку́рите?
—아니오, 피우지 않읍니다.	—Нет, не курю́.
당신은 궐련을 피우십니까, 빠삐로사를 피우십니까?	Вы ку́рите сигаре́ты и́ли папиро́сы?
—하루에 몇 대나 피우십니까?	—Ско́лько сигаре́т вы выку́риваете в день?
—하루에 대략 10대 피웁니다.	—Я выку́риваю в день о́коло десяти́ сигаре́т.
—때에 따라 다릅니다(대중 없읍니다).	—Когда́ как.
—담배를 끊으실 생각이 없읍니까?	—Не собира́етесь ли вы бро́сить кури́ть?
—담배를 끊으려고 하지만 잘 안됩니다.	—Я хочу́ бро́сить кури́ть, но ника́к не получа́ется.

[나는] 좀 적게 피우려고 노력합니다.	Я стара́юсь ме́ньше кури́ть.
당신은 어떤 담배를 피우십니까?	Каки́е сигаре́ты вы ку́рите?
「야바」와 「스뜰리츠늬예」 중에 어느 담배가 더 독합니까?	Каки́е сигаре́ты кре́пче, «Ява» и́ли «Столи́чные»?
소련에서는 어떤 담배를 가장 많이 피웁니까?	Каки́е сигаре́ты (папиро́сы) в Сове́тском Сою́зе ку́рят бо́льше всего́?
담배 한대 피웁시다.	Дава́йте заку́рим.
—담배 좀 피워도 괜찮겠읍니까?	—Разреши́те кури́ть?
—예, 피우세요.	—Пожа́луйста.
—담배 좀 피워도 실례가 되지 않겠읍니까?	—Вы не бу́дете возража́ть, е́сли я закурю́?
—여기서 담배를 피워도 되겠읍니까?	—Мо́жно здесь кури́ть?
—여기서는 담배를 못 피우게 돼있읍니다.	—Здесь нельзя́ кури́ть.
여기는 금연입니다.	Здесь запреща́ется кури́ть.
나는 담배 피우러 가겠읍니다.	Я пойду́ покури́ть.
실례지만, 불 좀 붙여도 되겠읍니까?	Разреши́те, пожа́луйста, прикури́ть.
불 좀 빌려 주십시오.	Да́йте, пожа́луйста, огня́.
—이것이 한국 담배 「아리랑」인데 한번 피워 보십시오.	—Это коре́йские сигаре́ты «Ариранг». Попро́буйте, пожа́луйста.
—감사합니다.	—Спаси́бо.
—감사합니다. 저는 담배를 피우지 않습니다.	—Спаси́бо, я не курю́.

сигаре́та 는 입에 무는 물뿌리 같은 것이 붙어 있지 않는 담배(필터가 붙어 있어도 역시 **сигаре́та** 이다) 이며, **папиро́са** 는 입에 무는 물뿌리 같은 것이 붙어 있는 궐련

담배이다. 소련에서는 일반적으로 сигаре́ты 보다 папиро́сы가 더 많이 보급되어 있다.

여성 앞에서 담배를 피우고 싶을 때에는, Разреши́те (мо́жно) кури́ть?「담배를 피어도 좋습니까?」라고 허락을 받고 피우는 것이 에티켓이다.

таба́к는 담배의 총칭이지만, 원료를 나타내는 경우를 제외하고 빈번히 사용하지 않으며 сигаре́ты 나 папиро́сы라고 구체적인 명칭을 부르는 것이 보통이다.

담배가 맛있다를 Таба́к вку́сный라고 말하면 웃음거리가 되니 사용하는 데에 조심해야 한다. вку́сный는 음식이 맛있을 때만 사용한다.

—언제 〔당신은〕 담배맛이 가장 좋습니까?	—Когда́ вы получа́ете бо́льше всего́ удово́льствия от куре́ния?
—식후에 가장 좋습니다.	—По́сле еды́ я получа́ю бо́льше всего́ удово́льствие.

кури́ть「흡연하다」는 목적어를 동반하여 кури́ть сигаре́ты「시가레트를 피운다」라고 보통 사용하지만, 일반적으로「담배를 피우다」라고 말하는 경우에는 кури́ть만을 사용하고 таба́к는 붙이지 않는다.

여송연	сига́ра
필터 달린 시가레트	сигаре́ты с фи́льтром
파이프(잎 담배용)	тру́бка
궐련 물뿌리	мундшту́к, -а́
궐련 갑, 시가레트 케이스	портсига́р
재떨이	пе́пельница
성냥(단수는 성냥 한 개피)	спи́чки 〔複〕 (単 спи́чка)
성냥갑	коро́бка спи́чек
〔가스〕라이터	〔га́зовая〕 зажига́лка
라이터 돌	креме́нь 〔男〕, -мня 〔для зажига́лки〕
라이터용 가스통	га́зовый балло́нчик для зажига́лки
니코틴	никоти́н

衣　服

【의복】

소련여자들은 어떠한 복장
　을 하고 있읍니까?

소련에서는 유행을 어떻게
　받아 들입니까?

어떠한 양복(원피스, 상의,
　바지, 스커트, 외투)이
　금년에 유행입니까?

—당신은 대체로　양복을
　마춥니까, 아니면 기
　성복을 삽니까?

—나는 대체로　기성복을
　삽니다.

—나는 대체로 주문합니다.

이것은 새로 산 겁니까?

—당신의 양복은 기성복입
　니까, 마춤복입니까?

—기성복입니다.

—당신의 양복(원피스, 외
　투)은 참 잘 만들었군
　요. 어디서 마추셨읍
　니까?

—A양복점(백화점)에서 마
　췄읍니다.

이 양복은 당신한테 잘 어
　울립니다.

—이 외투(모자)가 저한테
　어울립니까?

—예, 아주 잘 어울립니다.

이 양복(원피스,　외투)은
　당신한테 잘 맞읍니다.

Как　одеваются　советские
женщины?

Как относятся к моде в Совет-
ском Союзе?

Какие костюмы (платья,　пид-
жаки, брюки, юбки, пальто)
в этом году считаются мод-
ными?

—Вы обычно шьёте　костюмы
или покупаете готовые?

—Я обычно покупаю готовые
костюмы.

—Я обычно заказываю.

У вас обновка?

—Ваш костюм готовый　или
сшит по заказу?

—Готовый.

—Ваш костюм (ваше　платье,
ваше пальто) хорошо сшит
(сшито). Где вы его зака-
зывали (шили)?

—Я заказала (сшила) в ателье
[тэ] [мод] (универмаге) А.

Вам очень идёт этот костюм.

—Идёт　ли　мне　это пальто
(эта шляпа)?

—Да,　очень идёт.

Этот костюм (это платье, это
пальто) хорошо сидит　на
вас.

—당신 양복은 천이 무엇
　입니까?
—Из како́го материа́ла ваш
　костю́м (ва́ше пальто́)?

—모직입니다.
—Он (оно́) из ше́рсти.

그녀는 옷을 잘 입습니다.
Она́ оде́та со вку́сом.

옷을 갈아 입고 오겠읍니다.
Я то́лько переоде́нусь и приду́.

재단사 (마춤복)
портно́й, портни́ха

재단사 (기성복)
закро́йщик

재봉틀
шве́йная маши́на

가위
но́жницы [複数로만 사용]

실
ни́тка, 複生 -ток

바늘
иго́лка

패션잡지
журна́л мод

디자이너
модельер [дэ]

패션쇼우
демонстра́ция моде́лей (мод)

패션모델
манеке́нщик; манеке́нщица

편물; 뜨다.
вяза́ние; вяза́ть, вяжу́, вя́жешь

자수; 수 놓다.
вы́шивка; вышива́ть

【양복·양품·양화점에서】

나한테〔내 키에〕 맞는 양
　복(외투, 바바리코트) 있
　읍니까?
У вас есть костю́м (пальто́,
плащ) на мой рост?

나한테 맞는 잠옷 좀 골라
　주세요.
Подбери́те, пожа́луйста, пижа́-
му на мой рост.

이 상의의 모양이 마음에
　들지 않습니다. 다른 모
　양은 없읍니까?
Мне не нра́вится фасо́н э́того
пиджака́. Нет ли у вас
други́х фасо́нов?

이런 모양을 한 다른 색상
　의 원피스는 없읍니까?
Есть ли пла́тье друго́й рас-
цве́тки э́того же фасо́на?

이 외투는 빛깔이 너무 밝
　군요. 좀 더 짙은 색은
　없읍니까?
Э́то пальто́ сли́шком све́тлое.
Нет ли бо́лее тёмного?

무슨 색을 원하십니까?
Како́й цвет вы хоте́ли бы?

좀 더 단순한 색상을 원합
　니다.
Я хоте́л бы бо́лее скро́мной
расцве́тки.

이 양복은 크기(빛깔)가 맞지 않읍니다.	Э́тот костю́м не подхо́дит по разме́ру (по цве́ту).
이 것이 당신한테 맞읍니까?	Э́то вам подойдёт?
—입어 봐도(재 봐도) 괜찮읍니까?	—Мо́жно приме́рить?
—물론이죠, 저기 탈의실이 있읍니다.	—Пожа́луйста, там приме́рочная.
이 양복은 나한테 큽니다 (작습니다).	Э́тот костю́м мне вели́к (мал).
이 외투는 나한테 큽니다 (작습니다).	Э́то пальто́ мне велико́ (мало́).
그러면 이 양복(외투)을 한 번 입어 보십시오.	Тогда́ приме́рьте, пожа́луйста, вот э́тот костю́м (э́то пальто́).
바지가 조금 깁니다 (짧읍니다).	Брю́ки немно́го длинны́ (коро́тки).
좀 더 짧게 줄여(길게 늘여) 주십시오.	Пожа́луиста, сде́лайте коро́че (длинне́е).
좀 더 좁혀(넓혀) 주십시오.	Пожа́луйста, сде́лайте у́же (ши́ре).
소매(기장)가 약간 깁니다. 약간(2 cm) 줄여 주십시오.	Рукава́ длиннова́ты (По́лы длиннова́ты). Укороти́те немно́го (сантиме́тра на два).
이 외투(원피스) 나한테 잘(꼭) 맞읍니다.	Э́то пальто́ (пла́тье) мне хорошо́ (как раз).
이 옷감은 색이 바래지(구겨지지) 않읍니다.	Э́та мате́рия не линя́ет (не мнётся)?
이 옷감은 세탁이 잘 되고 질깁니다.	Э́тот материа́л стира́ется хорошо́ и но́сится хорошо́.
—얼마짜리 크기(사이즈)가 필요합니까? (구두, 양말, 와이셔츠 등에 대해서)	—Како́й разме́р вам ну́жен?
—36(41)짜리가 필요합니다.	—Мне ну́жен три́дцать шесто́й (со́рок пе́рвый).
나는 내 사이즈를 모릅니다.	Я не зна́ю своего́ но́мера [в сантиме́трах].

이 구두(단화)는 약간 조입니다(구두코가 낍니다).	Э́ти боти́нки (ту́фли) немно́го жмут (жмут в носке́).
이 구두는 나한테 너무 큽니다.	Э́ти ту́фли сли́шком велики́ мне.
사이즈가 더 큰(작은) 것으로 주십시오.	Пожа́луйста, на но́мер бо́льше (ме́ньше).

직물, 천	**ткань [女]**
견, 실크; ~의	шёлк; шёлковый
견직물	шёлковая ткань
목면, 면직물	хлопчатобума́жная ткань
아마포직물	льняна́я ткань
합성섬유(직물)	синтети́ческая ткань
모직, 울; ~의	шерсть [女]; шерстяно́й
모직물	шерстяна́я ткань
모사, 털실	шерсть
나일론; ~의	нейло́н; нейло́новый
새틴, 수자(繻子)	сати́н
공단	атла́с
우단	ба́рхат
크레이프·드·쉰	крепдеши́н
개버딘	габарди́н
나사; ~의	сукно́; суко́нный
트릿콧; ~의	трикота́ж; трикота́жный
레이스; ~의	кружева́ [複]; кружевно́й
무늬; ~의	узо́р; узо́рчатый
격자(바둑판) 무늬의	кле́тчатый
줄무늬의	полоса́тый
무지의, 단색으로 무늬가 없는	одноцве́тный
밝은 색의, 야한	я́ркий
안감	подкла́дка

모피	**мех**
여우모피	ли́сий мех
검은 담비모피	мех со́боля

흰 담비모피	горноста́й
담비모피	мех куни́цы
밍크; ～의	но́рка ; но́рковый
야스트라칸모피 (직물)	кара́куль [男]
산양모피; 산양가죽제의	циге́йка ; циге́йковый

가죽, 피혁	**ко́жа**
인조가죽	иску́сственная ко́жа
크롬피혁	хром
윤이 나는 가죽; ～의	ла́йка ; ла́йковый
에나멜가죽	лакиро́ванная ко́жа
가죽제품	ко́жаные изде́лия

의복, 의류	**оде́жда**
신사 (숙녀) 복	мужско́й (же́нский) костю́м
춘추 (겨울) 외투	демисезо́нное (зи́мнее) пальто́
모피외투	шу́ба
블라우스	блу́зка
자켓	ко́фта, ко́фточка
스웨터	сви́тер [тэ]
외출복	выходно́й костю́м, выходно́е пла́тье
야외복, 이브닝드레스	вече́рнее пла́тье
모오닝 코우트	визи́тка
제복, 유니폼	фо́рма
학생 (군) 복	шко́льная (вое́нная) фо́рма
속옷, 내의 (부인용 속옷)	ни́жнее (же́нское) бельё
(부인의) 속옷 (슬립따위)	комбина́ция
와이샤쓰	соро́чка
남방, 와이샤쓰	руба́шка
아랫도리 내복	кальсо́ны [複]
팬티	трусы́, тру́сики [複]
브래지어	бюстга́льтеры [複]
코르셋	корсе́т
넥타이	га́лстук
앞치마, 에이프런	пере́дник
벨트, 띠	по́яс

혁대	реме́нь [男], -мня́
스카프	плато́к
손수건	[носово́й] плато́к
(여자용) 머리수건	косы́нка
(여자용) 목도리, 쇼올	шарф, шаль [女]
(남자용) 목도리, 쇼올	кашне́ [нэ] [不変·中]
양말	носки́ [複] (単 носо́к)
스타킹	чулки́ [複] (単 чуло́к)
[가죽, 털] 장갑	[ко́жаные, шерстяны́е] перча́т-ки, -ток [複] (単 перча́тка)
옷깃, 칼라	воротни́к
소매	рукава́ [複] (単 рука́в)
주머니	карма́н
지퍼	мо́лния
호크	крючо́к
가방, 빽	су́мка
손가방	су́мочка
우비	дождеви́к, -а́
우산	зонт, зо́нтик

모자류	**головны́е убо́ры** [複]
중절모, 부인모	шля́па
펠트(밀짚) 모자	фе́тровая (соло́менная) шля́па
부인(여자) 용 모자	да́мская (же́нская) шля́па
챙 달린 모자, 운동모자	ке́пка
챙 없는 모자	ша́пка
방한모(모피모자)	тёплая (мехова́я) ша́пка
베레모	бере́т

신발	**о́бувь** [女]
신사(숙녀) 화	мужски́е (же́нские) ту́фли
하이 힐(굽이 낮은 구두)	ту́фли на высо́ких (ни́зких) каблука́х
편상화(끈이 달린)	боти́нки [複] (単 боти́нок)
에나멜 구두	лакиро́ванные ту́фли
장화	сапоги́ [複] (単 сапо́г)
샌들	санда́лии [複] (単 санда́лия)

(부인용) 샌들	босоно́жки [複] (単 *босоно́жка*)
실내화, 슬리퍼	та́почки [複] (単 *та́почка*)
신 (구두) 바닥	подо́шва
구두 끈	шнуро́к, -рка́
구두주걱	рожо́к, -жка́
(구두를) 닦다	чи́стить, -чи́щу, -чи́стишь
구두닦기 (人)	чи́стильщик о́буви
구두약	сапо́жный крем
구두솔	сапо́жная щётка

【시계 · 안경점에서】

—이 시계는 국산품입니까?	—Э́ти часы́ оте́чественного произво́дства?
—아닙니다, 스위스제입니다.	—Нет, швейца́рские.
남자(여자)용 시계 좀 보여 주십시오.	Покажи́те мне мужски́е (да́мские) часы́.
이 시계는 몇 석입니까?	На ско́льких камня́х э́ти часы́?
보증기간은 얼마나 됩니까?	На како́й срок даётся гара́нтия?
나는 안경을 마추고저 합니다.	Я хочу́ заказа́ть очки́.
나는 금속(뿔, 금) 테를 원합니다.	Я хоте́л бы металли́ческую (рогову́ю, позоло́ченную) опра́ву.
어디서 안경을 수선합니까?	Где принима́ют в почи́нку очки́?
안경이 깨졌읍니다. 유리 좀 갈아 주십시오.	Я разби́л очки́. Замени́те, пожа́луйста, стёкла (стекло́).
나는 안경테를 급히 고쳐야(바꾸어야)만 합니다.	Мне на́до сро́чно почини́ть (замени́ть) опра́ву.
손목(탁상, 벽)시계	ручны́е (насто́льные, стенны́е) часы́
자명종	буди́льник
자동시계	часы́ с автомати́ческим заво́дом
쿼쯔(수정)시계	ква́рцевые часы́

디지탈시계	часы́ с цифрово́й индика́цией
가죽띠 (금속띠, 고리) 시계 줄	ремешо́к (браслет, цепо́чка) дня ласо́в
선글라스	очки́ от со́лнца

【귀금속점에서】

이것은 자연석입니까, 인조석입니까?	Это настоя́щие ка́мни и́ли сплав?
이것은 모조(양식, 천연) 진주입니까?	Это иску́сственный (культиви́-рованный, настоя́щий) же́м-чуг?
호박(琥珀)으로 만든 제품은 어떤 것이 있습니까?	Каки́е есть изде́лия из янтаря́?
—이 건 무슨 보석입니까?	—Како́й это ка́мень?
—사파이어입니다.	—Это сапфи́р.
—이 브로치(목걸이, 반지)는 무엇으로 만들어졌읍니까?	—Из чего́ сде́лана (сде́лано) эта брошь (это ожере́лье, это кольцо́)?
—금(백금, 은) 제품입니다.	—Из зо́лота (пла́тины, серебра́).
—이 다이아몬드는 몇 카라트짜리입니까?	—Ско́лько кара́тов у этого бриллиа́нта?
—1 카라트입니다.	—Оди́н кара́т.
귀금속, 보석 [제품]	ювели́рные изде́лия
백금의	пла́тиновый
금[제]의	золото́й
은[제]의	сере́бряный
보석	драгоце́нные ка́мни [複]
다이아몬드의	бриллиа́нтовый
루비; ～의	руби́н; руби́новый
에머럴드; ～의	изумру́д: изумру́дный
토파스; ～의	топа́з; топа́зовый
자수정; ～의	амети́ст; амети́стовый
오팔; ～의	опа́л: опа́ловый
터키석; ～의	бирюза́: бирюзо́вый
산호; ～의	кора́лл: кора́лловый

상아	слонóвая кость
보석이 박힌 반지	пéрстень, -тня
귀걸이	сéрьги, *серёг*, *серьгáм* [複], (単 *серьгá*)
귀걸이(클립식)	клúпсы [複] (単 *клипс*)
팔찌	браслéт
목걸이	кулóн
넥타이 핀	булáвка (зажúм) для гáлстука
커프스 버튼	зáпонки [複] (単 *зáпонка*)

【세탁소·수선소에서

나는 세탁물을 맡기려고 합니다.	Я хотéл [-а] бы отдáть кóе-что в стúрку.
드라이 클리닝(세탁소)이 어디에 있읍니까?	Где нахóдится химчúстка (прáчечная)?
이것 좀 급히 세탁해서 다려 주십시오.	Это прошý вýстирать и выгладить срóчно.
이것은 풀 먹일 필요가 없읍니다.	Это не нáдо крахмáлить.
칼라(깃)는 풀을 먹여 주십시오.	Воротникú прошý накрахмáлить.
이것 좀 다려 주십시오.	Вýгладите, пожáлуйста, это.
양복(외투)를 세탁 좀 해 주십시오.	Пожáлуйста, примúте в чúстку костюм (пальтó)
이 얼룩을 지울 수 있읍니까?	Мóжно вýвести это пятнó (эти пятна)?
—이건 무슨 얼룩입니까?	—Какóе это пятнó?
—기름기 얼룩입니다.	—Это жúрное пятнó.
이 걸 어디다 수선을 맡길 수 있읍니까?	Где мóжно отдáть это в почúнку?
어디서 외투(양복)을 수선 합니까?	Где починúть пальтó (костюм)?
좀 기워 주십시오.	Заштóпайте, пожáлуйста.
단추 좀 달아 주십시오.	Прошý пришúть пýговицу.
언제 됩니까?	Когдá бýдет готóво?
세탁기	стирáльная машúна
세탁비누	хозяйственное мýло

합성세제	синтети́ческие мо́ющие сре́дства
[전기] 다리미	[электри́ческий] утю́г
다리미판	глади́льная доска́
때; 때묻은, 더러운	грязь [女] : гря́зный
양복솔	[платяна́я] щётка

주　거

【주택】

우리들은 노농자의 아파트를 방문하고 싶읍니다.	Мы хоте́ли бы посети́ть кварти́ры рабо́чих.
당신의 집은 어디입니까?	Где нахо́дится ва́ша кварти́ра (ваш дом)?
—이 집에서 사신 지 얼마나 됐읍니까?	—Как до́лго вы живёте в э́том до́ме (в э́той кварти́ре)?
—이 집에서 산 지 약 5년 됐읍니다(1950년부터 살고 있읍니다).	—Мы живём в э́том до́ме лет пять (здесь с ты́сяча девятьсо́т пятидеся́того го́да).
이 집은 자택입니까, 아니면 세로 살고 계십니까?	Э́то ваш со́бственный дом и́ли вы его́ снима́ете?
우리들은 아파트에서 살고 있읍니다.	Мы живём в многокварти́рном до́ме.
우리들은 시영주택(공단주택, 관사)에서 살고 있읍니다.	Мы живём в муниципа́льной кварти́ре (в кварти́ре, находя́щейся в ве́дении жили́щной корпора́ции, в ве́домственной кварти́ре.)
—당신 집은 언제 진 집이죠?	—Когда́ постро́ен ваш дом?
—우리집은 10년 전에 진 집입니다.	—Наш дом постро́ен де́сять лет тому́ наза́д.
—당신의 집은 철근 콘크리이트 집입니까?	—Ваш дом железобето́нный?

—아니오, 목조(블록) 건물
　입니다.

—Нет, наш дом деревя́нный
　(крупноблочный).

—댁은 현관·부엌·화장
　실 등을 따로 사용하
　고 있읍니까?

—У вас отде́льная кварти́ра?

—아니오, 공용입니다.

—Нет, о́бщая.

　소련에서 **дом** 은 「아파트」(многокварти́рный дом)라
는 의미로 광범위하게 사용된다. 예를들면 **наш дом** 은
「나의 집」이라는 의미지만 「내가 사는 아파트」라는 의미
도 될 수 있다.

　кварти́ра 는 「아파트 내의 1세대용 주택」이라는 뜻이
다.

　отде́льная кварти́ра 는 아파트 내의 독립된 주거지,
다시 말해 현관, 부엌, 변소 등을 공동으로 사용하지 않
는 독립 주거지이다. 공용일 경우에는 **о́бщая кварти́ра**
이다. 독립된 주거지라면 방이 하나라도 **отде́льная ква-
рти́ра** 이다.

—〔당신은〕 별장을　갖고
　있읍니까?

—У вас есть да́ча?

—아니오, 〔별장은〕 없읍
　니다.

—Нет, у нас нет да́чи.

—당신 집은 몇 층 건물입
　니까?

—Ско́лько этаже́й в ва́шем
　до́ме?

—단층집(2층집,　3층건
　물……) 입니다.

—Наш　дом　одноэта́жный
　(двухэта́жный,　трёхэта́ж-
　ный…).

—몇 층에 살고 계십니까?

—На како́м этаже́ вы живёте?

— 1층(2층,　3층,　4층,
　5층)에　살고 있읍니
　다.

—Мы живём на пе́рвом　(вто-
　ро́м,　тре́тьем,　четвёртом,
　пя́том) этаже́.

당신 아파트에는 엘리베이
　터가 있읍니까?

Есть ли лифт в ва́шем до́ме?

—댁은 방이 몇 개 입니까
　?

—Ско́лько ко́мнат в ва́шей
　кварти́ре?

—우리 집에는 방이 2개 (5개, 1개만) 있읍니다.

—В нашей кварти́ре две ко́мнаты (пять ко́мнат, то́лько одна́ ко́мната).

—우리 집은 방이 하나(둘, 셋, 다섯)짜리 입니다.

—У нас однокóмнатная (двухкóмнатная, трёхкóмнатная, пятикóмнатная) кварти́ра.

—그럼 어떤 방들이 있읍니까?

—А каки́е и́менно [кóмнаты]?

—응접실, 서재, 식당, 침실이 있읍니다.

—У нас гости́ная, кабине́т, столо́вая и спа́льня.

우리 집은 식당과 응접실을 겸하고 있읍니다.

У нас столо́вая слу́жит и гости́ной.

자신의 방이 있읍니까?

У вас есть своя́ кóмната?

—당신 집은 서구식입니까?

—В ва́шей кварти́ре есть кóмната в европе́йском сти́ле?

—아닙니다, 우리 집은 한식입니다.

—Нет, у нас тóльло кóмнаты в коре́йском сти́ле.

—댁의 건평은(총 거실 면적은) 어느 정도 입니까?

—Каковá óбщая (жила́я) плóщаль ва́шей кварти́ры?

—부엌, 욕실, 화장실, 저장실을 제외한 면적은 45평방미터입니다.

—Óбщая плóщаль на́шей кварти́ры без ку́хни, ва́нной, убóрной и кладовóй — сóрок пять квадра́тных ме́тров.

жила́я плóщадь는 부엌, 욕실, 변소를 제외한 거실, 다시 말해 서재, 침실, 응접실, 식당, 아이들 방 따위의 총면적을 말한다.

당신 방은 몇 평방미터입니까?

Скóлько квадра́тных ме́тров в ва́шей кóмнате?

—댁은 방이 충분합니까?

—Хвата́ет ли вам кóмнат?

—아니오, 충분치가 않습니다. 5인 가족에게는 좀 좁습니다.

—Нет, не хвата́ет. Кварти́ра тесновáта для семьи́ из пяти́ челове́к.

[당신은] 방 몇 칸을 원하 십니까?

Сколько комнат вы бы хотели иметь?

—댁의 방 배치는 어떻게 돼 있읍니까?

—Как расположены комнаты в вашей квартире?

—집의 방 배치는 잘(잘못, 편리하게, 불편하게) 돼 있읍니다.

—У нас комнаты расположены хорошо (плохо, удобно, неудобно).

우리 집은 식당과 부엌이 붙어 있읍니다.

У нас столовая и кухня смежные.

смежные комнаты 라는 것은 방이 인접해 있는 모든 방을 말하는 것이 아니고, 방과 방사이에 문이 있어서 왕래할 수 있는 방을 말한다. 벽으로 차단되어 있고 문이 따로 따로 있는 방은 **отдельные комнаты** 이다.

우리 집은 서재가 응접실 옆에 있다(서재와 응접 실이 서로 이웃해 있다).

У нас кабинет рядом с гостиной.

당신 방은 환합니까?

У вас светлая комната? (Ваша комната светлая?)

당신의 방은 양지 바른 방 입니까?

Ваша комната солнечная?

—당신 방의 창은 어느 쪽 으로 나 있읍니까?

—Куда выходят (обращены) окна в вашей комнате?

—창 하나는 남(북) 향이고, 또 다른 하나는 동(서) 향입니다.

—Одно окно выходит (обращено) на юг (на север), а другое на восток (на запад).

창은 정원으로 나 있읍니다.

Окна выходят в сад.

당신 집은 여러 설비가 완 비되어 있읍니까?

У вас квартира со всеми удобствами (с удобствами)?

все удобства 는 газ 「가스」, водопровод 「수도」, электричество 「전기」 뿐만아니라, ванная 「욕실」, горячая вода 「열탕」, телефон 「전화」, лифт 「승강기」,

> 발코니」, туалéт 「화장실」 따위로 주거를 위한
> 쾌적한 모든 설비를 말한다.

—당신 집은 목욕탕이 붙 —Вáша квартúра с вáнной?
　어 있읍니까?

—아니오, 목욕탕이 없읍 —Нет, без вáнной.
　니다.

—이 문은 어디로 통하고 —Кудá ведёт эта дверь?
　있읍니까?

—문은 복도로 통하고 있 —Дверь ведёт в коридóр.
　읍니다.

문(창문)을 열어(닫아) 주 Открóйте (закрóйте), пожáлуй-
십시오. ста, дверь (окнó).

집이 매우 아늑하군요. У вас уютная квартúра.

—댁에는 정원(안뜰, 남새 —При вáшем дóме (у вас) есть
　밭)이 있읍니까? 　(имéется) сад (двор, ого-
　рóд)?

—작은 정원이 있읍니다. —У нас есть мáленький сá-
　дик.

땅값은 최근 몇 년 동안 Цéны на земéльные учáстки
몇 배나 올랐읍니다. за послéдние гóды повыси-
лись в нéсколько раз.

—사시는 곳은 조용합니 —Ваш райóн тúхий?
　까?

—아니오, 시끄럽습니다. —Нет, шýмный.
댁은 교통편이 좋읍니까? У вас удóбное сообщéние?
댁은 이곳(직장, 도심지, Ваш дом блúзко отсюда (от
전차역)에서 가깝습니까 мéста рабóты, от цéнтра
? гóрода, от стáнции элек-
трúчки)?

[당신은] 자신의 아파트 Вы довóльны своéй квартúрой
(방, 집)에 만족하고 계 (своéй кóмнатой, своúм дó-
십니까? мом)?

—우리는 곧 다른 집으로 —Мы скóро переéдем в (на)
　이사할 것입니다. 　другую квартúру.

—어디로 이사가십니까? —Кудá вы переéдете?
벌써 집들이를 하셨읍니까? Вы ужé спрáвили новосéлье?

당신 나라(도시)의 주택사정은 어떻습니까? — Каковы́ в ва́шей стране́ (в ва́шем го́роде) жили́щные усло́вия?

당신의 나라(당신이 사는 도시)에는 주택난이 있읍니까? — Существу́ет ли в ва́шей стране́ (в ва́шем го́роде) жили́щная пробле́ма?

서울은 주택난이 심합니다. — В Сеу́ле жили́щный кри́зис.

서울은 집세가 매우 비쌉니다. — В Сеу́ле квартпла́та о́чень высо́кая.

[당신은] 집세를 어는 정도 내고 계십니까?(댁의 집세는 얼마나 됩니까?) — Ско́лько вы пла́тите за кварти́ру? (Кака́я у вас квартпла́та?)

주택문제 — жили́щный вопро́с

동(棟) — ко́рпус, 複 -а́, -о́в

관리사무소 — домоуправле́ние

관리사무소장 — управдо́м, управля́ющий до́мом

(아파트, 주택) 관리인 — коменда́нт

집 주인, 셋집 주인 — домовладе́лец, домовладе́льца

기숙사 — общежи́тие

아이 방 — де́тская ко́мната

발코니 — балко́н

베란다 — вера́нда

화장실 — туале́т

차고 — гара́ж, -а́

계단 — ле́стница

울타리, 담 — огра́да

판자 울타리 — [досча́тый] забо́р

대문 — воро́та [複], -о́т, -о́там

방이나 계단으로 올라오는 입구, 출입구의 계단. — крыльцо́, 複 кры́льца, -ле́ц, -льца́м

현관 앞의 주차장(출입구) — подъе́зд

벨, 초인종 — звоно́к, -нка́

현관 — пере́дняя, прихо́жая

지붕 — кры́ша

벽 — стена́, 対 сте́ну, 複 сте́ны, сте́н, стена́м

천장	потоло́к, -лка́
[판자, 쪽매 널] 마루	[досча́тый, парке́тный] пол
양탄자, 카핏	ковёр, -вра́
유리	стекло́, 複 стёкла, стёкол, стёклам
커튼	занаве́ска, 複生 -сок
자물쇠	замо́к, -мка́
열쇠	ключ, -а́
가구	ме́бель [女], обстано́вка

> ме́бель 나 обстано́вка 모두 「가구」라고 번역되지만 ме́бель 는 일반적으로 「가구」를 의미하는데 반하여, обстано́вка 는 실내에 배치된 가구의 총칭이다.

책상(식탁, 조리대)	пи́сьменный (обе́денный, ку́хонный) стол
의자	стул, 複 -лья, -льев
소파	дива́н
안락의자	кре́сло, 複生 -сел
선반	по́лка
서가(書架)	кни́жная по́лка
책장(옷장, 부엌장)	кни́жный (платяно́й, ку́хонный) шкаф
책장(서가 처럼 낮은)	этаже́рка
화병	ва́за, ва́зочка
옷걸이	ве́шалка

【전기, 가스, 냉·난방, 수도】

불(전기, 가스)를 켜(꺼) 주십시오.	Включи́те (вы́ключите) свет (электри́чество, газ).
등불(등불, 전기)을 꺼 주십시오.	Потуши́те свет (ла́мпу, электри́чество).
전기가 켜 있읍니다.	Гори́т электри́чество.
웬일인지 전기가 들어오지 않읍니다.	Что-то свет не зажига́ется (нет све́та).

등불이 꺼졌읍니다.
Поту́х (пога́с) свет.

전구가 나갔읍니다(끊어졌읍니다).
Ла́мпочка перегоре́ла.

정전일 지도 모르겠읍니다.
Возмо́жно, прекрати́ли пода́чу то́ка.

틀림없이 퓨즈가 나갔을 겁니다. 퓨즈를 갈아 끼워야 합니다.
Наве́рно, перегоре́ла про́бка. Ну́жно её смени́ть.

—이곳의 전압은 얼마입니까?
—Како́е у вас напряже́ние в се́ти?

—100 (220) 볼트입니다.
—100 (220) вольт.

—댁은 어떤(종류의) 난방입니까?
—Како́е у вас отопле́ние?

—가스(전기, 스티임, 벽난로) 난방입니다.
—У нас га́зовое (электри́ческое, парово́е, печно́е) отопле́ние.

—겨울에 방의 난방은 어떤 식으로 합니까?
—Чем вы ота́пливаете ко́мнаты зимо́й?

—방은 가스(석유, 전기) 난로로 난방을 하고 있읍니다.
—Мы ота́пливаем ко́мнату га́зовой (кероси́новой, электри́ческой) пе́чкой.

[당신] 직장의 난방은 중앙 난방식입니까?
У вас на рабо́те отопле́ние центра́льное?

난방이 되질 않읍니다.
Отопле́ние не де́йствует.

방이 너무 찹니다.
Ко́мната переохлаждена́.

실내(방)의 공기가 탁합니다.
В помеще́нии (в ко́мнате) плохо́й во́здух.

방을 환기시키십시오.
Дава́йте прове́тривать ко́мнату.

환기창을 열어 주십시오.
Откро́йте, пожа́луйста, фо́рточку.

당신 방은 통풍이 잘 됩니까?
В ва́шей ко́мнате хоро́шая вентиля́ция?

통풍기를 켜 주십시오.
Включи́те (вы́ключите), пожа́луйста, вентиля́тор.

당신 직장에는 에어콘(냉방장치)이 있읍니까?
У вас на рабо́те есть кондиционе́р (устано́вка для охлажде́ния во́здуха)?

물이 나오질 않읍니다.	Вода́ не идёт.
사시는 도시의 수도물은 어느 저수지에서 끌어오는 겁니까?	Каки́е водоёмы (водохрани́лища) снабжа́ют водо́й населе́ние ва́шего го́рода?
전기기구	электроприбо́ры
형광등	ла́мпа дневно́го све́та
와트	ватт
콘센트	розе́тка
플러그	ви́лка
(전기) 스탠드, 램프	насто́льная ла́мпа
(전등의) 갓	абажу́р
샹들리에	лю́стра
(주방) 전열기	электри́ческая пли́тка
단락(쇼트) 누전	коро́ткое замыка́ние, уте́чка
전기 (가스) 미터기	электри́ческий (га́зовый) счёт-чик
오븐	духо́вка
가스 누출	уте́чка га́за
가스 기구	га́зовые прибо́ры
가스레인지	га́зовая плита́
라디에이터	батаре́я отопле́ния
프로판 가스	газ пропа́н
석탄(목탄)	ка́менный (древе́сный) у́голь
땔나무, 장작	дрова́ [複]
굴뚝	труба́, 複 *тру́бы, труб, тру́бам*
연기	дым, 複 *дымы́, -о́в*
재	пе́пел, *-пла*
부채	ве́ер
수도꼭지	кран
하수시설, 하수도	водосто́к, водосто́чная кана́ва

【청소】

방이 어지러져 있읍니다. 치워야(청소해야, 정리해야) 합니다.	В ко́мнате беспоря́док (ко́мната в беспоря́дке). Ну́жно убра́ть (сде́лать убо́рку, привести́ в поря́док).

진공 소제기	пылесо́с
쓰레기	му́сор
청소부	му́сорщик
먼지	пыль [女]
비	ве́ник, метла́
휴지통	корзи́нка для бума́ги
(가로의) 휴지통	у́рна
양동이	ведро́, 複 вёдра, -дер, -драм
걸레	тря́пка, 複生 тря́пок

생활의 주변일

【수면】

〔나는〕 졸립니다.	Я хочу́ спать.
〔나는〕 졸립니다.	Мне хо́чется спать.
이제 잘 시간이다.	Пора́ спать.
잡시다	Дава́йте ля́жем спать.
웬일인지 졸립지가 않읍니 다.	Почему́-то мне не хо́чется спать.
웬지 잠이 오질 않읍니다.	Мне что́-то не спи́тся.
—당신은 보통 몇 시에 주무십니까(일어나십 니까)?	—Когда́ вы обы́чно ложи́тесь спать (встаёте)?
—보통 11시에 잡니다(8 시에 일어납니다).	—Я обы́чно ложу́сь спать в оди́ннадцать часо́в (встаю́ в во́семь часо́в).
당신은 오늘 몇 시에 일어 나셨읍니까(어제는 몇시 에 주무셨읍니까)?	В кото́ром часу́ вы вста́ли сего́дня (легли́ спать вчера́)?
나는 보통 일찍(늦게) 일 어 납니다(잡니다).	Я обы́чно ра́но (по́здно) встаю́ (ложу́сь спать).
—안녕히 주무셨읍니까?	—Как вы спа́ли?
—덕분에 잘 잤읍니다.	—Спаси́бо, хорошо́.
간밤에는 좀처럼 잠을 이 룰 수가 없었읍니다.	Вчера́ я до́лго не мог засну́ть.
당신은 보통 하루에 몇 시 간 잠을 잡니까?	Ско́лько часо́в в су́тки вы обы́чно спи́те?

오늘 아침 나는 늦잠을 잤 읍니다.	Я проспа́л [-ла́] сего́дня у́тром.
나(우리)를 정각 6시에 깨 워 주십시오.	Разбуди́те, пожа́луйста, меня́ (нас) ро́вно в шесть часо́в утра́.
코를 골다	дрема́ть, *дремлю́*, *дре́млешь*
꿈을 꾸다	ви́деть сон
침대	крова́ть [女]
담요, 모포	одея́ло
매트리스	матра́ц
베개	поду́шка
시트	простыня́, 複 *про́стыни*, *-ы́нь*, *-ы́ням*
모포 커버, 이불잇	пододея́льник
베갯잇	на́волочка

【세면, 목욕, 화장실】

세수를 했으면 합니다.	Я хочу́ умы́ться.
얼굴(손)을 씻는 곳은 어 디입니까?	Где мо́жно умы́ться (вы́мыть ру́ки)?
이 근방 가까운 목욕탕은 어디입니까?	Где побли́зости ба́ня?
목욕료는 얼마입니까?	Ско́лько сто́ит биле́т в ба́ню?
목욕(샤워)을 하고 싶읍니 다.	Я хочу́ приня́ть ва́нну (душ).
욕실(샤워실)은 어디입니 까?	Где ва́нная (душева́я)?
화장실에 가고 싶습니다.	Мне ну́жно сходи́ть в туале́т (в убо́рную).
화장실은 어디입니까?	Где туале́т (убо́рная)?
화장실은 비어 있읍니다(사 용중 입니다).	Туале́т свобо́ден (за́нят).
세면대	умыва́льник
칫솔	зубна́я щётка
치약	зубна́я па́ста
수건	полоте́нце

비누	мы́ло
화장실용 비누	туале́тное (ба́нное) мы́ло
비누통	мы́льница
샴푸	шампу́нь [男]
스폰지 (해면)	гу́бка

【이발, 미용】

실례합니다만, 이발소 (미장원) 는 어디입니까?	Скажи́те, пожа́луйста, где мужска́я, (да́мская) парикма́херская?

이발

이발 (면도) 을 하고 싶읍니다.	Мне ну́жно постри́чься (побри́ться).
면도 (이발) 를 해 주십시오.	Пожа́луйста, побре́йте (подстриги́те).
—어떤 스타일로 깎아 드릴까요?	—Как вас постри́чь?
—짧게 깎아 주십시오 (아주 짧게는 깎지 마세요).	—Подстриги́те ко́ротко (не о́чень ко́ротко).
이 정도면 어떻습니까?	Так хорошо́?
아프진 않으셨는지요 (면도칼이) ?	Вас не беспоко́ит бри́тва?
수건찜질 (마사지) 를 해 주십시오.	Сде́лайте, пожа́луйста, компре́сс (масса́ж).
머리를 감아 주세요.	Мне ну́жно вы́мыть го́лову.
오드콜로뉴를 뿌려 주세요.	Освежи́те одеколо́ном.
얼마입니까?	Ско́лько я до́лжен заплати́ть?
당신 나라에서는 이발하고 면도하는데 얼마입니까?	Ско́лько сто́ит постри́чься и побри́ться в ва́шей стране́?

러시아어로 「이발소」나 「미용실」을 парикма́херская 라고 말하고, 이 둘을 구별할 필요가 있을 때에는 мужска́я 「남자용의」, да́мская 「부인용의」를 붙여 쓴다. 단, да́мская парикма́херская 는 여자의 머리를 다듬는 곳이고 미용술을 하는 곳은 косметı́ческий кабине́т 를 사용한다.

미용

퍼머넨트를 해 주십시오.
Сде́лайте мне хими́ческую зави́вку.

—어떤 머리 스타일을 원하십니까?
—Каку́ю причёску вам сде́лать?

—숏커트(위로 쳐서) 해 주십시오.
—Сде́лайте мне коро́ткую стри́жку (причёску наве́рх).

머리를 금발(밤색, 아마색, 검은색)로 염색해 주세요.
Перекра́сьте во́лосы в блонди́нку (в кашта́новый цвет, в льняно́й цвет, в чёрный цвет).

마사지를 해 주십시오.
Сде́лайте мне масса́ж.

매니큐어(페디큐어)를 하고 싶읍니다.
Я хочу́ сде́лать маникю́р (педикю́р).

엷은(진한) 색의 에나멜을 발라 주세요.
Пожа́луйста, све́тлый (тёмный) лак.

(지금) 이대로의 상태가 좋아요.
Оста́вьте так.

이발사, 미용사
парикма́хер

거울
зе́ркало, 複 -ала́, -а́л, -ала́м

두발용의 전기 건조기
фен

면도도구
бри́твенный прибо́р

〔안전, 전기〕면도기
〔безопа́сная, электри́ческая〕 бри́тва

면도칼
ле́звие 〔для бри́твы〕

면도용 솔
ки́сточка для бритья́

【화장품 가게에서】

이 향수는 냄새가 강합니까(약합니까)?
У э́тих духо́в кре́пкий (сла́бый) за́пах?

좀 더 어두운(밝은) 느낌의 입술 연지는 없읍니까?
Нет ли губно́й пома́ды бо́лее тёмного (све́тлого) отте́нка?

지방질(건성, 정상) 피부용 로션을 원하는데요.
Мне ну́жен лосьо́н для жи́рной (сухо́й, норма́льной) ко́жи.

어떤 크림 (분, 입술연지, 향수) 을 사용하고 계십니까?	Какой крем (какую пудру, какую губную помаду, какие духи) вы употребляете?
몸치장, 화장 화(몸단)장을 하다	туалет заниматься туалетом
화장도구 머리빗 빗	туалетные принадлежности щётка для волос гребёнка, расчёска

※ расчёска 는 머리를 빗기 위한 빗이고, гребёнка 는 일반적으로 머리를 빗기 위한 빗은 물론, 머리치장용의 빗도 포함한다.

화장품 분통, 콤팩트 분을 바르다 입술 연지를 바르다 마스카라	парфюмерия пудреница пудриться, напудриться [完] красить губы тушь для бровей (ресниц)

생활상태

우리나라 국민의 생활수준은 높다(낮다).	Жизненный уровень нашего народа высокий (низкий).
—당신(들)의 생활[상태]은 좋아지고 있읍니까?	—Улучшается ли у вас материальное положение?
—예, 좋아지고 있읍니다.	—Да, улучшается.
—아니오, 좋아지질 않고 있읍니다(나빠지고 있읍니다).	—Нет, не улучшается (ухудшается).
우리들의 살림 형편은 1년 전보다 나빠(좋아)졌읍니다.	Мы стали жить хуже (лучше), чем год назад.
우리는 넉넉한 생활을 하고 있읍니다.	Мы живём в достатке.

우리는 유복(빈곤)하게 살고 있읍니다.

Мы живём зажи́точно (бе́дно).

우리는 가계를 겨우 꾸려 나가고 있읍니다.

Мы с трудо́м сво́дим концы́ с конца́ми.

나는 5명의 아이들을 부양하지 않으면 안됩니다.

Я до́лжен [про] корми́ть пя́теро дете́й.

당신 나라에서는 실업자가 많습니까?

У вас мно́го безрабо́тных?

우리는 실업도 공황도 모릅니다.

Мы не зна́ем ни безрабо́тицы, ни кри́зисов.

우리나라에서는 물가가 점점 오르고 있읍니다.

У нас це́ны всё вре́мя повыша́ются.

고기(야채, 쌀)값이 인상되었읍니다.

Це́ны на мя́со (о́вощи, рис) повы́сились.

신문[의 보도]에 의하면, 다음달 초부터 쌀값이 인상된다고 합니다.

Су́дя по газе́там (по газе́тным сообще́ниям), с нача́ла бу́дущего ме́сяца бу́дет повы́шена цена́ на рис.

얼마나 [몇 원]인상될까요(인상되었읍니까)?

На ско́лько [вон] бу́дет повы́шена (повы́силась) цена́?

최근 수년 동안에 집세가 대폭 인상되었읍니다.

В после́дние го́ды квартпла́та ре́зко повы́силась.

교통비(전화요금, 버스요금, 지하철 요금)이 또 인상되었읍니다.

Пла́та за тра́нспорт (за прое́зд на электри́чке, в авто́бусе, в метро́) вновь была́ повы́шена.

공공서비스 요금이 점점 오르고 있읍니다.

Пла́та за бытово́е обслу́живание (за коммуна́льные услу́ги) всё повыша́ется.

당신 나라에서는 세금이 무겁습니까?

У вас высо́кие нало́ги?

—당신은 어떤 세금을 내고 있읍니까?

—Каки́е нало́ги вы пла́тите?

—우리들은 소득세, 지방세, 간접세를 내고 있읍니다.

—Мы пла́тим подохо́дный нало́г, ме́стный нало́г и ко́свенные нало́ги.

1년 동안에 어느 정도 직

В како́м разме́ре вы пла́тите

접세를 내고 있읍니까?   прямы́е нало́ги в год?

공공 서비스 бытово́е обслу́живание도 коммуна́ль-
ные услу́ги도 「공공 서비스」로 번역되지만, 이 둘은
전혀 다른 의미로 구별되는 서비스이다.

бытово́е обслу́живаие는 парикма́херская 「이발소,
미용실」, **ба́ня** 「공중탕」, **пра́чечная** 「세탁소」, химчи-
стка 「드라이클리닝」, 구두 수선 따위의 **ремонт** 「수리」
가 포함된다.

коммуна́льные услу́ги는 электри́чество 「전기」, газ
「가스」, водопрово́д 「수도」, телефо́н 「전화」, убо́рка
му́сора 「청소」 따위가 포함된다.

그러나 тра́нспорт 「교통, 운수」는 бытово́е обслу́жи-
вание도 коммуна́льные услу́ги에도 포함되지 않는다.

—어떤 목적에서 저축을   —С како́й це́лью вы де́лаете
  하고 계십니까?   вкла́ды?
—실직했을 때나, 병이 났   —Мы де́лаем вкла́ды на слу́чаи
  을 때, 노후 보장을 위   безрабо́тицы, боле́зни, для
  해서 저축을 하고 있   обеспе́чения в ста́рости.
  읍니다.

빚; 부채	долг, 複 - *и́*, -*ов*
재산	иму́щество
저금	сбереже́ния [複]
예금창구	сберега́тельная ка́сса
거지	ни́щий [名]
가난뱅이	бе́дный челове́к, бедня́к
부자	бога́тый челове́к, бога́ч

사회보장

당신 나라의 사회보장에 대   Расскажи́те, пожа́луйста, о
해서 말씀해 주십시오.   социа́льном обеспе́чении в
                          ва́шей стране́.

우리나라의 사회보장은 모두 국고 부담으로 이루워지고 있읍니다.

Социа́льное обеспе́чение в на́шей стране́ осуществля́ется по́лностью за счёт госуда́рственных средств.

우리나라에서는 근로자나 봉급생활자는 임금의 일정액을 사회보장에 정기적으로 적립하지 않으면 안됩니다.

В на́шей стране́ рабо́чие и слу́жащие обя́заны регуля́рно вноси́ть в фонд социа́льного страхова́ния определённую часть за́работной пла́ты.

—당신 나라에서는 의료는 무료 입니까?

—У вас беспла́тная медици́нская по́мощь?

—아닙니다, 돈이 듭니다 (유료입니다).

—Нет, пла́тная.

서독에서는 교육과 의료가 무료입니다.

В ФРГ обуче́ние и медици́нское обслу́живание беспла́тно.

서독에서는 노동자가 병이 났을 때에는 병상보조급여를 지급합니다.

В пери́од боле́зни трудя́щиеся в ФРГ получа́ют посо́бие по вре́менной нетрудоспосо́бности за счёт госуда́рства.

그는 연금생활에 들어 갔읍니다.

Он ушёл на пе́нсию.

그는 연금생활을 하고 있읍니다.

Он на пе́нсии.

당신은 연금생활자입니까?

Вы пенсионе́р (пенсионе́рка)?

—어떤 연금을 받고 계십니까?

—Каку́ю пе́нсию вы получа́ете?

—나는 노령연금(신체장해자연금, 근속연금, 특정연금)을 받고 있읍니다.

—Я получа́ю пе́нсию по ста́рости (пе́нсию по инвали́дности, пе́нсию за вы́слугу лет, персона́льную пе́нсию).

한국 시민은 몇 세부터 노령연금을 받을 수 있읍니까?

С како́го во́зраста коре́йские гра́ждане мо́гут получа́ть пе́нсию по ста́рости?

서독에서 근로자는 모두 매년 20일간부터 40일간 정도의 유급휴가를 받을 수 있읍니다.

В ФРГ все трудя́щиеся получа́ют ежего́дный опла́чиваемый о́тпуск продолжи́тельностью от 20 до 40 дней.

서독에서 임산부는, 기본적인 휴가 이외에, 출산 전후의 유급휴가를 12주 받읍니다.

В ФРГ поми́мо основно́го о́тпуска, бере́менные же́нщины получа́ют декре́тный (дополни́тельный опла́чиваемый) о́тпуск до ро́дов и по́сле ро́дов в 12 неде́ль.

우리나라에서는 대학이나 중등전문학교의 학생들 대부분은 국가의 장학금을 받고 있읍니다. 이 장학금은 되돌려 줄 필요는 없읍니다.

В на́шей стране́ большинство́ уча́щихся ву́зов и сре́дних специа́льных учи́лищ получа́ют госуда́рственную стипе́ндию, кото́рую им никогда́ не придётся возвраща́ть.

우리들은 유치원(탁아소, 어린이회관, 경노당)을 견학 하고 싶습니다.

Мы хоте́ли бы осмотре́ть де́тский сад (я́сли, детдо́м, дом для престаре́лых).

인체, 의료

인체, 건강

당신은 몸이 나(뚱뚱해 지) 셨읍니다.	Вы пополне́ли (попра́вились).
당신은 몸이 빠지셨읍니다.	Вы похуде́ли.
당신은 안색이 좋으십니다.	Вы хорошо́ вы́глядите.
당신은 안색이 좋으십니다 (안색이 좋지 않습니다).	У вас хоро́ший (плохо́й) вид.
그는 피곤한 (건강치 못한) 기색입니다.	У него́ уста́лый (нездоро́вый) вид.
당신은 피곤하십니까 ?	Вы уста́ли ?
그는 건강(허약) 합니다.	У него́ хоро́шее (сла́бое) здо- ро́вье.
당신은 체력을 단련하고 계십니까 ?	Вы закаля́ете себя́ (свой органи́зм) ?
—당신은 어떤 방법으로 체력을 단련하십니까 ?	—Как (каки́м о́бразом) вы закаля́ете свой органи́зм (укрепля́ете своё здо- ро́вье) ?
—나는 운동 (체조)을 합니 다.	—Я занима́юсь спо́ртом (гим- на́стикой).

толсте́ть, потолсте́ть 〔完〕「살찌다」와 худе́ть,
похуде́ть 〔完〕「여위다, 살이 빠지다」는 대응하는 반
대말이지만 худе́ть는 화자가 자기나 상대방에게 대하여
사용할 수 있는 반면에, толсте́ть는 화자 자신에게는 사
용할 수 있으나 상대방에게 사용하는 것은 실례가 된다.
상대방에게는 반드시 пополне́ть 나 попра́виться를 사용
해야 한다.

누군가가 재채기를 했을 때 소련사람과 함께 있을
때 누군가가 재채기를 하면 어떻게 말을 해야 할까? 누
군가가 「당신 재채기를 하고 있군요」라고 말하면 실례이
고, 「감기라도 드신게 아닙니까?」라고 말을 해도 완전한

> 인사는 아니다. 이러한 경우에 Бу́дьте здоро́вы! 「건강
> 하십시오!」라고 말해야 한다. 그렇게 말하면 즉시 Спа-
> си́бо「고맙습니다」라고 대답하는 것이 예의이다. 습관적
> 으로 Бу́дьте здоро́вы!도 Спаси́бо도 자연스럽게 나와야
> 하며 아무 말도 하지 않고 침묵을 지키는 것은 실례가 됨
> 으로 각별한 주의를 요한다.

인체	органи́зм челове́ка
체격	телосложе́ние
신체	те́ло, 複 тела́, тел, тела́м
머리	голова́, 対 го́лову
모발, 머리카락	во́лосы, 複 воло́с, волоса́м
백발; ～의	седина́; седо́й
대머리; ～의	лы́сина; лы́сый
금발〔인 사람〕	блонди́н, блонди́нка
얼굴	лицо́
이마	лоб, лба
뺨, 볼	щека́, 対 щёку, 複 щёки, щёк, щека́м
눈	глаз, 複 глаза́, глаз, -а́м
속눈썹	ресни́ца
눈꺼풀	ве́ко, 複 ве́ки
눈썹	бровь〔女〕, 複 бро́ви, -е́й
코	нос
콧수염	усы́〔複〕
턱수염	борода́, 対 бо́роду
구레나룻	бакенба́рды〔複〕
입	рот, рта
입술	губа́, 複 гу́бы, губ, губа́м
이, 치아	зуб, 複生 -о́в
혀	язы́к, -а́
목구멍	го́рло
턱	подборо́док, -дка
귀	у́хо, 複 у́ши, уше́й
목	ше́я
어깨	плечо́, 複 пле́чи, плеч, плеча́м
등	спина́, 対 спи́ну

가슴, 젖	грудь [女]
배	живо́т, -а́
옆구리	бок, 複 бока́, боко́в
배꼽	пупо́к, -пка́
허리	поясни́ца
엉덩이	зад, я́годица
손, 팔	рука́, 對 ру́ку, 複 ру́ки, рук, рука́м
팔꿈치	ло́коть [男], -ктя, 複 ло́кти, -е́й
손바닥	ладо́нь [女]
손가락	па́лец, -льца
엄지(집게, 가운데, 약) 손가락	большо́й (указа́тельный, сре́дний, безымя́нный) па́лец
새끼 손가락(발가락)	мизи́нец, -нца
손톱, 발톱	но́готь [男], -гтя, 複 -и, -е́й
발, 다리	нога́, 對 но́гу, 複 но́ги, ног, нога́м
넓적다리	бедро́, 複 бёдра, -дер, -драм
무릎	коле́но, 複 коле́ни, -ней, -ням
발꿈치	пя́тка
피부, 살갗	ко́жа
모반	роди́мое пятно́
뼈	кость [女], 複 -и, -е́й, -я́м
척추(골)	позвоно́чник
척수	спинно́й мозг
늑골(갈비뼈)	ребро́, 複 рёбра, рёбер, рёбрам
관절	суста́в
근육	мы́шца, му́скул
식도	пищево́д
위	желу́док, -дка
폐	лёгкое, 複 лёгкие
장(창자)	кишка́, 複 кишки́, -шо́к, -шка́м
대(소, 직)장	то́лстая (то́нкая, пряма́я) кишка́
심장	се́рдце [中]
피, 혈액	кровь [女]

혈관	кровено́сный сосу́д
간장	пе́чень [女]
신장	по́чка
방광	мочево́й пузы́рь
신경	нерв
뇌	мозг, 複 -и́
호흡; ~하다	дыха́ние; дыша́ть
하품; ~하다	зево́та; зева́ть
딸국질; ~하다	ико́та (ика́ние); ика́ть
땀; 땀흘리다	пот; поте́ть
눈먼; 맹인	слепо́й
귀먼; 귀머거리	глухо́й
말 못하는; 벙어리	немо́й
농아의; 농아	глухонемо́й
저는; 절름발이	хромо́й

의 료

【병원에서】

우리는 병원을 돌아보고 싶습니다.	Мы хоте́ли бы осмотре́ть больни́цу (поликли́нику).
이 병원에는 침대(병실) 수가 얼마나 됩니까?	Ско́лько ко́ек (пала́т) в э́той больни́це?
당신네 병원에는 몇 명의 의사(간호원)가 일하고 있읍니까?	Ско́лько враче́й (медсестёр) рабо́тает в ва́шей больни́це (поликли́нике)?
간호원 1인당 몇 명의 환자를 돌봅니까?	За ско́лькими больны́ми уха́живает ка́ждая медсетра́?

소련에서는 「병원」은 입원환자만을 진료하는 병원(бо-льни́ца)과 외래환자만을 진료하는 병원(поликли́ника)이 확실히 구분되어 있다. 그렇기 때문에 поликли́ника를 작은 「진료소」나 「의원」처럼 상상하는 사람이 많지만 실제로는 전문의가 수십명이 있는 поликли́ника도 적지 않다. 또한 диспансе́р는 진료만이 아니라 병의 예방에도 힘을

쓴다. 예를들면 противотуберкулёзный диспансе́р「결
핵 예방 진료소」.

　　фе́льдшер 는 「보조의」「의무조수」「대진」 등으로 번역
된다. 중등의학교(медици́нское учи́лище)의 졸업생이
되면 의사의 조수로 근무한다. 3년간의 실습이 끝나면,
단독으로 진료에 임할 수 있다.

　　소련에서는 медсестра́(медици́нская сестра́)「간호원」
은 체온을 재며, 약과 주사를 주는 등 순수한 진료적인
면에서 의사의 보조역할을 한다.

　　ня́ня 는 환자의 옷을 갈아 입히며, 대소변의 시중을 들
고, 대화를 통하여 환자의 무료한 시간을 달래주는 여성
으로 병실의 청소도 한다. сиде́лка 는 주로 중환자의 상
태를 살피기 위해 계속 환자 옆에서 지켜보는 사람으로
환자가 외부에서 고용하지 않는 병원의 근무원이다.

　　санита́р 는 「위생원」으로 번역되며, 입원환자를 병실로
옮기거나, 병실에서 수술실, 치료실 등으로 옮기는, 주로
병원내의 힘든 일을 하는 남자 근무원이다.

【발병】

나는 건강하지가 않읍니다.	Я нездоро́в [-а]
나는 건강하지가 않읍니다.	Мне нездоро́вится.
나는 기분이 언짢읍니다.	Мне пло́хо (ду́рно).
나는 기분이 언짢읍니다.	Я пло́хо себя́ чу́вствую.
어쩐 일입니까? 병이라도 나셨읍니까?	Что с ва́ми? Мо́жет быть, вы больны́?
나는 병이 난 것 같읍니다.	Я, ка́жется, заболе́л [-а].
당신(나)은 의사에게 가 봐야 할 것 같읍니다.	Вам (мне) ну́жно обрати́ться к врачу́.
—의사를 부를까요?	—Вы́звать врача́?
—예, 그렇게 해 주세요.	—Пожа́луйста.
—감사합니다만 그만 두세요. 이제 괜찮읍니다.	—Нет, спаси́бо. Мне уже́ лу́чше.
의사 좀 불러 주십시오.	Вы́зовите, пожа́луйста, врача́ (до́ктора).
당장 구급차를 불러야 합니다.	Ну́жно сро́чно вы́звать ско́рую по́мощь.

【진료】

나는 내과의사에게 가 봐야 합니다.	Мне нужно обратиться к 〔врачу-〕терапе́вту.
—진료시간은 언제입니까?	—Когда́ принима́ет врач?
—진료시간은 9 시부터 5 시까지입니다.	—Врач принима́ет с девяти́ до пяти́.
이 용지에 쓰십시오.	Запо́лните э́тот бланк.
어디가 내과(외과, 치과,부인과, 방사선과) 진료실입니까?	Где терапевти́ческий (хирурги́ческий, зубовраче́бный, гинекологи́ческий, рентге́новский) кабине́т?
어디가 안과 진료실입니까?	Где кабине́т глазны́х боле́зней?
여기서 (저기서, 대기실에서, 복도에서) 기다리십시오.	Жди́те здесь (там, в приёмной, в коридо́ре).

내과	терапевти́ческое отделе́ние
소아과 의사	педиа́тр
소아과	де́тское отделе́ние
전염병과	инфекцио́нное отделе́ние
비뇨기과	урологи́ческое отделе́ние
비뇨기과 의사	уро́лог
신경과 의사	невропато́лог
정신 병원	психиатри́ческая больни́ца (лече́бница)
정신과 의사	психиа́тр
부인과	гинекологи́ческое отделе́ние
부인과 의사	гинеко́лог
산파, 조산원	акуше́рка
성병과	венери́ческое отделе́ние
성병과 의사	венеро́лог
외과	хирурги́ческое отделе́ние
외과 의사	хиру́рг
정형외과	ортопеди́ческое отделе́ние
정형외과 의사	ортопе́д
종양과	онкологи́ческое отделе́ние
종양과 의사	онко́лог
안과 병원	глазна́я больни́ца (лече́бница)

안과 의사	окули́ст, глазно́й врач
이비인후과 의사	оториноларинго́лог
구강과	стоматологи́ческое отделе́ние
구강과 의사	стомато́лог
치과 의사	зубно́й врач, данти́ст
방사선과 의사, X레이기사	рентгено́лог
병자; 환자	больно́й; пацие́нт

> 회화에서는 「전문의」를 специали́ст(врач) по...(병명·여격)로 말하는 경우가 많다. 예를들면 врач(специали́ст) по вну́тренним (де́тским, ко́жным) боле́знaм 는 「내과 (소아과, 피부과) 전문의」이다.

【진찰실에서】

무슨 일로 오셨읍니까?	Что с ва́ми?
—어디가 불편하십니까?	—На что вы жа́луетесь?
—나른 합니다.	—Я чу́вствую вя́лость (сла́бость).
나는 쉽게 피로해집니다.	Я бы́стро устаю́.
나는 어지럽습니다.	У меня́ кру́жится голова́.
나는 식욕이 없읍니다.	У меня́ плохо́й аппети́т. (У меня́ нет аппети́та.)
당신은 언제부터 불편함을 느끼셨읍니까?	Когда́ вы почу́вствовали себя́ пло́хо?
—어디가 아프십니까?	—Что у вас боли́т?
—머리(목구멍, 가슴, 심장, 위, 배, 왼쪽 옆구리)가 〔매우, 심하게〕 아픕니다.	—У меня́〔о́чень, си́льно〕боли́т голова́ (го́рло, грудь, се́рдце, желу́док, живо́т, ле́вый бок).
—어디가 아프십니까?	—Где боли́т (бо́льно)?
—여기가 아픕니다.	—Здесь боли́т.
—여기가 아프십니까?	—Здесь бо́льно?
—예, 아픕니다.	—Да, бо́льно.
—아니오, 전혀 아프지 않읍니다)	—Нет, совсе́м не бо́льно.

—어떻게 아픕니까? (통증이 어떻습니까?) —Как боли́т? (Кака́я у вас боль?)

— 통증을 참기 어렵습니다(통증이 둔합니다). —У меня́ о́страя (тупа́я) боль.

여기가 찌르듯이 아픕니다. Здесь ко́лет.

통증이 심해지고 있읍니다(멎었읍니다, 가셨읍니다). Мне бо́льно вздохну́ть. Боль уси́ливается (утихла, прошла́).

당신은 기침을 하십니까? У вас есть ка́шель?

나는 기침(콧물)이 심합니다. У меня́ си́льный ка́шель (на́сморк).

나는 구역질이 납니다. Меня́ тошни́т.

나는 구역질(구토, 가슴앓이)을 합니다. У меня́ тошнота́ (рво́та, изжо́га).

어제 저녁에 나는 먹은 것을 다 토했읍니다. Вчера́ ве́чером меня́ вы́рвало всем, что съел.

—체온을 재 보셨읍니까? —Вы измеря́ли температу́ру?

—아니오, 재 보지 않았읍니다. —Нет, не измеря́л.

—체온을 재야 합니다. —Вам ну́жно изме́рить температу́ру.

—체온은 어떻읍니까? —Кака́я у вас температу́ра?

—정상입니다(약간 높읍니다, 약간 낮읍니다, 고열입니다). —У меня́ норма́льная (повы́шенная, пони́женная, высо́кая) температу́ра.

저는 체온이 37, 4도입니다. У меня́ температу́ра три́дцать семь и четы́ре.

저녁때가 되면 열이 오릅니다. Температу́ра поднима́ется к ве́черу.

나는 몸이 떨립니다(오한이 있읍니다). Меня́ зноби́т (лихора́дит).

—변은 정상입니까? —У вас норма́льный стул?

—아니오, 설사(변비)입니다. —Нет, у меня́ поно́с (запо́р).

—잠은 어떻게 잡니까? —Како́й у вас сон? (Как вы спи́те но́чью?)

—잠을 잘 못잡니다. —У меня́ плохо́й сон. (Я пло́хо сплю́.)

나는 불면증이 있읍니다.	У меня бессóнница.
나는 땀을 흘리며 잡니다.	Я потéю нóчью.
당신은 얼굴이 부었읍니다.	У вас одутловáтое лицó.
호흡곤란이 자주 옵니까?	Бывáет ли у вас оды́шка?
옷을 벗으세요.	Раздéньтесь.
입을 벌리세요.	Открóйте рот.
혀를 내미세요.	Покажи́те язы́к.
숨을 크게 쉬세요. 숨을 멈추세요.	Дыши́те. Не дыши́те.
맥박 좀 봅시다.	Давáйте-ка посмóтрим пульс.
당신의 맥박은 정상입니다.	У вас пульс нормáльный (в нóрме).
당신의 맥박은 느립니다 (빠릅니다).	У вас пульс замéдленный (учащённый).
심장 검사 좀 해 주십시오.	Провéрьте моё сéрдце.
당신은 최근에 혈압을 재 보셨읍니까?	Вы в послéднее врéмя измеря́ли [кровянóе] давлéние?
—당신 혈압은 얼마입니까?	—Какóе у вас давлéние крóви?
—120에 80입니다.	—Сто двáдцать на вóсемьдесят.
—나는 혈압이 높읍니다 (낮읍니다, 정상입니다).	—У меня́ повы́шенное (пони́женное, нормáльное) давлéние [крóви].
당신은 심전도 측정을 받아 보셔야 합니다.	Вам нýжно сдéлать [электро-] кардиогрáмму.
혈액, 가래, 소변을 검사 해 봐야 합니다.	Нýжно сдéлать анáлизы крóви, мокрóты и мочи́.
혈액(가래, 소변) 검사 결과가 어떻게 나왔읍니까?	Каки́е у меня́ анáлизы крóви (мокрóты, мочи́)?
위(가슴)에 X-레이 촬영을 해야 합니다.	Нýжно сдéлать рентгéн (рентгéновский сни́мок) желýдка (груднóй клéтки).
당신은 며칠동안 쉬셔야 합니다.	Вам слéдует нéсколько дней отдыхáть.
당신은 외출하시면 안됩니다.	Вам нельзя́ выходи́ть из дóма.

당신은 절대안정이 필요합니다.	Вам ну́жен (необходи́м) абсолю́тный поко́й.
취침 시간을 지키셔야 합니다.	На́до соблюда́ть посте́льный режи́м.
당신은 병원에 입원하셔야 합니다.	Вам ну́жно лечь в больни́цу.
식이요법을 지키셔야만 합니다.	На́до соблюда́ть дие́ту.
—어떠한 음식물을 삼가야 합니까?	—Что мне нельзя́ есть?
—아무거나 먹어도 됩니다.	—Всё мо́жно есть.
당신은 자극성 음식을 피해야 합니다.	Вам нельзя́ есть о́струю пи́щу.
당신은 묽은 음식만을 먹어야 됩니다.	Вам сле́дует есть то́лько жи́дкую пи́щу.
당신은 담배(알코올류)를 삼가야만 합니다.	Вам сле́дует воздержа́ться от куре́ния (от употребле́ния спиртны́х напи́тков).
—어떤 약을 먹어야 됩니까?	—Како́е лека́рство мне ну́жно принима́ть?
—당신에게 처방을 써 드리겠읍니다.	—Я вы́пишу вам реце́пт.
—제 병은 혹시 심한 상태는 아닌지요	—Моя́ боле́знь не опа́сна?
—아니오, 별거아닙니다.	—Нет, ничего́ серьёзного (опа́сного).
—곧 나을까요?	—Я ско́ро попра́влюсь?
—예, 곧 나을 겁니다.	—Да, вы ско́ро попра́витесь (вы́здоровеете).
이삼일 후에 오십시오.	Приходи́те че́рез два-три дня.
진찰료(왕진료)는 얼마입니까?	Ско́лько я до́лжен (должна́) за осмо́тр (за визи́т)?
의사는 어떠한 진단을 내렸읍니까?	Како́й диа́гноз поста́вил врач?

【내과, 소아과, 비뇨기과 신경외과에서】

당신(나)은 후두염에 걸렸
  읍니다.

U вас (у меня́) ангина.

당신은 감기(독감)에 걸렸
  읍니다.

U вас просту́да (грипп).

나는 감기 들었읍니다.

Я простуди́лся [-лась].

나는 감기에 걸렸읍니다.

Я просту́жен [-а].

―언제 감기 들었읍니까?

―Когда́ вы простуди́лись?

―잘은 모르지만 아마 그
  저께 밤에 걸린 것 같
  읍니다.

―То́чно не зна́ю, но, вероя́тно,
  позавчера́ ве́чером.

감기 나갈 때까지 목욕하
  지 마세요.

Не принима́йте ва́нны, пока́
  не пройдёт просту́да.

나는 독감에 걸렸읍니다
  (독감을 앓고 있읍니다).

Я заболе́л (боле́ю) гри́ппом.

지금 독감이 유행하고 (맹
  위를 떨치고) 있읍니다.

Сейча́с распространя́ется (сви-
  ре́пствует) грипп.

나는 위가 상했읍니다.

У меня́ расстро́ился желу́док.

당신은 식중독에 걸려 있읍
  니다.

У вас отравле́ние пи́щей.

―당신은 무엇으로 식중독
  에 걸리셨지요?

―Чем вы отрави́лись?

―아마 싱싱하지 않은 생
  선에 중독된 것 같습
  니다.

―Вероя́тно, я отрави́лся не-
  све́жей ры́бой.

아이가 갑자기 경련을 일
  으키기 시작했읍니다.

У ребёнка внеза́пно начали́сь
  су́дороги (конву́льсии).

―당신은 어렸을 때 무슨
  병을 앓으셨읍니까?

―Чем вы боле́ли в де́тстве?
  (Каки́е боле́зни вы пере-
  несли́ в де́тстве?)

―나는 홍역을 앓았읍니다.

―Я боле́л [-а] ко́рью.

당신은 몇 살 때 홍역을
  앓으셨읍니까?

В како́м во́зрасте вы боле́ли
  ко́рью?

당신은 독감 예방주사를
  맞으셨읍니까?

Вам сде́лали противогриппо́з-
  ную приви́вку?

당신은 몇 살 때 우두를

В како́м во́зрасте вам сде́лали

맞으셨읍니까?	приви́вку о́спы?
편도선염	воспале́ние минда́лин
기관지염	бронхи́т
천식	а́стма
〔건성〕 늑막염	〔сухо́й〕 плеври́т
폐염	воспале́ние лёгких
심장병	серде́чная боле́знь, серде́чное заболева́ние
심장 경색	инфа́кт миока́рда
심장 판막증	поро́к се́рдца
협심증	грудна́я жа́ба
고혈압증	гипертони́я
저혈압증	гипотони́я
뇌졸증	инсу́льт
뇌일혈	кровоизлия́ние в мозг
동맥 경화증	склеро́з арте́рий
빈혈	малокро́вие, анеми́я
백혈병	белокро́вие, лейкеми́я
중풍	парали́ч, -а́
황달	желту́ха
위장병	желу́дочное заболева́ние
위장 장해	расстро́йство желу́дка
소화 불량	диспепси́я
위—카타르, 장—카타르, 기관지—카타르	ката́р желу́дка, ката́р кише́чника, бронхиа́льный ката́р
위궤양	я́зва желу́дка
(위, 후두, 피부, 자궁) 암	рак (желу́дка, го́рла, ко́жи, ма́тки)
복막염	перитони́т
맹장염	аппендици́т
탈장	гры́жа
소아병	де́тская боле́знь
소아마비	полиомиели́т
비타민 결핍증	авитамино́з
회충	глисты́ 〔複〕
전염병	инфекцио́нная (зара́зная) боле́знь

돌림병, 유행병	эпиде́мия
백일해	коклю́ш
디프테리아	дифтери́т, дифтери́я
이질	дизентери́я
티푸스, 장티푸스, 발진티 푸스, 파라티푸스	тиф, брюшно́й тиф, сыпно́й тиф, парати́ф
성홍열	скарлати́на
콜레라	холе́ра
결핵, 폐결핵, 후두결핵, 척 추카리에스	туберкулёз, туберкулёз лёг-ких, туберкулёз го́рла, ту-беркулёз позвоно́чника
뇌막염	менинги́т
천연두	о́спа, ве́тряная о́спа
말라리아	маляри́я
간염	воспале́ние по́чки (пе́чени)
방광염	воспале́ние мочево́го пузыря́
당뇨병	са́харная боле́знь, диабе́т
치질	геморро́й
신경통	невралги́я
류머티즘	ревмати́зм
통풍	пода́гра
신경 쇠약	неврастени́я
노이로제	невро́з
우울증	меланхо́лия
향수병	тоска́ по ро́дине
뇌진탕	сотрясе́ние мо́зга
졸도, 기절	о́бморок
히스테리	истери́я
간질	эпиле́псия
뇌염	энцефали́т
정신병	психи́ческое заболева́ние, ду-ше́вная боле́знь
미치광이, 광인	сумасше́дший

【산부인과】

그녀는 임신했읍니다.	Она́ забере́менела.
그녀는 임신 중입니다.	Она́ в положе́нии (бере́менна).

그녀는 임신 6 개월입니다.	Она́ на шесто́м ме́сяце бере́менности.
	У неё шесто́й ме́сяц бере́менности.
그녀는 조산원에 입원했읍니다(그녀를 조산원에 입원시켰읍니다).	Она́ легла́ (её положи́ли) в роди́льный дом.
그녀는 아들을 분만했읍니다.	Она́ родила́ сы́на.
그녀는 딸을 분만했읍니다.	У неё родила́сь дочь.
그녀는 난산(순산)을 했읍니다.	У неё бы́ли тяжёлые (лёгкие) ро́ды.
뭐 났읍니까, 아들입니까, 딸입니까?	Кто у вас роди́лся, ма́льчик и́ли де́вочка?
신생아는 몸무게가 얼마나 나갑니까?	Ско́лько ве́сит новорождённый?

쌍동이	близнецы́ [複] (単 *близне́ц, -а́*)
임신중절, 낙태	або́рт
유산	вы́кидыш
월경, 멘스	менструа́ция
부인병	же́нская боле́знь

【외과, 피부과】

그는 오른팔(다리, 가슴)을 다쳤읍니다.	Он был ра́нен в ле́вую ру́ку (в но́гу, в грудь).
나는 손(발)이 아픕니다.	У меня́ боли́т (но́ет) рука́ (нога́).
나는 걸으면 통증을 느낍니다.	Мне бо́льно ходи́ть.
나는 손가락을 (칼로) 베었읍니다.	Он поре́зал па́лец ножо́м.
나는 다쳤읍니다(화상을 입었읍니다).	У меня́ ра́на (ожо́г).
나는 손에 화상을 입었읍니다.	Я обожгла́ себе́ ру́ку.
나는 넘어져서 다리를 다쳤읍니다.	Я упа́л и уши́б но́гу.

손가락(팔, 다리, 머리)에 붕대 좀 감아 주십시오.	Перевяжи́те (забинту́йте) мне, пожа́луйста, па́лец (ру́ку, но́гу, го́лову).
그는 상처에 염증이 생겼읍니다.	У него́ воспали́лась ра́на.
그는 상처가 아물었읍니다 (아물지 않았읍니다).	У него́ ра́на зажива́ет (не зажива́ет).
그는 골절(탈골) 됐읍니다.	У него́ перело́м ко́сти (растяже́ние свя́зок).
나는 왼(오른) 팔(다리)를 삐었읍니다.	У меня́ вы́вих ле́вой (пра́вой) руки́ (ноги́).
수술 때문에 곧 입원해야 합니다.	На́до сро́чно ложи́ться на опера́цию.
수술은 언제 합니까?	Когда́ назна́чена опера́ция?
당신은 전에 수술을 받은 적이 있읍니까?	Вас когда́-нибудь опери́ровали?
어떤 수술이었읍니까?	Кака́я была́ опера́ция?
수술 경과는 어떠했읍니까?	Как прошла́ опера́ция?
당신은 맹장을 잘라 냈읍니까?(수술을 했읍니까?)	Вам вы́резали (опери́ровали) удали́ли) аппе́ндикс?
—당신 혈액형은 무엇입니까?	—Ва́ша кровь како́й гру́ппы?
—저는 O형(A형, B형, AB형)입니다.	—У меня́ кровь пе́рвой (второ́й, тре́тьей, четвёртой) гру́ппы.
나는 뽀루지가 생겼읍니다.	У меня́ сыпь.
내 발에 종기가 났읍니다 (손가락에 종기가 났읍니다, 손가락에 못이 생겼읍니다).	У меня́ нары́в на ноге́ (распу́х па́лец, мозо́ль на па́льце).
타박상	уши́б
긁힌 상처, 생채기	цара́пина
찰과상	сса́дина
골절상	поре́з
찔린 상처, 자상	ко́лотая ра́на

물린 상처, 교상	уку́с
(맞아서 생긴) 멍	синя́к, -а́
(전신, 국부) 마취	(о́бщий, ме́стный) нарко́з
수혈	перелива́ние кро́ви
피부병	ко́жная боле́знь, заболева́ние ко́жи
옴	чесо́тка
여드름	прыщ
습진	экзе́ма
동상	обмора́живание
두드러기	крапи́вница
양성 (악성) 종양	доброка́чественная (злока́чественная) о́пухоль

【안과, 이비인후과】

나는 눈이 아픕니다.	У меня́ боли́т глаз (боля́т глаза́).
눈에 무엇인가가 들어 갔읍니다.	В глаз что́-то попа́ло.
당신 눈은 충혈되어 있읍니다.	У вас глаза́ кра́сные.
나는 눈물이 납니다.	У меня́ глаза́ слезя́тся (гноя́тся).
나는 눈이 흐릿합니다.	В глаза́х появи́лась пелена́.
나는 근시 (원시) 입니다.	У меня́ близору́кость (дально-зо́ркость).
안경 없이는 볼 수가 없읍니다.	Не ви́жу без очко́в.
—시력이 얼마입니까?	—Како́е у вас зре́ние?
—저는 시력이 좋습니다.	—У меня́ хоро́шее (плохо́е) зре́ние.
귀 (코, 목) 가 아픕니다.	У меня́ боли́т у́хо (нос, го́рло).
나는 귓속이 윙하고 웁니다.	У меня́ в уша́х звени́т.
그는 잘 듣지 못 합니다. 귀가 멀었읍니다.	Он пло́хо слы́шит. Он тугова́т на́ ухо.
트라홈, 트라코마	трахо́ма

결막염	конъюнкти́т
녹내장	глауко́ма
백내장	бельмо́
다래끼	ячме́нь [男], -я́
난시	астигмати́зм
노안	ста́рческая дальнозо́ркость
색맹	дальтони́зм
의안	иску́сственный глаз
콘택트 렌즈	конта́ктные ли́нзы
중이염	воспале́ние сре́днего у́ха

【치과】

〔나는〕 이가 아픕니다(욱신거립니다).	У меня́ боли́т (но́ет) зуб.
어떤 이가 아픕니까?	Како́й зуб у вас боли́т?
이가 흔들거립니다.	У меня́ шата́ется зуб.
때운 것이 빠졌읍니다.	Пло́мба вы́пала.
잇몸에서 피가 납니다.	Дёсны кровоточа́т.
이에 구멍이 나 있읍니다.	У меня́ в зу́бе дупло́.
당신은 신경(이)을 죽여야(뽑아야) 합니다.	Вам ну́жно удали́ть нерв (зуб).
이를 때우십시오.	Пожа́луйста, запломбиру́йте зуб.
브리지를 했으면(치관을 씌웠으면) 합니다.	Мне ну́жно поста́вить мост (коро́нку).
—무엇으로 씌워 드릴까요?	—Каку́ю коро́нку вам поста́вить?
—합금 (플라스틱, 은, 금)으로 해 주십시오.	—Я хочу́ металли́ческую (пла-стма́ссовую, сере́бряную, золоту́ю) коро́нку.
의치를 하고 싶습니다.	Мне ну́жно сде́лать проте́з [тэ].
당신은 충치가 있읍니까?	У вас есть больны́е зу́бы?
당신은 자주 치석을 제거합니까?	Как ча́сто вы снима́ете ка́мни с зубо́в?

【기타】

어느 의사에게 치료를 받
　고 있읍니까?

У кого́ вы ле́читесь?

당신은 주사(포도당 주사)
　를 맞아야 합니다.

Вам ну́жно сде́лать уко́л (вли-
　ва́ние глюко́зы).

당신은 무슨 병입니까?

Чем вы больны́?

그는 중병입니다(위독합니
　다).

Он тяжело́ (опа́сно) бо́лен.

그는 중태입니다.

Он в тяжёлом состоя́нии.

환자의 용태는 점점 악화되
　고 있읍니다(차도가　있
　읍니다).

Сотоя́ние больно́го всё ухуд-
　ша́ется (улучша́ется).

합병증만 없다면, 환자는
　약 2개월 후에 완쾌될
　것입니다.

Е́сли не бу́дет осложне́ний,
　больно́й попра́вится ме́сяца
　че́рез два.

〔나는〕 언제 퇴원할 수 있
　읍니까?

Когда́ я могу́ вы́йти вы́писа-
　ться) из больни́цы?

면회시간(일)은 언제 입니
　까?

В каки́е часы́ (в каки́е дни)
　пуска́ют к больно́му?

지금까지(전에) 어떤 병을
　앓은 적이 있읍니까?

Чем вы боле́ли до сих пор
　(ра́ньше)?

당신은 지금까지 중병을 앓
　은 적이 있읍니까?

У вас бы́ли когда́-нибудь
　тяжёлые боле́зни?

당신은 어떤 지병이　있읍
　니까?

Страда́ете ли вы како́й-нибудь
　хрони́ческой боле́знью?

한국에서 가장 사망률이 높
　은 병은 무엇입니까?

От како́й боле́зни бо́льше все-
　го́ умира́ют в Коре́е?

—그 여자는 무슨 병으로
　죽었읍니까?

—От како́й боле́зни она́ уме
　рла́?

—그녀는 암(원자병)으로
　죽었읍니다.

—Она́ умерла́ от ра́ка (от
　лучево́й боле́зни).

어떤 병이 불치의 병으로
　여겨지고 있읍니까?

Каки́е боле́зни счита́ются
　неизлечи́мыми?

당신 나라에서는 평균수명
　이 어느 정도입니까?

Кака́я сре́дняя продолжи́тель-
　ность жи́зни челове́ка в
　ва́шей стране́?

【약국】

가장 가까운 약국은 어디입니까?	Где ближайшая аптека?
약국에 가서 유행성 감기약을 사다 주십시오.	Пожалуйста, пойдите в аптеку и купите лекарство от гриппа.
이 처방전에 따라 약을 조제해 주십시오.	Приготовьте лекарство по этому рецепту.
약은 언제 되겠읍니까?	Когда будет готово лекарство?
유행성 감기(감기, 기침, 두통) 약을 주십시오.	Дайте, пожалуйста, средство от гриппа (от простуды, от кашля, от головной боли).
두통에 좋은 무언가를 주십시오.	Дайте мне что-нибудь от головной боли.
이 약은 의사의 처방전이 없으면 살 수 없읍니다.	Это лекарство отпускается только по рецепту врача.
―이 약은 어떻게 복용합니까?	―Как принимать это лекарство?
―하루에 3번 1 숟가락씩 (2 정씩) 복용하십시오.	―Принимайте по столовой ложке (по две таблетки) три раза в день.
식전(식전 30분, 식후 30분, 식후 바로, 식간)에 복용하십시오.	Принимайте перед едой (за полчаса до еды, через полчаса после еды, сразу после еды, между приёмами пищи).
유행성 감기에는 어떤 약이 좋을까요?	Какое средство от гриппа вы рекомендуете?
이 약은 효력이 있었읍니다(잘듣지 않았유니다, 별로 효력이 없읍니다).	Это лекарство помогло (не помгло, плохо помогает).
어떤 약을 드시고 계십니까?	Какое лекарство вы принимаете?

약사, 약제사	провизор
「처방전 접수처」	«Приём рецептов»
「약품 교부창」	«Выдача лекарств»
내복약	внутреннее

외복약	нару́жное лека́рство
알약, 정제	табле́тка, 複生 -ток
환약	пилю́ля
가루약	порошо́к, -шка́
물약	миксту́ра
적제 (물약)	ка́пли [複]
안약	глазны́е ка́пли
해열제	жаропонижа́ющее [сре́дство]
진정제	успока́ивающее [″]
수면제	снотво́рное [″]
진통제	болеутоля́ющее [″]
발한제	потого́нное [″]
구토제	рво́тное [″]
이뇨제	мочего́нное [″]
설사약	слаби́тельное [″]
지사제	закрепля́ющее [″]
해독제	противоя́дие
지혈제	кровоостана́вливающее сре́дство
예방약	профилакти́ческое сре́дство
소독약	дезинфици́рующее сре́дство
아스피린	аспири́н
썰퍼제	сульфанилами́дные препара́ты
항생물질	антибио́тик
페니실린	пеницилли́н
스트렙토마이신	стрептомици́н
키니네	хини́н
왁진, 생왁진	вакци́на, жива́я вакци́на

　구체적인 약품명은 거의 게재되어 있지 않으나 「…약」
은 сре́дство от… (병명의 생격)으로 표현할 수가 있다.
예를들면 위장약 сре́дство от расстро́йства желу́дка и
кише́чника

비타민제	витами́н
종합비타민제	поливитами́н
옥도정기, 요오트팅크	йод, йо́дная насто́йка

연고	мазь [女]
고약	пла́стырь [男]
〔살균소독제〕구급 반창고	〔бактерици́дный〕 лейкопла́стырь
간유	ры́бий жир
함수제	полоска́нье

【요양지】

당신 나라에서는 어떤 요양지가 유명합니까?	Каки́е изве́стные куро́рты есть в ва́шей стране́?
우리들은 요양소(휴양소)를 견학하고 싶습니다.	Мы хоте́ли бы осмотре́ть санато́рий (дом о́тдыха).
이 요양소(휴양소)에서는 몇 사람 정도가 요양(휴양)하고 있읍니까?	Ско́лько челове́к ле́чится (отдыха́ет) в э́том санато́рии (до́ме о́тдыха)?

санато́рий 「요양소」 「사나토리움」은 환자 뿐만아니라 어느 곳이든 몸의 한 부분이라도 허약한 곳이 있는 사람이 매일 전문의의 진찰을 받고 건강에 주의하면서 휴양하는 곳으로 필요한 경우 곧 치료를 받을 수가 있다.

дом о́тдыха 「휴식의 집」은 어딘가 나쁜 병이 없는 건강한 사람들의 휴양시설이고 여러 가지 오락, 스포츠 등의 시설이 갖추어져 있다.

직업, 레저

직 업

당신은 자신의 일이 마음에 드십니까?	Вы лю́бите свою́ рабо́ту?
당신의 일은 재미가 있읍니까?	У вас интере́сная рабо́та?
당신은 어떤 직업 (전공)이 제일 마음에 듭니까?	Кака́я профе́ссия (срециа́льность) вам бо́льше всего́ нра́вится?
—당신은 무엇이 되고 싶습니까?	—Кем вы хоти́те стать?
—[나는] 기사 (선생, 통역사)가 되고 싶습니다.	—Я хочу́ стать инжене́ром (преподава́телем, перево́дчиком).
당신은 어렸을 때 무엇이 되고 싶었읍니까?	Кем вы хоте́ли стать в де́тстве?
이 직장 (여기, 저기)에서 근무하신 지 얼마나 됐읍니까?	Как до́лго вы рабо́таете в э́том учрежде́нии (на э́том предприя́тии, здесь, там)?

учрежде́ние, предприя́тие 는 소련에서는 상당히 빈번하게 사용되는 말이나 한국어에는 이에 꼭 알맞는 의미의 말이 드물다.

учрежде́ние 는 국가기관, 과학·문화단체 또는 국영의 경제·상업관리기관 따위의 총칭이다. 예를들면,

госуда́рственное учрежде́ния	각 부처의 부속기관 따위, 「관청」
нау́чные учрежде́ния	아카데미, 연구소 등등의 「학술기관」
культу́рные учрежде́ния	도서관, 박물관, 문화회관 클럽 등등 「문화시설」
медици́нские учрежде́ния	병원, 진료소 등등 「의료시설」

предприя́тие 는 공업·상업 따위의 기업체의 총칭이다. 예를 들면,

промы́шленные предприя́тия	공장, 광산, 탄광, 발전소 콤비나트 따위 「공업시설」
торго́вые предприя́тия	상점, 상사 따위 「상업시설」

그리고, 전치사는 учрежде́ние 에는 в 를, предприя́тие 에는 на 를 쓰는 것을 명심할 것.

'일하지 않는 자는 먹지 마라.'	《Кто не рабо́тает, тот не ест.》
〔당신은〕보통 몇 시에 출근 합니까?	В кото́ром часу́ (во ско́лько) вы обы́чно отправля́етесь и́з дому на рабо́ту?
당신은 보통 몇 시에 퇴근 합니까?	Когда́ вы обы́чно ухо́дите с рабо́ты домо́й?
당신 직장의 근무시간은 몇 시부터 몇 시까지 입니까?	Когда́ у вас начина́ется и конча́ется рабо́чий день?
오늘 나는 시간외 근무가 있읍니다.	Сего́дня у меня́ была́ сверхуро́чная рабо́та
당신이 계신 곳은 시간외 근무가 자주 있읍니까?	Ча́сто ли у вас быва́ют сверхуро́чные рабо́ты?
나는 5월 1일부터 5일 까지 출장입니다.	Я бу́ду в командиро́вке с пе́рвого по пя́тое ма́я.
그는 오늘 출근하지 않았 읍니다.	Он сего́дня не вы́шел (не пришёл) на рабо́ту.
〔당신 계신 곳의〕점심시 간은 언제입니까?	Когда́ у вас обе́денный переры́в?
〔당신들이 있는 곳에서는〕 점심시간이 얼마나 됩 니까?	Ско́лько вре́мени у вас продолжа́ется обе́денный переры́в?

러시아어를 처음 배우는 사람들 중에는 「일이 바쁘십니까?」라는 물음을 У вас рабо́та занята́? 라고 말하는 사람이 있지만, 이것은 틀린다. 「바쁘다」라는 의미로 за́нят 를 사용할 때는 사람이 주어가 되어야만 한다.

〔당신은〕 바쁘십니까?	Вы за́няты?
그밖에 다음과 같이 변형하여 말할 수도 있다.	
일이 바쁘십니까?	У вас мно́го рабо́ты?
나는 일에 쫓깁니다.	Я зава́лен рабо́той.
나는 눈코 뜰 새가 없읍니다(정신이 없읍니다).	〔Я〕 кружу́сь как бе́лка в колесе́.

근로조건

당신 직장의 근로조건은 어떻습니까?	Каковы́ усло́вия труда́ на ва́шем предприя́тии(в ва́шем учрежде́нии)?
당신은 주에 며칠 일하고 있읍니까?	Ско́лько дней в неде́лю вы рабо́таете?
우리들은 주 5일제입니다.	У нас пятидне́вная рабо́чая неде́ля (пятидне́вка).
—당신의 근무(노동)시간은 어느 정도입니까?	—Како́й у вас рабо́чий день?
—우리들은 1일 8시간 노동입니다.	—У нас восьмичасово́й рабо́чий день.
당신의 급료는 어느 정도입니까?(당신은 어느 정도 급료를 받고 있읍니까?)	Кака́я у вас зарпла́та? (Каку́ю зарпла́ту вы полу- ча́ете?)
나의 급료는 대단한 것은 아닙니다.	Зарпла́та у меня́ невелика́.
그의 급료는 매우 높습니다.	Его́ за́работная пла́та о́чень высо́кая.
급료는 며칠날 지급됩니까?	Како́го числа́ выдаётся зар- пла́та?
임금 인상은 1년에 몇 번이고 어느 정도 입니까?	Ско́лько раз в год повыша́ется зарпла́та и в како́м разме́ре (в како́й су́мме)?
모든 사람들은 동일한 노동에 대하여 동일한 임금을 받아야만 합니다.	Все лю́ди должны́ получа́ть ра́вную опла́ту за ра́вный труд.

우리나라에서는 여자의 임금이 남자의 임금과 동일하다.

В нашей стране труд женщин опла́чивается наравне́ с трудо́м мужчи́н.

당신의 실질임금은 오르고 있읍니까?

Повыша́ется ли у вас реа́льная за́работная пла́та?

—상여금은 1년에 몇 번이나 받읍니까?

—Ско́лько раз в год вам выдаю́т наградны́е (премиа́льные)?

—1년에 여름과 겨울, 두 차례에 걸쳐 상여금을 받읍니다.

—Нам выдаю́т наградны́е (премиа́льные) два ра́за в год, ле́том и зимо́й.

—올해(올여름, 올겨울)에는 상여금을 얼마나 받읍니까?

—В како́м разме́ре вам выдаю́т в э́том году́ (э́тим ле́том, э́той зимо́й) наградны́е?

—100(150, 200, 300)% 줍니다.

—В разме́ре ме́сячного (полуторамеся́чного, двухмеся́чного, трёхмеся́чного) окла́да.

—임금은 240%입니다.

—В разме́ре двух це́лых и четырёх деся́тых ме́сячной за́работной пла́ты.

우리나라에서는 연금연령이 지나도 이전의 직장에 계속 다닐 수 있읍니다.

В нашей стране́ и по́сле пенсио́нного во́зраста мо́гут оста́ться на пре́жней рабо́те.

우리 직장은 종신 고용제입니다.

У нас систе́ма пожи́зненного на́йма.

그들은 (감원으로) 해고되었읍니다.

Их уво́лили (они́ уво́лены) [по сокраще́нию шта́тов].

그들은 실직했읍니다.

Они́ потеря́ли рабо́ту.

그들은 실업자가 되었읍니다.

Они́ оста́лись без рабо́ты.

실업자 수는 지난해의 같은 기간에 비해 5% 증가했읍니다.

Число́ безрабо́тных увели́чилось на 5 проце́нтов по сравне́нию с соотве́тствующим пери́одом про́шлого го́да.

당신네 나라에 실업이란

Есть лн у вас безрабо́тица?

것이 있읍니까?

명목임금	номина́льная зарпла́та
초봉	первонача́льный окла́д
기본급(본봉)	основно́й окла́д
임금…에 대한 수당(가산율)	надба́вка (коэффицие́нт надба́вки) к за́работной пла́те за… [对]
위험수당	надба́вка за вре́дность произво́дства
혹독한 기상 조건에 대한 수당	надба́вка за суро́вые приро́дные усло́вия
자격수당	надба́вка за квалифика́цию
외국어수당	надба́вка за зна́ние иностра́нного языка́
정근수당	надба́вка за вы́слугу лет
북방과 극동지방에 근무하는 사람에게 주는 수당	надба́вка для рабо́тающих в се́верных и дальневосто́чных райо́нах
시간외 근무수당	сверхуро́чные
출장수당	командиро́вочные
부임수당	подъём́ные [де́ньги]

за́работная плата, зарпла́та (구어체)는 「급료」를 포함한 넓은 의미의 「임금」이다. окла́д는 전후의 관계로 보아 「급료」로 번역될 수 있으나 원래의 의미는 「급료의 액수」이다.

완전실업자	по́лностью безрабо́тный
고용문제	пробле́ма за́нятости
[불]완전고용	[не]по́лная за́нятость
노동력	рабо́чая си́ла
산업 예비군	а́рмия безрабо́тных

레 저

【휴일, 휴가】

—당신은 여가를 어떻게 　　　—Как вы прово́дите свобо́д-

보내 십니까?
—독서를 합니다.
—일요일엔 휴식을 어떻게
　　취하십니까?
—텔레비젼을 봅니다.
당신은 금년에 언제 휴가
　가실 예정입니까?
당신네는 언제 방학입니까
　?
—당신은 휴가(방학)을 어
　　떻게 보내시려고 합니
　　까?
—우리는 별장(남쪽, 휴양
　　소)에 갈 것입니다.
—나의 아들은　야영장에
　갈 것입니다.
—나는 휴가를　고향에서
　보내겠읍니다.
—나는 아직 정하지　못했
　어요.
—당신은 어디서 방학(휴
　가)을 보내셨읍니까?
—나는 해변에서 보냈읍니
　다.
오늘은 휴일입니다.
소련의 근로자들은　휴가
　(일요일)를 어떻게 보냅
　니까?
소련의 학생들은 여름(겨
　울) 방학을 어떻게 보냅
　니까?

ное вре́мя?
—Я чита́ю.
—Как вы отдыха́ете в воскре-
　се́нье?
—Я смотрю́ телеви́зор.
Когда́ вы ду́маете взять свой
　о́тпуск в э́том году́?
Когда́ у вас бу́дут кани́кулы?

—Как вы наме́рены провести́
　о́тпуск (кани́кулы)?

—Мы пое́дем на да́чу (на юг,
　в дом о́тдыха).
—Мой сын пое́дет в ла́герь.

—О́тпуск я провожу́ в родно́м
　краю́.
—Я ещё не реши́л.

—Где вы провели́ кани́кулы
　(о́тпуск)?
—Я провёл их (его́) на берегу́
　мо́ря.
Сего́дня выходно́й день.
Как сове́тские трудя́щиеся
　прово́дят свой о́тпуск (вос-
　кресе́нье)?
Как сове́тские студе́нты
　(шко́льники) прово́дят ле́тние
　(зи́мние) кани́кулы?

о́тпуск 와 кани́кулы 는 다같이 「휴가」로 번역될 수 있
으나, о́тпуск 는 근로자와 노동자의 휴가를, кани́кулы 는
학교의 휴가, 즉 방학 등을 의미한다.

【취미활동】

—취미가 무엇입니까?

—Какóе вáше любúмое заня́тие?

—나의 취미는 음악(스포츠, 라디오, 우표수집, 사진 촬영, 정원 가꾸기) 입니다.

—Моё любúмое заня́тие — мýзыка (спорт, рáдио, мáрки, фотогрáфия, рабóта в садý).

나의 취미는 우표수집입니다.

Моё любúмое заня́тие — собирáть мáрки.

나는 낚시(우표수집)에 몰두하고 있읍니다.

Я увлекáюсь рыбной лóвлей (коллекциони́рованием почтóвых мáрок).

당신은 요리법 (다도) 을 배우십니까?

Изучáете ли вы кулинáрию (чáйную церемóнию)?

당신은 어느 요리강습(다도) 회에서 배우십니까 (배우셨읍니까)?

Какúе кýрсы кулинáрии (чáйной церемóнии) вы изучáете (изучáли)?

　한국어의 「취미」라는 말은 러시아어로 여러 가지로 표현될 수 있다. 예를 들어 「당신의 취미는 무엇입니까?」라고 물을 때에 여러 가지 뉘앙스를 지니고 있으며 다음과 같이 표현할 수 있다.

당신이 좋아하는 것은 무엇입니까?

Какóе у вас любúмое заня́тие?

당신은 무엇에 흥미가 있읍니까?

Чем вы интересýетесь? (Что вас интересýет?)

интересовáться 보다 더 강한 의미를 갖는 **увлекáться** 라는 말도 있다. 예를 들면 **Я увлекáюсь мýзыкой.** 「나는 음악에 대단한 흥미를 갖고 있다(나는 음악에 열중합니다).

당신이 좋아하는 **오락**은 무엇입니까

Какóе у вас любúмое **развлечéние?**

　그밖에 외래어 **хóбби** [불변화] 「취미」, **увлечéние** 「열중, 열광, 심취」를 사용한다.

　그리고 「당신은…**취미**가 있군요」라고 말할 경우의 취미는 **вкус** 「맛」「센스」라는 말로 표현된다. **У вас хорóший вкус** 는 「당신은 좋은 취미가 있군요」가 된다.

【써클활동】

—당신은 어떤 써클에서 활
　동하십니까?

—나는 연극써클에서 활동
　합니다.

나는 합창써클에 가입하기
　로 결정했읍니다.

—당신은 어느 클럽에 계
　십니까(일원이십니까)
　　?

—나는 클럽(문화회관)A
　의 스포츠부에 있읍니
　다.

클럽의 회원으로 누가 가입
　됩니까(누구를 받읍니까)
　　?

누가 당신의 아마추어 예
　술써클을 지도 하십니까
　　?

무용 써클
사진 써클
회화(絵画) 써클
문학 써클
아마추어; 아마추어의

—Занима́етесь ли вы в како́м-
　нибудь кружке́?

—Я занима́юсь в драмати́чес-
　ком кружке́ (драмкружке́).

Я реши́л вступи́ть в хорово́й
кружо́к.

—В како́м клу́бе вы состои́те?

—Я состою́ в спорти́вной
　се́кции клу́ба (до́ма куль-
　ту́ры) А.

Кого́ принима́ют в чле́ны
клу́ба?

Кто руководи́т ва́шим круж-
ко́м [худо́жественной] само-
де́ятельности?

хореографи́ческий кружо́к
фотокружо́к
кружо́к жи́вописи
литерату́рный кружо́к
люби́тель; люби́тельский

【교육】

국민교육	наро́дное просвеще́ние (образова́ние)
지능교육	у́мственное воспита́ние
도덕교육	нра́вственное (мора́льное) воспита́ние
정서교육 (미적 교육)	эстети́ческое воспита́ние
근로교육	трудово́е воспита́ние
사상교육	иде́йное воспита́ние
가정교육	семе́йное (дома́шнее) воспита́ние
취학전교육	дошко́льное воспита́ние
사회교육	обще́ственное воспита́ние
집단교육	воспита́ние в коллекти́ве
성교육	полово́е воспита́ние

【유아교육, 가정교육】

취학전 아동교육에 대하여 말씀해 주십시오.	Расскажи́те, пожа́луйста о воспита́нии дете́й дошко́льного во́зраста.
우리는 유치원(탁아소)을 견학했으면 합니다.	Мы хоте́ли бы осмотре́ть де́тский сад (де́тские я́сли).
당신네 탁아소(유치원)에서는 몇 살부터 아이들을 받읍니까?	С како́го во́зраста у вас принима́ют дете́й в де́тские я́сли (в де́тский сад)?
소련에서는 2개월부터 3살까지의 아이들을 탁아소에서 받읍니다.	В СССР в де́тские я́сли принима́ются де́ти в во́зрасте от 2 ме́сяцев до 3 лет.
소련에서는 3살부터 7살까지의 아이들이 유치원에 다닙니다.	В СССР в де́тском саду́ воспи́тываются де́ти в во́зрасте от 3 до 7 лет.
당신네는 아이를 탁아소(유치원)에 맡기기가 어렵읍니까?	Тру́дно ли у вас устро́ить ребёнка в де́тские я́сли (в де́тский сад)?

당신네는 일과가 어떻게 됩니까?	Какóй у вас распорядок дня (режим)?
당신네 유치원(탁아소)의 일과에 대해서 말씀 좀 해 주십시오.	Расскажите, пожалуйста, о распорядке дня (о режиме) вашего детского сада (ваших яслей).
탁아소(유치원) 보육료는 얼마나 됩니까?	Каковá плата за содержание и воспитание детей в яслях (в детском саду)?
우리나라에서는 탁아소와 유치원의 보육료가 매우 저렴합니다.	В нашей стране плата за содержание и воспитание детей в яслях и детских садах очень низкая.
당신은 자녀들을 어떻게 교육시키고 계십니까?	Как вы воспитываете свои́х детей?
당신은 자녀들의 스파르타식 교육(체벌)을 어떻게 생각하십니까?	Как вы смотрите на спартанское воспитание (телесное наказание) детей?
우리는 자식들을 스파르타식으로 교육시킵니다.	Мы воспитываем своих детей по-спартански.
당신네는 자녀 교육에 있어서 어떠한 문제들이 있읍니까?	Какие у вас проблемы в воспитании детей?
우리나라에서는 아이들이 유일한 특권계급입니다.	В нашей стране дети — единственный привилегированный класс.

아동시설	детские учреждения
유치원	детский сад (детсад)
야슬리·사트(탁아소와 유치원을 겸용하는 시설)	ясли-сад
유치원 원장	заведующая детским садом
유치원 보모	воспитательница
부모님 말씀에 따르다	слушаться родителей
아이를 귀여워하다(야단치다)	баловáть (ругáть) детей
버릇없는 아이	избалóванный ребёнок

【학교】

—당신은 어느 학교에 다 니십니까?

—Где вы у́читесь?

—나는 A대학에 다닙니다.

—Я учу́сь в университе́те(и- нститу́те) A.

—당신 자녀들은 어느 학교 에 다닙니까?

—Где у́чатся ва́ши де́ти?

—아들은 중학교에 다니고, 딸은 국민학교에 다닙 니다.

—Сын у́чится в сре́дней шко́ле, а дочь — в нача́льной.

당신 대학의 이름은 무엇 입니까?

Как называ́ется ваш универ- сите́т?

—당신은 무슨 대학에서 공부하고 계십니까?

—В како́м институ́те вы у́чи- тесь?

—나는 공과대학(외국어대 학)에서 공부합니다.

—Я учу́сь в политехни́ческом институ́те (в институ́те иностра́нных языко́в).

A대학은 국립입니까, 사립 입니까?

Университе́т A госуда́рствен- ный и́ли ча́стный?

한국에서는 어느 대학이 가장 오래 됐읍니까?

Како́й университе́т явля́ется старе́йшим в Коре́е?

당신네 대학은 언제 개교 했읍니까?

Когда́ осно́ван ваш универси- те́т?

모스끄바 국립대학은 1755 년에 개교했읍니다.

Моско́вский госуда́рственный университе́т осно́ван в ты́сяча семьсо́т пятьдеся́т пя́том году́.

이 대학에서는 엔지니어들 을 양성하고 있읍니다.

В э́том институ́те гото́вят ин- жене́ров.

교육기관   уче́бное заведе́ние
기숙학교   [шко́ла-]интерна́т
고등학교   повы́шенная сре́дняя шко́ла
예비학교   подготови́тельная шко́ла
야간학교   вече́рняя шко́ла
직업·기술학교   профессиона́льно-техни́ческие учи́лиша, ПТУ [пэ-тэ-у́]

기술전문학교	те́хникум
특수학교	спецшко́ла
강습소, 양성소	ку́рсы [複]
시립대학	городско́й университе́т
의과대학	медици́нский институ́т
교육대학, 사범대학	педагоги́ческий институ́т
상과대학	экономи́ческий институ́т
법과대학	юриди́ческий институ́т
모스끄바대학교	МГУ [эм-гэ-у́]. Моско́вский гоtуда́рственный университе́т
한국외국어대학교	Ханкук университе́т иностра́нных языко́в

한국어의 「대학」은 러시아어로는 여러 가지 말로 나타낼 수 있다.

университе́т 「종합대학교」

институ́т 「단과대학」「고등전문학교」

вуз (вы́сшее уче́бное заведе́ние) 는 종합대학교, 단과대학, 고등전문학교의 총칭을 이루는 「대학」.

акаде́мия 는 육해군, 농업, 미술 등 각 종류의 대학에 사용된다. вое́нная акаде́мия 「육군대학」, военномо́рская акаде́мия 「해군대학」, сельскохозя́йственная акаде́мия 「농업대학」, акаде́мия худо́жеств 「미술대학」

консервато́рия 「음악대학」, 「고등음악원」

【교직원, 학생】

나는 국민 (중) 학교 (여) 교사입니다.	Я учи́тель (учи́тельница) нача́льной (сре́дней) шко́лы.
당신은 어디서 가르치고 계십니까?	Где вы преподаёте?
1주일에 몇 시간이나 수업이 있읍니까?	Ско́лько у вас часо́в в неде́лю?
대학총장(부총장) 은 누구입니까?	Кто ре́ктор (проре́ктор) университе́та?
당신네 대학은 교사 (교수) 가 몇 명이나 됩니까?	Ско́лько преподава́телей (профессоро́в) в ва́шем университе́те?

우리는 교사들(학생들)과 만났으면(대화를 했으면) 합니다.	Мы хоте́ли бы встре́титься (побесе́довать) с преподава́телями (с ва́шими студе́нтами).
당신네 학교(대학)는 학생이 몇 명이나 됩니까?	Ско́лько уча́щихся в ва́шей шко́ле (в ва́шем университе́те)?
당신네 대학에는 외국인 학생들이 있읍니까?	Есть ли иностра́нные студе́нты в ва́шем университе́те?
어떤 나라 사람들(학생들)이 당신네 대학에서 공부하고 있읍니까?	Представи́тели каки́х стран (студе́нты из каки́х стран) у́чатся в ва́шем университе́те?

교장(국민, 중, 고등학교의)	дире́ктор шко́лы
조교수	доце́нт
조교	ассисте́нт
교무처장, 교무주임	заве́дующий уче́бной ча́стью (за́вуч)
담임교사	кла́ссный руководи́тель
반장	ста́роста кла́сса
학생, 여학생 (보통 중·고등학교의)	учени́к, учени́ца
학생 (국민학교의)	шко́льник, шко́льница

преподава́тель (преподава́тельница) 「교사」는 учи́тель에서 профе́ссор까지의 교직원의 총칭이다. 그러나 구체적으로는 преподава́тель는 대학의 강사, **учи́тель**는 국민학교·중·고등학교 교원의 의미로 사용된다. 종

> 합대학교(университе́т)의 총장은 **ре́ктор**이며, 단과대학 (институ́т)의 학장은 **дире́ктор**이다. **студе́нт(студе́нтка)**는 университе́т, институ́т의 학생을, **учени́к(учени́ца)**는 중·고교를 포함한 шко́ла의 학생을 말하며, **уча́шийся**는 배우는 학생을 총칭한다.

【학부, 학년】

—당신은 무슨 학부에 다닙니까?
—На како́м факульте́те вы у́читесь?

—나는 경제학부(언어학과, 의과, 법과)에서 공부합니다.
—Я учу́сь на экономи́ческом (филологи́ческом, меди́цинском, юриди́ческом) факульте́те.

—전공이 무엇입니까?
—По како́й специа́льности?

—나는 러시아어 문학(정치학, 경제학, 의학, 법학)을 공부하고 있읍니다.
—Я изуча́ю ру́сский язы́к и литерату́ру (полити́ческую эконо́мию, медици́ну, правове́дение).

당신네 대학에는 무슨 학부가 있읍니까?
Каки́е факульте́ты есть (име́ются) в ва́шем университе́те?

당신네 학부에는 어떤 강좌가 있읍니까?
Каки́е ка́федры есть на ва́шем факульте́те?

당신네 대학에는 통신강좌(야간강좌)가 있읍니까?
Есть ли в ва́шем университе́те зао́чное (вече́рнее) отделе́ние?

나는 야간학과에서 공부합니다.
Я учу́сь на вече́рнем отделе́нии.

당신은 몇 학년입니까?
На како́м ку́рсе вы у́читесь?

댁의 아들(딸)은 몇 학년입니까?
В како́м кла́ссе у́чится ваш сын (ва́ша дочь)?

그는 2학년에 진급했읍니다.
Он перешёл во второ́й класс (на второ́й курс).

당신네 그룹(반)에는 학생이 몇이나 됩니까?
Ско́лько студе́нтов (ученико́в) в ва́шей гру́ппе (в ва́шем кла́ссе)?

학장, 학부장	дека́н [факульте́та]
공학부	техни́ческий факульте́т
사학부	истори́ческий факульте́т
강좌주임	заве́дующий ка́федрой

> класс 도 курс 도 한국어로는 「학년」이다. 그러나 кла-
> сс 는 초·중·고등학년이며, курс 는 주로 대학의 학년이
> 다.
>
> 나는 [대학의] 1 (2, 3, 4) 학년생입니다. — Я учу́сь на пе́рвом (вто-ро́м, тре́тьем, четвёр-том) ку́рсе.
>
> 나는 국민(중·고등)학교 1 (2, …) 학년생입니다. — Я учу́сь в пе́рвом (во второ́м…) кла́ссе.
>
> 다만 класс 의 경우에 전치사 в 를, курс 의 경우에는 на 를 사용하는 것에 주의할 것.

【입학, 학기】

소련의 아동들은 보통 7 살부터 학교에 다닙니다. — В Сове́тском Сою́зе де́ти обы́чно начина́ют ходи́ть в шко́лу в во́зрасте семи́ лет.

—한국에서는 몇 살부터 국민학교에 입학시키고 있읍니까? — —С како́го во́зраста принима́ют дете́й в нача́льную шко́лу в Коре́е?

—6살부터 입학을 시킵니다. — —Дете́й принима́ют в шко́лу с шести́ лет.

언제 대학에 입학하였읍니까? — Когда́ вы поступи́ли в универси́те́т?

중등(고등)교육을 마치려면 몇 년간 공부해야 합니까? — Ско́лько лет ну́жно учи́ться для получе́ния сре́днего (вы́сшего) образова́ния?

소련에서는 대학교육을 받으려면 얼마나 걸립니까? — Како́й срок обуче́ния в университе́тах (в институ́тах) в СССР?

소련에서는 학기가 9월 1일부터 시작됩니다. — Уче́бный год в Сове́тском Сою́зе начина́ется пе́рвого сентября́.

당신네는 언제 학기가 시 작됩니까(끝납니까)?	Когда́ у вас начина́ется (кон- ча́ется) уче́бный год?
시메스터(6개월)	семе́стр
쿼터(3개월)	че́тверть〔女〕

소련의 **нача́льная шко́ла**「국민학교」는 3년제이며, **сре́дняя шко́ла**「중학교」는 10년제이다. 중학교가 10년제라고 하는 것은 국민학교의 3개년을 포함해서 계산하는데, 실질적으로는 7년제이다. 중학교는 **непо́лная сре́дняя шко́ла** 또는 **восьмиле́тка**「불완전(8년제) 중학교」와 **по́лная сре́дняя шко́ла** 또는 **десятиле́тка**「완전(10년제) 중학교」로 분류된다. 전자의 실질적인 수료년한은 5개년이며, 후자는 거기에 계속 2개년을 합하여 7개년이다.

소련에서는 현재 8년제의 불완전 중학교까지가 의무교육으로 되어 있다.

소련에서는 고등학교라고 하는 제도는 없고, 10년제 중학교를 마치고 곧 대학에 진학할 수 있다. **вуз**의 수료년한은 4년부터 6년까지이다(대부분 5년).

те́хникум「고등전문학교」에는 8년제 중학교 수료자가 입학할 수 있다. 수료년한은 3년이며, 졸업후 대학에 진학할 수도 있다.

【교실, 수업, 강의】

당신 대학에는 강의실이 몇 개나 있읍니까?	Ско́лько аудито́рий в ва́шем университе́те?
이 강의실은 몇 사람을 수 용합니까?	На ско́лько мест рассчи́тана э́та аудито́рия?
당신 대학교에는 어떤 실 험실이 있읍니까?	Каки́е лаборато́рии есть в ва́- шем институ́те (университе́- те)?
우리 학교에는 화학과 물 리, 2개의 실험실이 있 읍니다.	У нас в шко́ле две лаборато́- рии: хими́ческая и физи́- ческая.
당신은 실험실에서 어떤 실험을 하고 있읍니까?	Над чем вы рабо́таете в лабо- рато́рии?

> класс 는 초·중·고등학교의 교실, аудито́рия 는 대
> 학의 강의실이며, 대강당은 а́ктовый зал 이다.

수업에 늦어서 죄송합니다.	Прости́те (извини́те), что я опозда́л[-а] на заня́тия.
수업에 늦어서 죄송합니다.	Извини́те за опозда́ние на уро́к.
지난 수업을 결석하여 죄송합니다.	Прости́те, что я отсу́тствовал на про́шлых заня́тиях.
몸이 불편한데 수업 도중이지만 나가도 괜찮겠읍니까?	Я чу́вствую себя́ пло́хо. Мо́жно мне уйти́ с заня́тий?
오늘 화학 강의가 있읍니까?	Есть ли сего́дня ле́кция по хи́мии?
그는 러시아 문학에 대하여 강의했읍니다.	Он прочёл ле́кцию [на те́му] о ру́сской литерату́ре.
경제학 강의를 누가 담당합니까?	Кто чита́ет курс ле́кций по политэконо́мии?
학교수업이 몇 시에 시작됩니까?	В кото́ром часу́ начина́ются уро́ки в шко́ле?
수업(휴식)시간은 몇 분입니까?	Ско́лько вре́мени продолжа́ется уро́к (переме́на)?
오늘 강의는 몇 시에 시작됩니까?	Во ско́лько сего́дня начина́ются у вас ле́кции
죄송합니다만 예습을 하지 못했읍니다.	Прости́те, я не пригото́вил уро́ка.
보통 숙제를 마치는데 얼마나 걸립니까?	Ско́лько вре́мени вы обы́чно тра́тите на выполне́ние дома́шнего зада́ния?
내일 나는 세미나에서 발표를 해야 합니다.	За́втра я до́лжен сде́лать докла́д на семина́ре.
—무슨 과목을 가르치십니까?	—Како́й предме́т вы преподаёте?
—지리를 가르칩니다.	—Я преподаю́ геогра́фию.

1(2)학년 과정에 어떤 과목이 있읍니까?	Каки́е дисципли́ны включены́ в програ́мму пе́рвого (второ́го...) ку́рса?
어떤 과목을 제일 좋아하십니까?	Каки́е предме́ты вы лю́бите бо́льше всего́?
어떤 과목이 당신은 제일 어렵읍니까?	Како́й предме́т са́мый тру́дный для вас?
그녀는 대수를 매우 잘 합니다.	Она́ о́чень хорошо́ занима́ется по а́лгебре.
당신은 어떤 역사 교과서를 사용합니까?	Каки́ми уче́бниками по исто́рии вы по́льзуетесь?
실습은 몇 학년 때 합니까?	На како́м ку́рсе вы прохо́дите пра́ктику?
어느 곳에서 [공장]실습을 하려고 합니까(하셨읍니까)?	Где вы бу́дете проходи́ть (проходи́ли) [произво́дственную] пра́ктику?
교무실	учи́тельская
언어실습실	лингафо́нный кабине́т
보건실	медици́нский кабине́т
학교용 책상(의자와 책상이 붙은)	па́рта
칠판	[кла́ссная] доска́
분필	мел
산수	арифме́тика
자연, 이과	природове́дение
사회	обществове́дение
미술	рисова́ние
성악	пе́ние
공작	труд, -а́
체육	физкульту́ра
교육과정, 커리큘럼	уче́бные пла́ны
[학습]지도요령	уче́бные програ́ммы

【시험】

A대학은 언제 입학시험을 봅니까?	Когда́ начина́ются вступи́тельные экза́мены в университе́т A?

—A대학의 〔입학시험〕 경쟁률은 어떻습니까?

—Какой конкурс на приёмных экзаменах в университет А?

—10 : 1 입니다.

—Десять человек на одно место.

나는 대입 수험준비를 하고 있읍니다.

Я готовлюсь в университет.

당신네는 시험기간이 언제입니까?

Когда у вас бывают экзаменационные сессии?

언제 시험이 있읍니까?

Когда у вас экзамен?

시험과목이 몇 개나 됩니까?

Сколько у вас (у нас) будет экзаменов?

—무슨 시험(어떤 과목의 시험)이 있읍니까?

—Какие будут экзамены? (По каким предметам будут экзамены?)

—우리는 러시아어와 역사 시험이 있읍니다.

—У нас будут экзамены по русскому языку и истории.

나는 시험준비를 하고 있읍니다.

Я готовлюсь к экзамену.

—당신은 시험준비를 다했읍니까?

—Вы готовы к экзамену?

—아니오, 아직 안 됐읍니다.

—Нет, ещё.

—시험이 어려웠읍니까?

—Экзамен был трудный?

—그다지 어렵지는 않았읍니다.

—Нет, не очень.

시험에 어려운 문제가 있었읍니다.

На экзамене попался трудный билет.

—시험 잘 보았읍니까?

—Как вы сдали экзамен?

—덕분에 시험을 잘 치룰 수 있었읍니다.

—Спасибо, экзамен прошёл успешно.

—유감스럽게도 시험에 낙방했읍니다.

—К сожалению, я провалился на экзамене.

나는 시험에 통과하지 못했읍니다.

Я не выдержал (не сдал) экзамен.

—그녀는 시험 성적이 어떻습니까?

—Как она сдала экзамен?

—우수합니다.	—Отли́чно (хорошо́).
—당신은 문법을 몇 점 받았읍니까?	—Каку́ю отме́тку вы получи́ли по грамма́тике?
—5점 받았읍니다.	—Я получи́л пятёрку.
당신은 러시아문학 리포트를 몇 점 받았읍니까?	Какую отме́тку вы получи́ли за контро́льную рабо́ту по ру́сской литерату́ре?
—당신네의 성적평가제도는 어떻게 됩니까?	—Какая у вас систе́ма оце́нок успева́емости?
—5점제입니다.	—У нас пятиба́лльная ситсе́ма оце́нок успева́емости.
그(그녀)는 우등생입니다.	Он отли́чник (она́ отли́чница).

테스트, 리포트	контро́льная рабо́та
중간시험	зачёт
기말시험	экза́мен за семе́стр
학년말시험	экза́мен за курс
진급시험	перево́дный экза́мен
입학시험	вступи́тельный экза́мен
졸업시험	выпускно́й экза́мен
국가시험	госуда́рственный экза́мен

　소련의 학교에서는 пи́сьменный экза́мен 「필기시험」은 드물고, 주로 у́стный экза́мен 「구두시험」이다. 학생은 여러 가지 문제가 기록된 биле́т 「문제용지」를 1장만 뽑아 내어(어떤 문제가 있는지 수험생은 모른다) 그 용지에 있는 문제를 구두로 экзамена́тор 「시험관」에게 대답한다.

　소련의 학교의 시험 채점 방법은 5점이 만점으로 점수는 다음과 같은데, пло́хо(дво́йка) 이하는 낙제점이다.

최우수(5)	отли́чно (пятёрка)
우수(4)	хорошо́ (четвёрка)
가(3)	удовлетвори́тельно (тро́йка)
불가(2)	пло́хо (дво́йка)
부적(1)	о́чень пло́хо (едини́ца)

학습지진아	неуспева́ющий (отстаю́щий) учени́к

낙제생, 유급생	второго́дник

【졸업】

—당신은 무슨 과를 졸업 했읍니까?	—Како́е уче́бное заведе́ние вы око́нчили?
—의과 대학을 나왔읍니다.	—Я око́нчил медици́нский институ́т.
그는 대학을 우수한 성적 으로 졸업했읍니다.	Он око́нчил университе́т с отли́чием.
나는 지금 졸업논문을 쓰 고 있읍니다.	Я сейча́с пишу́ дипло́мную рабо́ту.
어떠한 주제의 졸업논문을 쓰고 있읍니까?	На каку́ю те́му вы пи́шете дипло́мную рабо́ту?
대학을 언제 졸업하십니까 (하셨읍니까) ?	Когда́ вы око́нчите (око́нчили) университе́т?

소련의 중등학교 졸업생 중에서 우등생(중학 9년, 10년 및 졸업실험의 성적이 모두 5점인 학생)에게는 золота́я меда́ль「금메달」이 수여된다. 그리고 금메달 수상자(медали́ст, медали́стка)는 대학 입학 시험의 특전이 주어 진다.

중학교 졸업장	аттеста́т о сре́днем образо- ва́нии, аттеста́т зре́лости
졸업장(전문대학, 대학교)	дипло́м
졸업식(졸업식 파티)	выпускно́й акт (ве́чер)
졸업생(최상급생)	выпускни́к

【학교생활】

당신네 학교는 겨울(봄,여 름) 방학이 언제입니까?	Когда́ у вас зи́мние (весе́нние, ле́тние) кани́кулы?
방학기간은 얼마나 됩니까 ?	Ско́лько вре́мени продолжа́- ются кани́кулы?
당신네 대학의 수업료는 얼마나 됩니까?	Какова́ пла́та за обуче́ние в ва́шем университе́те?
당신은 장학금을 받고 있 읍니까?	Получа́ете ли вы стипе́ндию?

장학금은 어느 정도나 됩니까(어떤 장학금입니까)?

Кака́я у вас стипе́ндия?

어떠한 학생이 장학금을 받읍니까?

Кто получа́ет стипе́ндию?

당신네 대학은 몇 %가 장학금을 받읍니까?

Ско́лько проце́нтов студе́нтов ва́шего университе́та получа́ет стипе́ндию?

당신 나라에서는 무상교육입니까?

Обуче́ние в ва́шей стране́ беспла́тное?

당신은 기숙사에서 살고 있읍니까?

Вы живёте в общежи́тии?

우리는 학생 기숙사를 견학했으면 합니다.

Мы хоте́ли бы осмотре́ть общежи́тие студе́нтов.

기숙사비는 얼마입니까?

Какова́ пла́та за общежи́тие?

당신네는 학생 신문을 발행합니까?

Издаётся ли у вас студе́нческая газе́та?

당신네는 학생 단체가 있읍니까?

Есть ли у вас студе́нческая организа́ция?

나는 대학원생입니다. A 대학 대학원에서 공부하고 있읍니다.

Я аспира́нт(аспира́нтка). Учу́сь в аспиранту́ре университе́та А.

나는 A대학 대학원에 들어가고자 합니다.

Я наме́рен[-а] поступи́ть в аспиранту́ру университе́та А.

—당신은 학력이 어떻게 됩니까?

—Како́е у вас образова́ние?

—나는 중등 교육을 받았읍니다(고등 교육을 받았읍니다, 대학을 중퇴했읍니다).

—У меня́ сре́днее (вы́сшее, незако́нченное вы́сшее) образова́ние.

이 학교에 입학하려면 어떤 학력이 필요합니까?

Како́е образова́ние донжны́ име́ть поступа́ющие в э́то уче́бное заведе́ние?

당신 나라의 교육제도에 대하여 말씀 좀 해 주십시오.

Расскажи́те, пожа́луйста, о систе́ме образова́ния в ва́шей стране́.

당신네 학교는 남녀공학입니까, 아닙니까?

У вас о́бщее и́ли разде́льное обуче́ние?

학생증	студе́нческий биле́т
문방구, 사무용품	пи́сьменные (канцеля́рские) принадле́жности
학용품	уче́бные принадле́жности
종이	бума́га
필기용지	пи́счая бума́га
공책	тетра́дь [女]
수첩	записна́я кни́жка
메모장, 블록노우트	блокно́т
연필	каранда́щ, -а́
샤프펜슬	автомати́ческий каранда́ш
색연필	цветно́й каранда́ш
펜(촉)	ру́чка, 複生 -чек
만년필	авторучка, 複生 -чек
펜(대)	перо́, -а́, 複 пе́рья, -ьев
볼펜	ша́риковая ру́чка
매직펜	фломастер
스카치테이프	кле́йкая ле́нта, скотч
자	лине́йка, 複生 -еек
지우개	рези́нка
잉크	черни́ла [複·中]
풀	клей
지구의	гло́бус
책가방	портфе́ль [男]
멜빵가방, 란도셀	ра́нец, -нца

외 국 어

【외국어 능력】

나의 모국어는 한국(러시아)어입니다.

Мой родно́й язы́к коре́йский (ру́сский).

당신은 몇 개의 외국어를 알고 계십니까?

Ско́лько иностра́нных языко́в вы зна́ете?

—당신은 어떤 외국어를 할 줄 아십니까?

—Каки́ми иностра́нными языка́ми вы владе́ете?

—나는 러시아어와 영어를 할 줄 압니다.

—Я владе́ю ру́сским и англи́йским языка́ми.

그는 러시아어에 능숙합니다(러시아어를 완벽하게 구사하고 있읍니다).

Он хорошо́ (в совершенстве) владе́ет ру́сским языко́м.

—당신은 러시아어와 영어 중 어느 쪽을 더 잘 압니까?

—Како́й язы́к вы зна́ете лу́чше, ру́сский и́ли англи́йский?

—대체로 같은 수준입니다.

—Приме́рно одина́ково.

나는 독일어를 조금 이해합니다.

Я немно́го понима́ю по-неме́цки.

—당신은 불어로 이야기를 할 수 있읍니까?

—Говори́те ли вы по-францу́зски?

—예, 할 줄은 압니다만, 서툽니다.

—Да, говорю́, но пло́хо.

—예, 조금 합니다.

—Да, немно́го говорю́.

—아니오, 할 줄 모릅니다.

—Нет, не говорю́.

당신의 한국어는 유창하군요(당신의 한국어는 한국인이 말하는 것 같군요)

Вы говори́те по-коре́йски свобо́дно (как коре́ец, как корея́нка).

그 여자의 말은 깨끗한 모스끄바 말입니다.

У неё чи́стая моско́вская речь (чи́сто моско́вское произноше́ние).

그 사람의 러시아어에는 악센트가 있읍니다(없읍니다).

Он говори́т по-ру́сски с акце́нтом (без акце́нта).

그는 사투리가 섞인 러시
아어를 말하고 있읍니다.

당신은 어떤 외국어로 말
하는 것이 가장 자신이
있읍니까?

그는 러시아어를 거침없이
(술술) 읽을 수 있읍니다.

나는 러시아아어로 읽을 수
는 있지만 말은 별로 못
합니다.

〔나는〕 러시아로 쓰는 것은
서툽니다.

Он говорит на ломаном рус-
ском языке́.

На како́м иностра́нном языке́
вы лу́чше всего́ говори́те?

Он свобо́дно (бе́гло) чита́ет
по-ру́сски.

Я чита́ю по-ру́сски, но говорю́
пло́хо.

Мне тру́дно писа́ть по-ру́сски.

서반아어; 서반아어로
중국어; 중국어로
우끄라이나어
라틴어
회랍어
에스페란토

испа́нский язы́к; по-испа́нски
кита́йский язы́к; по-кита́йски
украи́нский язы́к
лати́нский язы́к, латы́нь [女]
гре́ческий язык
эспера́нто [不変・中]

【외국어 공부】

러시아어 이외에 어떤 외
국어를 공부하고 계십니
까?

— 러시아어를 배우기 시작
한 지 얼마나 됐읍니까?

— 1년 3개월 됐읍니다.

전에 나는 러시아어를 혼
자 공부했읍니다.

— 어떤 학교(어디)에서 러시
아어를 배우고 있읍니
까?

— 대학(쏘피아 대학, 외국
어대학,「미르」러시아
어연구소)에서 러시아
어를 배우고 있읍니다.

Како́й иностра́нный язы́к вы
изуча́ете, кро́ме ру́сского?

— Как до́лго вы изуча́ете ру́с-
ский язы́к?

— Оди́н год и три ме́сяца.

Ра́ньше я изуча́л ру́сский язы́к
самостоя́тельно.

— В како́м уче́бном заведе́нии
(где) вы у́читесь ру́сскому
языку́?

— Я учу́сь ру́сскому языку́ в
университе́те (в университе́те
те «Софи́я», в Институ́-
те иностра́нных языко́в, в
Институ́те ру́сского языка́
«МИР».

나는 강습소(써클)에서 러시아어를 배우고 있읍니다.

Я учу́сь ру́сскому языку́ на ку́рсах (в кружке́).

누가 러시아어를 가르치고 있읍니까?

Кто преподаёт вам ру́сский язы́к?

당신이 다니는 강습소에서는 어떤 층의 사람들이 러시아어를 공부하고 있읍니까?

Представи́тели каки́х слоёв населе́ния изуча́ют ру́сский язы́к у вас на ку́рсах?

—하루에 몇 시간 집에서 러시아어를 공부하고 있읍니까?

—Ско́лько вре́мени в день вы занима́етесь ру́сским языко́м до́ма?

—3시간 정도입니다(그날 그날 다릅니다).

—Часа́ три. (Когда́ как.)

당신은 라디오(모스끄바방송)의 러시아어 강좌를 듣고 있읍니까?

Вы слу́шаете курс ле́кций ру́сского языка́ по (моско́вскому) ра́дио?

당신은 어디에서 러시아어 회화를 배우셨읍니까?

Где вы научи́лись говори́ть по-ру́сски?

당신 나라에서는 어떤 외국어를 많이 배우고 있읍니까?

Каки́е иностра́нные языки́ широко́ изуча́ются в ва́шей стране́?

대학(고등학교, 중학교)에서 어떤 외국어를 배우셨읍니까?

Каки́е иностра́нные языки́ вы изуча́ли в университе́те (в повы́шенной сре́дней шко́ле, в сре́дней шко́ле)?

【외국어 공부의 목적】

—왜 당신은 러시아어를 공부하기로 했읍니까? (어떤 목적에서 러시아어를 공부하고 있읍니까?)

—Почему́ вы реши́ли изуча́ть ру́сский язы́к? (С како́й це́лью вы изуча́ете ру́сский язы́к?)

—소련 국민의 생활(문화, 과학)을 보다 잘 알기 위해 러시아어를 공부하고 있읍니다.

—Я изуча́ю ру́сский язы́к, что́бы бли́же познако́миться с жи́знью (культу́рой, нау́кой) сове́тского наро́да.

통역사가 되기 위해 러시아어를 공부하기로 했읍니다 (공부하고 있읍니다).

Я реши́л изуча́ть (я изуча́ю) ру́сский язы́к, что́бы стать перево́дчиком (перево́дчицей).

나는 러시아(소련) 책을 번역하고 싶습니다.

Я хоте́л[-а] бы занима́ться перево́дами ру́сских (сове́тских) книг.

나는 나의 전공에 관한 소련책이나 잡지를 (러시아 및 소비에트 작가의 문학작품을 원서로, 과학문헌을) 읽고 싶습니다.

Я хоте́л бы чита́ть сове́тские кни́ги и журна́лы по свое́й специа́льности (худо́жественные произведе́ния ру́сских и сове́тских писа́телей в по́длиннике, нау́чную литерату́ру).

—장래 러시아어[의 지식]를 어떻게 쓸 작정입니까?

—Как вы наме́рены испо́льзовать зна́ние ру́сского языка́ в бу́дущем?

—나는 내가 하는 일에 러시아어를 활용할 작정입니다.

—Я наме́рен испо́льзовать зна́ние ру́сского языка́ в свое́й рабо́те.

【기타】

이 단어를 사전에서 조사해 (찾아) 보십시오.

Посмотри́те (поищи́те) э́то сло́во в словаре́.

당신의 사전을 잠시만 빌려 주십시오.

Да́йте мне, пожа́луйста, на мину́тку ваш слова́рь.

—사전을 사용하지 않고 이 책을 읽고 계신 겁니까?

—Вы чита́ете э́ту кни́гу без словаря́?

—아니오, 사전을 찾고 있읍니다.

—Нет, со словарём.

당신은 한노(노한) 사전을 갖고 있읍니까?

У вас есть коре́йско-ру́сский (ру́сско-коре́йский) слова́рь?

당신은 노노대사전을 갖고 있읍니까?

У вас есть толко́вый слова́рь ру́сского языка́?

이 사전을 편찬한 사람은 누구입니까?

Кто состави́тель э́того слова́ря?

당신은 어떤 러시아어 교과서를 사용하고 있읍니까?	Каки́м уче́бником ру́сского языка́ вы по́льзуетесь?
교과서를 펴(덮어) 주십시오.	Откро́йте (закро́йте) уче́бник.
교과서 10페이지를 펴 주십시오.	Откро́йте уче́бник на деся́той страни́це.
소리를 내어 읽으십시오. (묵독) 하십시오.	Чита́йте вслух (про себя́).
한번 더 읽어 주십시오.	Чита́йте ещё раз.
좀 더 큰 소리로 (빨리, 천천히) 읽어 주십시오.	Чита́йте гро́мче (быстре́е, ме́дленнее).
이 단어는 어떻게 발음합니까?	Как произно́сится это сло́во?
나의 발음은 정확합니까?	Пра́вильно ли моё произноше́ние?
러시아어 발음은 어려운 것 같읍니다.	Я нахожу́ (счита́ю) ру́сское произноше́ние тру́дным.
영어와 러시아어 중 어느 쪽 발음이 더 어렵다고 생각하십니까?	Произноше́ние како́го языка́, по-ва́шему, трудне́е, англи́йского и́ли ру́сского?
당신은 받아쓰기에서 실수를 하셨더군요.	Вы сде́лали оши́бки в дикта́нте.
당신은 글씨가 예쁘군요.	У вас хоро́ший по́черк.
당신의 글씨는 좀처럼 알아 볼 수가 없군요.	Ваш по́черк неразбо́рчивый.
이 표현(단어)을 암기하십시오. 매우 널리 쓰이는 것입니다.	Запо́мните это выраже́ние (сло́во). Оно́ употребля́ется о́чень широко́.
하루에 몇 단어 정도 암기하고 있읍니까?	Ско́лько слов в день вы запомина́ете?
당신은 어휘가 풍부하군요.	У вас большо́й запа́с слов.
나는 어휘력이 별로 없읍니다.	У меня́ небольшо́й запа́с слов.
당신은 문법상의 실수를 범하셨읍니다.	Вы сде́лали граммати́ческую оши́бку.
해석하십시오.	Переведи́те, пожа́луйста.

이것을 러시아어로 번역하십시오	Переведи́те э́то на ру́сский язы́к.
한국어를 러시아어로 번역하십시오.	Переведи́те с коре́йского на ру́сский.
[나는] 해석이 되지않읍니다.	Я не могу́ перевести́.
이 단어(표현)는 무슨 뜻입니까?	Что означа́ет э́то сло́во (выраже́ние)?
университет 와 институт 라는 단어에는 어떤 차이가 있읍니까?	Скажи́те, пожа́луйста, кака́я ра́зница ме́жду слова́ми «университе́т» и «институ́т»?
러시아어 실력이 매우 향상되었읍니다.	Вы доби́лись (дости́гли) больши́х успе́хов в ру́сском языке́ (в изуче́нии ру́сского языка́).
그에게는 대단한 어학적 재능이 있읍니다.	У него́ больша́я спосо́бность к языку́.
하시는 일은 러시아와 관계가 있읍니까?	Ва́ша рабо́та свя́зана с ру́сским языко́м (со зна́нием ру́сского языка́)?

소련에서 외국어는 중학교 5학년(우리나라의 국민학교 5학년에 해당함)부터 가르치기 시작한다. 중학교에서 가르치는 외국어는 английский язы́к「영어」, францу́зский язы́к「불어」, неме́цкий язы́к「독어」중 1개 국어이다. 그러나 학생 자신이 1개의 외국어를 선택하는 것이 아니라 학교에서 학생에게 지정해 준다.

학 문

나는 연구원입니다.	Я нау́чный рабо́тник.
나는 연구소에서 일하고 있읍니다.	Я рабо́таю в нау́чно-иссле́довательском институ́те.
나는 연구를 하고 있읍니다.	Я веду́ нау́чно-исследова́тельскую рабо́ту.
—어떤 분야에서 일하고 계십니까?	—В како́й о́бласти вы рабо́таете?
—핵물리학 분야를 전문분야로 하고 있읍니다.	—Я специализи́руюсь в о́бласти я́дерной фи́зики.
현재 어떤 문제에 몰두하고 계십니까?	Над како́й пробле́мой вы сейча́с рабо́таете?
무엇을 연구하고 계십니까?	Что вы изуча́ете?
—당신은 학위를 갖고 계십니까?	—Вы име́ете учёную сте́пень (учёное зва́ние)?
—예, 갖고 있읍니다.	—Да, име́ю.
—어떤 학위를 갖고 계십니까?	—Каку́ю учёную сте́пень вы име́ете?
—박사학위를 갖고 있읍니다.	—Я име́ю учёную сте́пень до́ктора нау́к.
언제 학위를 받으셨읍니까?	Когда́ вы получи́ли учёную сте́пень?
어떤 주제로 학위논문을 쓰고 계십니까?	На каку́ю те́му вы пи́шете диссерта́цию?
그는 박사(예비박사) 논문의 심사를 받았읍니다.	Он защити́л до́кторскую (кандида́тскую) диссерта́цию.
그(그녀)는 유명한 학자입니다.	Он (она́) изве́стный учёный.
그(그녀)는 세계적으로 이름이 알려진 학자입니다.	Он (она́) учёный с мировы́м и́менем.
그는 전자공학의 권위자입니다.	Он явля́ется абторите́том в электро́нике.

실험	эксперимéнт, óпыт
[과학상의] 발견	наýчное откры́тие
발명; 발명자; 발명하다.	изобретéние; изобретáтель [男]; изобретáть
전자계산기	электрóнно-вычисли́тельная маши́на, ЭВМ [э-вэ-э́м]
학술기관	наýчное учреждéние
과학아카데미; 학술원	акадéмия наýк
의학아카데미	акадéмия медици́нских наýк
교육학아카데미	акадéмия педагоги́ческик наýк
농학아카데미	акадéмия сельскохозя́йственных наýк
미술원	акадéмия худóжеств

акадéмия 는 고유명사로 사용될 경우에 첫글자를 대문자로 쓴다. 예를 들면,

소련 건축학 아카데미	Акадéмия архитектýры СССР

자연과학	естéственные наýки
천문학; 천문학자; 천문학의	астронóмия; астронóм; астрономи́ческий
물리학; 물리학자; 물리학의	фи́зика; фи́зик; физи́ческий
화학; 화학자; 화학의	хи́мия; хи́мик; хими́ческий
지질학; 지질학자; 지질학의	геолóгия; геóлог; геологи́ческий
광물학; 광물학자; 광물학의	минералóгия; минералóг; минералоги́ческий
지리학; 지리학자; 지리학의	геогрáфия; геóграф; географи́ческий
생물학; 생물학자; 생물학의	биолóгия; биóлог; биологи́ческий
동물학; 동물학자; 동물학의	зоолóгия; зоóлог; зоологи́ческий
식물학; 식물학자; 식물학의	ботáника; ботáник; ботани́ческий

생리학; 생리학자; 생리학의	физиоло́гия; физио́лог; физиологи́ческий
의학; 의학자; 의학의	медици́на; ме́дик; медици́нский
수학; 수학자; 수학의	матема́тика; матема́тик; матема́тический
공학	техни́ческие нау́ки
전기공학	электроте́хника
기계공학	машинове́дение
전자공학	электро́ника
사이버네틱스, 두뇌공학	киберне́тика
인문과학	гуманита́рные нау́ки
사회과학	обще́ственные нау́ки
사회학; 사회학자; 사회학의	социоло́гия; социо́лог; социологи́ческий
경제학; 경제학자; 경제학의	полити́ческая эконо́мия (политэконо́мия); экономи́ст; экономи́ческий
법학; 법학자; 법학의	юриди́ческая нау́ка; юри́ст; юриди́ческий
사학(역사); 사학자(역사가); 역사의	истори́ческая нау́ка (исто́рия); исто́рик; истори́ческий
민족학; 민족학자; 민족학의	этногра́фия; этно́граф; этнографи́ческий
고고학; 고고학자; 고고학의	археоло́гия; архео́лог; археологи́ческий
철학; 철학자; 철학의	филосо́фия; фило́соф; фило́софский
유물론; 유물론자; 유물론의	материали́зм; материали́ст; материалисти́ческий
사적유물론	истори́ческий материали́зм
변증법	диале́ктика
변증법적유물론	диалекти́ческий материали́зм
유심론(관념론); 유심론자; 유심론의	идеали́зм; идеали́ст; идеалисти́ческий
심리학; 심리학자; 심리학의	психоло́гия; психо́лог; психологи́ческий

논리학; 논리학자; 논리학의	ло́гига; ло́гик; логи́ческий
교육학; 교육학자; 교육학의	педаго́гика; педаго́г; педаго-ги́ческий
예술학; 예술학자; 예술학의	искусствове́дение; искусство-ве́д; искусствове́дческий
미학; 미학의	эсте́тика; эсте́тический
문학연구; 문학자; 문학연구의	литературове́дение; литерату-рове́д; литературове́дческий
문헌학; 문헌학자; 문헌학의	филоло́гия; фило́лог; филоло-ги́ческий
어학; 어학자; 어학의	языкове́дение; языкове́д; язы-кове́дческий
언어학; 언어학자; 언어학의	лингви́стика; лингви́ст; лин-гвисти́ческий
연구원; 연구소원	нау́чный сотру́дник
아카데미회원, 아카데미정회원	акаде́мик, действи́тельный член акаде́мии нау́к
아카데미 준회원	член-корреспонде́нт акаде́мии нау́к
과학, 학문; 과학(학문)의	нау́ка; нау́чный
연구(일반적으로)	нау́чная рабо́та
[⋯의] 연구	иссле́дование ＋生格
학설	уче́ние
이론; 이론가; 이론적인	тео́рия; теоре́тик; теорети́ческий

독서, 출판, 방송

독 서

—당신은 독서를 좋아하십니까?

—Вы лю́бите чита́ть?

—예, 좋아합니다.

—Да, люблю́.

—어떤 책을 즐겨 읽고 있읍니까?

—Каки́е кни́ги вы лю́бите чита́ть?

—나는 러시아 역사에 관한 책을 좋아합니다.

—Я люблю́ чита́ть кни́ги по ру́сской исто́рии.

한달에 몇 권 정도의 책을 읽고 있읍니까?

Ско́лько приме́рно книг вы прочи́тываете в ме́сяц?

지금 어떤 책을 읽고 있읍니까?

Каку́ю кни́гу вы сейча́с чита́ете?

어떤 책들을 최근에 읽었읍니까?

Каки́е кни́ги вы чита́ли в после́днее вре́мя?

이 책은 쉽게 읽을 수 있읍니다.

Э́та кни́га легко́ чита́ется.

—이 책을 읽어 보셨읍니까?

—Вы чита́ли э́ту кни́гу?

—아니오, 읽지 않았읍니다.

—Нет, не чита́л.

나는 예전에 이 책을 읽었읍니다.

Я чита́л э́ту кни́гу ра́ньше.

당신은 이 책을 벌써 다 보셨읍니까?

Вы уже́ прочита́ли э́ту кни́гу?

나는 이 책을 두 번 읽었읍니다.

Я прочита́л э́ту кни́гу два́жды.

—이 책은 읽을 만 합니까?

—Сто́ит ли чита́ть э́ту кни́гу?

—예, 이 책을 읽어 보십시오.

—Да, я сове́тую вам прочита́ть э́ту кни́гу.

당신은 이 책을 원서로 읽었읍니까, 아니면 번역서로 읽었읍니까?

Вы чита́ли э́ту кни́гу в по́длиннике и́ли в перево́де?

당신은 최근에 무슨 재미 있는 책이라도 읽었읍니 까?

Вы читáли каку́ю-нибудь ин- терéсную кни́гу в послéднее врéмя?

—이 책을 읽는데 얼마나 걸렸읍니까?

—Скóлько потрéбовалось вам врéмени, чтóбы прочитáть эту кни́гу?

—나는 이 책을 1주일 걸 려서 읽었읍니다.

—Я прочитáл (прочёл) эту кни́гу за недéлю.

이 책의 저자는 누구입니 까?

Кто áвтор этой кни́ги?

이 책은 몇 년도 판입니까 ?

Какóго гóда издáния эта кни́- га?

이 책 재미있읍니까?

Эта кни́га интерéсная?

책을 많이 가지고 계십니 까(장서가 많읍니까)?

У вас больша́я библиотéка?

개인 서재에 책을 몇 권이 나 가지고 계십니까?

Скóлько книг в вáшей ли́чной библиотéке?

혹시 읽을 만한 책을 가지 고 계십니까?

Есть ли у вас кака́я-нибудь интерéсная кни́га?

—당신은 이 문제에 관한 책을 가지고 있읍니까?

—Есть ли у вас кни́ги по этому вопрóсу?

—예, 이 문제에 관한 책 을 몇 권 정도 가지고 있읍니다.

—Да, у меня́ есть нéсколько (немнóго) книг по этому вопрóсу.

이 책을 나에게 빌려 주시 지 않겠읍니까?

Не одолжи́те ли вы мне эту кни́гу?

이 책을 빌려 봐도 괜찮겠 읍니까?

Мóжно ли мне взять эту кни́- гу?

무엇이든지 읽을 만한 것 을 주십시오.

Дáйте мне чтó-нибудь почи- тáть.

—이 책을 얼마 동안 빌려 주시겠읍니까?

—На скóлько врéмени вы да- ди́те мне эту кни́гу?

—이틀간 빌려 드리겠읍니 다.

—Я дам вам эту кни́гу на два дня.

독서
반복하여 읽다

чтéние
перечи́тывать, перечитáть [完]

화보	кни́га с иллюстра́циями
팜플렛	брошю́ра
백과사전	энциклопе́дия
연감	ежего́дник
전기	биогра́фия
자서전	автобиогра́фия
회상록, 회고록	воспомина́ния [複]
기행문	путевы́е заме́тки
신간	[кни́жная] нови́нка
고서	ста́рая (поде́ржанная) кни́га
선집	сбо́рник
작품집	собра́ние сочине́ний
선집	собра́ние и́збранных произве-де́ний
전집	по́лное собра́ние сочине́ний
권	том, 複 -а́, -о́в
문고, 시리즈	се́рия книг
표지	обло́жка
표제	загла́вие
목차	оглавле́ние
목차, 내용	содержа́ние
본문, 텍스트	текст
서문	предисло́вие
후기	послесло́вие
서론	введе́ние
장	глава́, 複 гла́вы, глав
편	разде́л
쪽, 페이지	страни́ца
줄, 행	строка́, 複 стро́ки, -ок, -ока́м, стро́чка
서명, 책이름	назва́ние кни́ги
공저사	соа́втор
독자	чита́тель [男], чита́тельница
출판사	изда́тельство

> **литература** 는 좁은 의미로는 художественная литература 「문학」이지만, 넓은 의미로는 어떤 한 분야에 관계되는 문헌과 도서의 총칭으로 사용된다. 예를 들면,
>
> техническая литература (литература по технике)
> 「기술 문헌」「기술서」

【서점】

문학(정치, 경제, 기술, 농업)서적 매장은 어디에 있읍니까?

Где находится отдел художественной (политической, экономической, технической, сельскохозяйственной) литературы?

나는 대러시아어 사전을 사려고 하는데, 어느 매장에서 팝니까?

Я хотел бы купить (приобрести) толковый словарь русского языка. В каком отделе он продаётся?

레프 똘스또이의 「부활」이란 책 있읍니까?

Имеется ли у вас роман Льва Толстого «Воскресение»?

몇 년도 판입니까?

Какого года издания?

저자가 누구입니까?

Какого автора?

잠시 기다리세요, 지금 찾아 드리겠읍니다.

Подождите, пожалуйста, сейчас поищу.

유감스럽게도 그 책은 이미 매진되었읍니다.

К сожалению, эта книга уже продана.

그 책은 시판되지 않았읍니다(나오지 않았읍니다).

Она (книга) ещё не поступила в продажу (не вышла в свет).

그 책은 언제 나옵니까?

Когда эта книга выйдет в свет?

카탈로그(도서 목록)는 어디에 있읍니까?

Где находится каталог (картотека)?

이것은 최신판입니까?

Это последнее издание?

어느 서점에서 이 책을 구입할 수 있읍니까?

Скажите, пожалуйста, в каком книжном магазине я могу достать эту книгу?

가장 까까운 고서점이 어디에 있읍니까?

Где ближайший букинистический магазин?

소련에서는 발행후 즉시 품절이 되는 서적이 많다. 때문에 꼭 구입하고 싶은 책은 광고가 나올 때 곧 예약을 신청해야 한다. 그러나 이때 예약금은 필요가 없다. 예약 접수는 보통 서점에서는 받지 않으며 특정한 서적 예약점 магази́н подпи́ски (магази́н подписны́х изда́ний) 에서 해야 한다.

고서점에 고서적의 재고가 없을 때에는 고서점에 있는 소정의 카드를 매입하여 서명, 저자명, 출판사명, 발행년도 등을 구입희망자의 주소, 이름과 함께 기입(책 한 권에 카드 한 장씩)하여 신청한다. 구입 희망하는 고서가 발견되면 구입 신청인에게 통보하여 주게 되어 있다.

출판, 인쇄

이 출판사는 어떠한 종류의 책을 출판합니까?	Каку́ю литерату́ру выпуска́ет э́то изда́тельство?
그 책은 어느 출판사에서 출판됩니까(되었읍니까)?	В како́м изда́тельстве вы́йдет (вы́шла) э́та кни́га?
책은 5만부 발행되었읍니다.	Кни́га вы́шла (издана́) тиражо́м [в] 50 ты́сяч экземпля́ров.
이 책은 10판까지 출판되었읍니다.	Э́та кни́га вы́держала де́сять изда́ний.
이 텍스트를 타자기로 쳐 주십시오.	Напеча́тайте на [пи́шущей] маши́нке э́тот текст.
이 텍스트(페이지)를 1 (10)매 복사해 주십시오.	Сними́те, пожа́луйста, одну́ ко́пию (де́сять ко́пий) с э́того те́кста (с э́той страни́цы).

증보판	допо́лненное изда́ние
개정판	но́вое испра́вленное изда́ние
원고	ру́копись [女]
원고료, 인세	а́вторский гонора́р
저작권	а́вторское пра́во
판권	пра́во на изда́ние

인쇄소	типогра́фия
교정 ; 교정하다	корректу́ра ; корректи́ровать
교정자	корре́ктор
교정쇄	гра́нка
오식	опеча́тка
복사기	копирова́льная маши́на

문 학

당신은 문학을 좋아하십니까?	Вы лю́ите худо́жественную литерату́ру?
어떤 장르의 문학을 좋아하십니까?	Како́й жанр худо́жественной литерату́ры вам нра́вится?
—당신은 어느 나라 문학에 특히 홍미를 갖고 있읍니까?	—Литерату́ра како́й страны́ вас осо́бенно интересу́ет?
—나는 러시아(한국) 문학에 홍미를 갖고 있읍니다.	—Меня́ интересу́ет ру́сская (коре́йская) литерату́ра.
당신이 가장 좋아하는 작가(시인)는 누구입니까?	Кто ваш люби́мый писа́тель (поэ́т)?
—어떤 러시아(한국) 작가를 아십니까(읽었읍니까, 좋아합니까)?	—Каки́х ру́сских (коре́йских) писа́телей (поэ́тов) вы зна́ете (чита́ли, лю́бите)?
—나는 안똔 체홉, 레프 똘스또이, 표도르 도스또옙스끼, 막심 고리끼, 알렉싼드르 뿌쉬낀, 블라지미르 마야꼽스끼를 압니다(읽었읍니다, 좋아합니다)	—Я зна́ю(чита́л, люблю́) Анто́на Че́хова, Льва Толсто́го, Фёдора Достое́вского, Макси́ма Го́рького, Алекса́ндра Пу́шкина, Влади́мира Маяко́вского.
당신네 나라에서는 지금 어떤 작가(시인)가 가장 인기있읍니까?	Како́й писа́тель (поэ́т) наибо́лее популя́рен у вас сейча́с?

당신네 나라에서는 어떤 문
　학작품을 많이 읽고 있
　읍니까?

Какие художественные произ-
ведения широко читают у
вас?

나는 그 작가에 대하여 한
　번도 들어 본 적이 없읍
　니다.

Я никогда не слышал об этом
писателе.

그 작가의 생애에 대하여
　무엇이든지 이야기해 주
　실 수 없읍니까?

Не можете ли вы рассказать
мне что-нибудь о жизни
этого писателя?

이 작가의 어떤 작품을 읽
　었읍니까?

Какие произведения этого
писателя вы читали?

—이 중편 소설의 제목은
　무엇입니까?

—Как называется эта повес-
ть?

—「스페이드 여왕」이라고
　합니다(이 중편 소설
　의 제목은 「스페이드
　여왕」입니다).

—Она называется «Пиковая
дама». (Название этой
повести «Пиковая дама».)

이것은 그 사람의 대표작
　입니다.

Это лучшее его произведение.

그 단편소설의 내용을 간
　략하게 이야기해 주시겠
　읍니까?

Расскажите, пожалуйста, ко-
ротко содержание этого
рассказа.

이 소설은 평범한 사람들
　의 생활이 묘사되어 있
　읍니다.

Этот роман рассказывает о
жизни простых людей.

작가는 …에 대한 러시아
　국민의 투쟁을 묘사하고
　있읍니다.

Автор описывает борьбу
русского народа против...[生
格] (за... [対格]).

이 소설이 마음에 드십니
　까?

Как вам понравился этот ро-
ман?

이 소설의 제1장이 특히
　좋았읍니다.

Мне особенно понравилась
первая глава этого романа.

이 단편 소설은 지루하여
　마음에 들지 않았읍니다.

Мне не понравился этот рас-
сказ, он скучный.

이 단편 소설은 마지막 부
　분이 마음에 들지 않았
　읍니다.

Мне не нравится конец рас-
сказа.

—이 중편 소설을 읽은 감
상이 어떻읍니까?
—강렬한(깊은) 인상을 받
았읍니다.

이 작품은 눈물겹도록 나
를 감동시켰읍니다.
이 작품은 나에게 강한 인
상을 주지 못했읍니다.

이 작품의 서정성이 좋았
읍니다.
이 작품의 주제는 무엇입
니까?
이 작품의 소재는 매우 뛰
어납니다.
풍경 묘사가 내 마음에 들
었읍니다.
자연 묘사가 매우 아름답습
니다.
심리 묘사(심리 분석)가 내
마음에 들었읍니다.

이 장편 소설의 등장인물
중에서 누가 가장 마음
에 듭니까?
나는 이 작가의 스타일(문
장)을 좋아합니다. 그의
문장은 매우 뛰어납니다.
이 단편 소설은 내용이 빈
약합니다.
이 작품은 사상성이 심오
합니다(빈약합니다).
이 작품은 휴머니즘의 정
신(애국정신)이 깃들여
있읍니다.

—Како́е впечатле́ние произве-
ла́ на вас э́та по́весть?
—Она́ произвела́ на меня́
си́льное (глубо́кое) впечат-
ле́ние.

Э́то произведе́ние растро́гало
меня́ до слёз.

Э́то произведе́ние не произве-
ло́ на меня́ си́льного впе-
чатле́ния.

Мне нра́вится лири́зм э́того
произведе́ния.

Какова́ те́ма э́того произведе́-
ния?

Сюже́т э́того рома́на о́чень
занима́тельный.

Мне понра́вилось описа́ние
пейза́жа.

Изображе́ние (описа́ние) при-
ро́ды о́чень краси́во.

Мне понра́вилась психологи́-
ческая характери́стика (пон-
ра́вился психологи́ческий
ана́лиз).

Кто из персона́жей э́того рома́-
на вам бо́льше всех понра́-
вился?

Я люблю́ стиль (язы́к) э́того
писа́теля. У него́ о́чень кра́-
сочный язы́к.

Э́тот расска́з бессодержа́тель-
ный.

Э́то глубокоиде́йный (безыде́й-
ный) рома́н.

Э́то произведе́ние прони́кнуто
(прони́зано) чу́вством гума-
ни́зма (патриоти́зма).

이 장편소설은 현대 한국
  의 현실을 사실적으로
  (생생하게) 묘사하고 있
  읍니다.

Этот роман реалисти́чески
(жи́во) изобража́ет действи́-
тельность совреме́нной Ко-
ре́и.

이 작품은 한국인의 생활
  상을 올바르게 반영하
  고 있읍니다.

Это произведе́ние правди́во
отража́ет жизнь коре́йских
люде́й.

문학작품 중에서 어떤 주
  인공이 가장 마음에 드
  십니까?

Каки́е геро́и из худо́жествен-
ных произведе́ний вам бо́ль-
ше всех нра́вятся?

우리는 야스나야 뽈랴나에
  가 보았으면 합니다.

Мы хоте́ли бы побыва́ть в
Я́сной Поля́не.

한국 작가의 어떠한 작품
  이 러시아어로 번역되
  어 있읍니까?

Каки́е произведе́ния коре́йских
писа́телй переведены́ на
ру́сский язы́к?

고전 문학	класси́ческая литерату́ра
고전 ; 고전 작가, 문호	кла́ссика; кла́ссик
현대 문학	совреме́нная литерату́ра
프롤레타리아(부르조아) 문학	пролета́рская (буржуа́зная) ли- терату́ра
외국(세계) 문학	иностра́нная (мирова́я) лите- рату́ра
아동 문학	де́тская литерату́ра
역사 소설	истори́ческий рома́н
풍속 소설	бытово́й рома́н
탐정 소설, 추리 소설	детекти́вный [дэтэ] рома́н
모험 소설	приключе́нческий (авантю́рный) рома́н

희곡	пье́са
극작가	драмату́рг
풍자 문학; 풍자 작가	сати́ра, сати́рик
유머; 유머 작가	ю́мор; юмори́ст
일화	анекдо́т
오체르끄(르포와 소설의 요소를 보여 주는 것); 오체르끄 작가	о́черк; очерки́ст
르포르타즈(보고 문학)	репорта́ж
문학 평론; 문학 평론가	литерату́рная кри́тика; литерату́рный кри́тик
문학가	литера́тор
산문; 산문 작가	про́за; проза́ик
시인; 여류 시인	поэ́т; поэте́сса
시가, 운문	поэ́зия
서정시; 서정 시인	ли́рика; ли́рик
서사시	э́пос
시, 단시	стихотворе́ние, стихи́ [複]
장편시	поэ́ма
구전 문학	у́стное тво́рчество
동화, 민화	ска́зка, 複生 -зок
우화	ба́сня, 複生 -сен
민요적 서사시	были́на
속담	посло́вица
격언	погово́рка, 複生 - рок
앤돌러기, 명작집	антоло́гия
단편 소설집(시집)	сбо́рник расска́зов (стихо́в)
뿌쉬낀 작품집	собра́ние сочине́ний Пу́шкина
걸작, 명작	шеде́вр [дэ]
(문학작품 등의) 모델, 전형	прототи́п
여주인공	герои́ня
문체	литерату́рный стиль
고전주의	классици́зм
자연주의	натурали́зм
낭만주의; 낭만주의자; 낭만주의의	романти́зм; рома́нтик; романти́ческий
사실주의; 사실주의자; 사실주의의	реали́зм; реали́ст; реалисти́ческий

사회주의 리얼리즘	социалисти́ческий реали́зм
번역자	перево́дчик, перево́дчица
소련작가동맹	Сою́з сове́тских писа́телей

신문, 잡지

【신문 · 잡지】

당신은 어떤 한국 신문을 읽고(구독하고) 있읍니까?	Каки́е коре́йские газе́ты (журна́лы) вы чита́ете (получа́ете)?
당신은 소련(외국) 신문(잡지)을 예약구독하고 있읍니까?·	Вы выпи́сываете (получа́ете) сове́тские (иностра́нные) газе́ты (журна́лы)?
당신네는 어떤 여성(아동, 청년) 잡지가 발행되고 있읍니까?	Каки́е журна́лы издаю́тся у вас для же́нщин (для дете́й, для ю́ношества)?
그것은 어떤(종류의) 신문(잡지)입니까?	Что э́то за газе́та (журна́л)?
「쁘라브다」「이즈베스찌야」「뜨루드」는 중앙지입니다.	«Пра́вда», «Изве́стия», «Труд» — это центра́льные газе́ты.
「꼼쏘몰스까야 쁘라브다」지는 全소·레닌 공산청년동맹 중앙위원회의 기관지 입니다.	Газе́та «Комсомо́льская пра́вда» явля́ется о́рганом Центра́льного Комите́та ВЛКСМ [вэ-эл-ка-эс-эм].
어린이 신문「삐오네르스까야 쁘라브다」는 모스끄바에서 발행됩니다.	В Москве́ издаётся де́тская газе́та «Пионе́рская пра́вда».
「신시대」는 사회·정치 잡지입니다.	«Но́вое вре́мя» — это обще́ственно-полити́ческий журна́л.
「소연방」은 화보입니다.	«Сове́тский Сою́з» — это иллюстри́рованный журна́л.
공업시설, 꼴호즈나 소프호즈, 학교나 관청에서는 벽보가 발행되고 있	На предприя́тиях, в колхо́зах и совхо́зах, в уче́бных заведе́ниях и учрежде́ниях вы-

읍니다.

—이 신문(잡지)은 얼마나 자주 나옵니까?

пускаются стенные газеты (стенгазеты).

—이것은 일간지(주간지, 월간지, 계간지)입니다.

—Как чатсо выходит эта газета (этот журнал)?

이것은 일간(주간)지입니다.

—Она (он) выходит ежедневно (еженедельно, ежемесячно, раз в квартал).

Это ежедневная (еженедельная) газета.

—이 신문은 하루에 몇 번 나옵니까?

—Сколько раз в день выходит эта газета?

—하루에 2번 아침 저녁 으로(조간과 석간이) 나옵니다.

—Она выходит два раза в день: утром и вечером (утренний и вечерний выпуски).

당신은 주간지(월간지)를 읽고 계십니까? 만약 읽고 계신다면, 어떤 것입니까?

Читаете ли вы еженедельные (ежемесячные) журналы? Если да, то какие именно?

신문이 벌써 나왔읍니까?

Газета уже пришла? (Уже принесли газету?)

이 잡지는 며칠날에 발행 됩니까?

Какого числа выходит этот журнал?

—이 신문(잡지)은 몇 면 입니까?

—На скольких страницах выходит эта газета (этот журнал)?

—조간은 16면이고 석간은 12면입니다.

—Утренний выпуск на шестнадцати страницах, а вечерний выпуск на двенадцати страницах.

—이 신문(잡지)의 발행부수는 어느 정도입니까?

—Какой тираж этой газеты (этого журнала)?

"   "

—Какой тираж имеет эта газета (этот журнал)?

—이 신문(잡지)의 발행부수는 50만부입니다.

—Тираж этой газеты (этого журнала) — пятьсот тысяч экземпляров.

소련(한국)의 신문 중에서 가장 발행부수가 많은 것은 어떤 신문(잡지)입니까?

Кака́я сове́тская (коре́йская) газе́та (како́й…журна́л) име́ет са́мый большо́й тира́ж?

이 신문(잡지)은 어디에서 발행되고 있읍니까?

Где издаётся э́та газе́та (э́тот журна́л)?

어느 출판사가 이 잡지를 내고 있읍니까?

Како́е изда́тельство издаёт (выпуска́ет) э́тот журна́л?

소련 신문과 잡지의 예약 신청은 언제 시작됩니까?

Когда́ начина́ется подпи́ска на сове́тские газе́ты и журна́лы?

소련 신문과 잡지의 예약 신청 접수는 어디에서 하고 있읍니까?

Где я могу́ подписа́ться на сове́тские газе́ты и журна́лы?

「쁘라브다」지의 1년간 예약구독료는 얼마나 됩니까?

Какова́ годова́я подписна́я цена́ на газе́ту «Пра́вда»?

【내용】

—이 신문(잡지)은 어떤 정치적 경향을 띠고 있읍니까?

—Како́е полити́ческое направле́ние име́ет э́та газе́та (э́тот журна́л)?

—이것은 민주적인(반동적인) 신문입니다.

—Э́то демократи́ческая (реакцио́нная) газе́та.

—이 잡지는 보수적(진보적)입니다.

—Э́тот журна́л име́ет консерати́вное (прогресси́вное) направле́ние.

이 신문(잡지)의 내용은 비교적 객관성이 있읍니다.

Содержа́ние э́той газе́ты (э́того журна́ла) сравни́тельно объекти́вное.

—당신은 잡지「오늘의 한국」의 영문판을 읽고 계십니까?

—Чита́ете ли вы журна́л «Коре́я сего́дня» на англи́йском языке́?

—예, 읽고 있읍니다.

—Да, чита́ю.

—당신은 이 잡지를 어떻게 생각하고 있읍니까?

—Како́го вы мне́ния об э́том журна́ле?

—이것은 재미있고 내용있는 유익한 잡지입니다.

—Э́то интере́сный, содержа́тельный и поле́зный журна́л.

이 잡지에는 재미있는 기사가 실려 있읍니까?

Печа́таются ли интере́сные статьи́ в э́том журна́ле?

이 잡지의 최신호를 읽으셨읍니까?

Вы чита́ли после́дний но́мер э́тогс журна́ла?

잡지「신시대」의 최신호에는 흥미로운 기사가 나와 있읍니까?

Есть ли интере́сные статьи́ в после́днем но́мере журна́ла «Но́вое вре́мя»?

—당신은 오늘 신문을 읽으셨읍니까(당신은 오늘자 신문을 읽으셨읍니까)?

—Чита́ли ли вы сего́дня газе́ту? (Вы чита́ли сего́дняшнюю газе́ту?)

—예, 읽었읍니다.

—Да, чита́л.

나는 아직 오늘 신문을 읽지 않았읍니다.

Я ещё не чита́л сего́дняшней газе́ты.

나는 대충 훑어 보았을 뿐입니다.

Я то́лько пробежа́л глаза́ми.

—오늘 신문에 무언가 새로운 뉴스가 나와 있읍니까?

—Есть ли что́-нибудь но́вого в газе́тах сего́дня?

—아니오, 별로 새로운 것이 없읍니다.

—Нет, ничего́ осо́бенного нет.

오늘 신문에는 어떤 것이 나와 있읍니까?

О чём сего́дня пи́шут в газе́тах?

신문은 미국에서 새로운 우주선을 쏘아 올린 것에 대해(미국에서 새로운

Газе́та пи́шет (сообща́ет) о за́пуске но́вого косми́ческого корабля́ в США (о том,

우주선이 발사된 것에 관해서) 쓰고(보도하고) 있읍니다.

что в США запущен новый космический корабль).

신문의 보도에 따르면 오늘 미국 대표단(미국 관광객)이 한국에 도착했읍니다.

Как сообщает газета, сегодня в Корею прибыла американская делегация (прибыли американские туристы).

신문에는 열차사고에 관한 커다란 기사가 실려 있읍니다.

В газете напечатана большая статья о крушении поезда.

—그 기사(보도)는 어디(어떤 면)에 실려 있읍니까?

—Где (на какой полосе) помещена эта статья (помещено это сообщение)?

—그것은 1 (2 ⋯⋯) 면에 실려 있읍니다.

—Она помещена (оно помещено) на первой (второй...) полосе.

그 기사(보도)에는 어떤 머릿기사가 붙어 있읍니까?

Под каким заголовком помещена эта статья (помещено это сообщение)?

—당신은 사설을 읽었읍니까?

—Вы читали передовую статью (передовицу)?

—아니오, 시간이 없어 아직 읽지 못했읍니다.

—Нет, я не успел её прочитать.

이 잡지에는 농업관계 기사가 자주 나옵니다.

В этом журнале часто печатаются статьи по сельскому хозяйству.

【기타】

우리는 「쁘라브다」지의 편집국을 방문하고 싶습니다.

Мы хотели бы посетить редакцию газеты «Правда».

이 신문(잡지)의 편집장은 누구입니까?

Кто главный редактор этой газеты (этого журнала)?

이 신문사의 사주(사장)는 누구 입니까?

Кто владелец (директор) этого газетного издательства?

당신 나라에서는 언론(출판)의 자유가 있읍니까?

Есть ли в вашей стране свобода слова (печати)?

인터뷰

인터뷰를 했으면 합니다.	Прошу́ (про́сим) вас дать мне (нам) интервью́ [тэ].
인터뷰를 할 수 있을까요?	Разреши́те мне (нам) получи́ть (взять) у вас интервью́?
어느 신문사(통신사)에서 오신 분입니까?	Каку́ю газе́ту (како́е телегра́фное аге́нтство) вы представля́ете?
기자회견은 언제 있읍니까?	Когда́ состои́тся пресс-конфере́нция?
그는 기자회견에서 다음과 같은 성명을 발표했읍니다.	На пресс-конфере́нции он сде́лал сле́дующее заявле́ние.

신문판매대

가장 가까운 신문판매대는 어디입니까?	Где ближа́йший газе́тный кио́ск?
「쁘라브다」를 주십시오.	Да́йте, пожа́луйста, газе́ту «Пра́вда».
잡지「등불」의 최신호를 주십시오.	Прошу́ после́дний но́мер журна́ла «Огонёк».
정기간행물	периоди́ческое изда́ние
신문잡지	печа́ть [女]
지방지	ме́стная газе́та
유력지	влия́тельная газе́та
일요판	воскре́сный вы́пуск
정치 · 경제잡지	поли́тико-экономи́ческий журна́л
기술잡지	техни́ческий журна́л
학술잡지	нау́чный журна́л
대중과학잡지	нау́чно-популя́рный журна́л
문학잡지	литерату́рный журна́л
문예잡지	литерату́рно-худо́жественный журна́л
유머잡지	юмористи́ческий журна́л
스포츠잡지	спорти́вный журна́л
단	столбе́ц, -бца́

난	коло́нка, 複生 -нок
뉴스	но́вость [女], 複生 -е́й
사회잡보(난)	хро́ника
해설	коммента́рий
사진뉴스	фотохро́ника
신간소개, 서평	реце́нзия
평론, 개관	обзо́р, обозре́ние
독자투고	письмо́ чита́теля
만화	карикату́ра
풍자화, 회화	шарж
사진	фотосни́мок, -мка
신문에 광고를 내다	дать объявле́ние в газе́ту
정보	информа́ция
저널리스트	журнали́ст, журнали́стка
(신문) 기자, 통신원	корреспонде́нт
특파원	специа́льный корреспонде́нт
탐방기자	репортёр
사진기자, 카메라맨	фотокорреспонде́нт
사회·정치평론가	публици́ст
평론가, 시사평론가	обозрева́тель [男]
해설자	коммента́тор
검열	цензу́ра
타스통신사	ТАСС　[тасс]　(Телегра́фное аге́нтство Сове́тского Сою́за)
APN (노보스쩨통신사)	АПН　[а-пэ-эн]　(аге́нтство печа́ти Но́вости)

　　сообще́ние, статья́, заме́тка 는 보통「기사」로 번역
되는 경우가 많은 편이지만, сообще́ние 는 해설이나 의
견이 포함된 엄밀한 사실만을 전하는「보도」, статья́ 는
「논설」「논문」, заме́тка 는「소논설」「소논문」을 의미한
다.

　　소련에서는 신문·잡지 따위의 정기간행물의 판매는
Союзпеча́ть「전소 정기간행물 판매공사」가 일괄적으로
맡아 취급하며, 그 지사는 전국의 각 우체국 내에 있다.

예약신청은 연 1 회 10월에 받으며(그밖에 추가 예약 신청은 4월경에 1회 더 받음), 이 기회를 놓치면 다음 예약 신청기간까지 구독할 수가 없다. 그렇지만 신문·잡지의 1부씩의 구매는 신문매점에서(잡지는 서점에서) 구입할 수 있으나 즉시 다 팔리는 경우가 많다. 이렇게 신청한 정기 간행물은 우편물처럼 우편배달원에 의해 예약 구독자에게 가가호호 배달된다.

도서관

당신이 사시는 곳에서 가장 큰 도서관은 어떤 도서관입니까?	Кака́я библиоте́ка са́мая кру́пная у вас?
당신은 보통 어떤 도서관을 이용하고 있읍니까?	В каку́ю библиоте́ку вы обы́чно хо́дите?
이 도서관의 장서 수는 어느 정도입니까?	Каковы́ фо́нды э́той библиоте́ки?
휴관일은 무슨 요일입니까?	В каки́е дни библиоте́ка (чита́льня) закры́та?
도서관은 몇 시부터 몇 시까지 개관합니까?	В каки́е часы́ откры́та (рабо́тает) библиоте́ка?
나는 열람수속을 하고 싶습니다.	Я хоте́л бы записа́ться [в э́ту библиоте́ку].
나는 일반용(연구용) 열람실의 열람증을 만들고 싶습니다.	Я хоте́л бы получи́ть чита́тельский биле́т в о́бщий (нау́чный) зал.
카드 목록을 보았으면 하는데 어디에 있읍니까?	Где я могу́ посмотре́ть картоте́ку?
도서대출 신청서는 어떻게 쓰면 좋을까요?	Как запо́лнить тре́бование?
철학관계(역사관계) 서적을 빌리고 싶은데요.	Я хоте́л бы получи́ть кни́ги по филосо́фии (по исто́рии).
이 책은 벌써 읽었읍니다. 다른 것을 빌려 주십시오.	Я уже́ читал э́ту кни́гу. Да́йте мне другу́ю, пожа́луйста.

이 책을 대출받고 싶습니다.	Я хоте́л бы взять э́ти кни́ги на́ дом.
이 책은 며칠까지 돌려 드리면 될까요?	К како́му числу́ я до́лжен верну́ть (возврати́ть) э́ти кни́ги?
나는 이 책을 도서관에서 빌렸읍니다.	Я взял э́ту кни́гу в библиоте́ке.

　　소련의 도서관에서는 서적을 열람하거나 대출받기 위해서 먼저 па́спорт (패스포트)를 제시하고, чита́тельский биле́т「열람증」을 작성해 받아야만 한다. 그리고 도서관에 들어갈 때는 чита́тельский биле́т를 제시한다. 　도서의 열람이나 대출의 수속은 우리나라와 비슷하다. 소련의 도서관은 모두 무료이다.

　　도서관의 열람실은, о́бщий чита́льный зал「일반용 열람실」과 нау́чный чита́льный зал「연구용 열람실」로 구별된다. 그 명칭에 나타나 있듯이, о́бщий чита́льный зал은 학생, 근로자, 주부 등 일반인들이 이용할 수 있고, нау́чный чита́льный зал은 연구자, 학자가 이용한다. нау́чный чита́льный зал에서는 연구를 위하여 오래된 자료와 기록, 진본 등도 열람할 수 있다.

공공도서관	публи́чная библиоте́ка
똘스또이도서관	Библиоте́ка и́мени Толсто́го
국회도서관	Парла́ментская библиоте́ка
도서실, 독서실	чита́льня
열람실	чита́льный зал
도서관직원	библиоте́карь [男]
열람자	чита́тель [男], чита́тельница
내용목록	предме́тный катало́г
알파벳순 목록	алфави́тный катало́г
카드	ка́рточка
참고도서목록	библиогра́фия
서가	кни́жная по́лка

방 송

【방송】

—당신 나라에서는 텔레비
젼(라디오) 보급률이
어느 정도 입니까?

—우리나라에서는 텔레비
젼(라디오)이 널리 보
급되어 있어서 주민 3
명당 1대씩 갖고 있읍
니다.

당신이 갖고 계신 것은 어
떤 라디오(텔레비젼)입
니까?

당신 라디오는 몇 밴드짜
리 입니까?

당신 라디오는 어떤 파장
이 잡힙니까?

댁의 라디오(텔레비젼)는
상태가 좋읍니까?

당신의 수신기는 강도가
높습니까?

댁의 안테나(라디오 안테
나, 텔레비젼 안테나)는
실내용 입니까, 실외용
입니까?

텔레비젼(라디오)이 고장
입니다.

하루에 몇 시간 정도 텔레
비젼을 보십니까(라디오
를 들으십니까)?

당신 나라에서는 라디오
(텔레비젼) 방송이 몇 시
에 시작해서 몇 시에 끝
납니까?

—Как у вас распространено
телеви́дение (ра́дио)?

—У нас о́чень распространено́
телеви́дение (ра́дио): на
3 жи́телей — оди́н теле-
ви́зор (приёмник).

Како́й ма́рки ваш радиоприём-
ник (телеви́зор)?

Ско́лько диапазо́нов име́ет
ваш радиоприёмник?

На каки́х волна́х рабо́тает ваш
приёмник?

Как рабо́тает (хорошо́ ли ра-
бо́тает) ваш радиоприёмник
(телеви́зор)?

Высока́ ли чувстви́тельность
ва́шего приёмника?

У вас анте́нна[тэ] (радиоан-
те́нна, телевизио́нная ан-
те́нна) ко́мнатная и́ли на-
ру́жная?

Телеви́зор (радиоприёмник) не
рабо́тает.

Ско́лько вре́мени в день вы
обы́чно смо́трите телеви́зор
(слу́шаете ра́дио)?

В кото́ром часу́ у вас начина́-
ются и в кото́ром часу́
конча́ются радиопереда́чи
(телепереда́чи)?

당신은 러시아어(한국어)로 방송되는 모스끄바방송을 듣고 계십니까?

Вы слушаете московскую радиопередачу на русском (корейском) языке?

모스끄바방송은 언제 들을 수 있읍니까?

Когда можно послушать передачу из Москвы?

모스끄바방송은 잘 들립니까?

Хорошо ли слышны радиопередачи из Москвы?

라디오방송은 잘 들립니다 (잘 들리지 않읍니다).

Слышимость радиопередачи хорошая (плохая).

텔레비젼을 봅시다.

Давайте посмотрим телевизор.

라디오를 들읍시다.

Послушаем радио.

라디오(텔레비젼)를 켜(꺼 주십시오.

Включите (выключите) радиоприёмник (телевизор).

—모스끄바방송은 어떤 〔파장과〕 주파수로 들을 수 있읍니까?

—Скажите, пожалуйста, на каких 〔волнах и〕 частотах можно слушать передачи из Москвы?

—모스끄바방송은 〔파장25 m〕, 주파수 11, 69메가헤르쯔로 들을 수 있읍니다(파장과 주파수는 가공의 숫자이다).

—Передачи из Москвы можно слушать на 〔волне двадцать пять метров и〕 частоте одиннадцать целых и шестьдесят девять сотых *Мгц* (мегагерца).

소리를 좀 크게(작게) 해 주십시오.

Сделайте звук громче (тише).

〔텔레비젼을〕 채널 1(3, 4, 6, 8, 10, 12)로 맞춰 주십시오.

Настройте, пожалуйста, телевизор на первый (третий, четвёртый, шестой, восьмой, десятый, двенадцатый) канал.

〔텔레비젼을〕 채널 10 으로 바꿔 주십시오.

Переключите, пожалуйста, телевизор на десятый канал.

한국방송공사(KBS)는 어디에 있읍니까?

Где находится Корейская широковещательная (радиотелевизионная) корпорация «Кэй-Би-Ес»?

한국에서 어느 라디오방송국이 최대출력을 가지고 있읍니까?

Какая радиостанция в Корее имеет самую большую выходную мощность?

이 방송국의 출력은 어느 정도입니까?

Какова́ выходна́я мо́щность э́той радиоста́нции?

【프로그램】

—모스끄바의 중앙라디오 방송은 몇 가지 프로그램을 방송하고 있읍니까?

—По ско́льким програ́ммам ведётся центра́льное радиовеща́ние из Москвы́?

—5가지 입니다.

—По пяти́ програ́ммам.

당신은 어떤 라디오 프로그램(텔레비젼 프로그램)을 제일 좋아하고 있읍니까?

Каки́е радиопрогра́ммы (телевизио́нные програ́ммы) вам бо́льше всего́ нра́вятся?

우리나라 텔레비젼방송의 내용에 관해서 당신은 어떻게 생각하십니까?

Что вы ду́маете о содержа́нии на́ших телевизио́нных переда́ч?

어떤 텔레비젼방송이 아이들 교육에 좋다고 (아이들 교육에 악영향을 준다고) 생각하십니까?

Каки́е телепереда́чи, по-ва́шему, поле́зны для воспита́ния дете́й (ока́зывают вре́дное влия́ние на воспита́ние дете́й)?

이 텔레비젼방송은 내용이 없읍니다.

Э́та телевизио́нная переда́ча бессодержа́тельна.

당신은 어제(오늘) 텔레비젼에서 무엇을 보았읍니까?

Что вы вчера́ (сего́дня) смотре́ли по телеви́зору (телеви́дению)?

오늘의 프로그램으로는 무엇이 있읍니까?

Что сего́дня в програ́мме?

오늘 무언가 재미있는 텔레비젼방송(라디오 방송)이 있읍니까?

Есть ли сего́дня кака́я-нибудь интере́сная телепереда́ча (радиопереда́ча)?

오늘 「마감 뉴스」를 들으셨읍니까(보셨읍니까)?

Вы слу́шали (смотре́ли) сего́дня «После́дние изве́стия»?

텔레비젼에서 중국영화를 합니까?

Пока́зывают ли по телеви́дению кита́йские фи́льмы?

—어떤 프로그램을 보시고 (듣고) 싶습니까?

—Каку́ю програ́мму вы хоти́те посмотре́ть (послу́шать)?

─음악방송을 보고(듣고) 싶습니다.

─Я хочу́ посмотре́ть (послу́шать) музыка́льную переда́чу.

한국의 라디오〔방송국〕는 불란서 음악을 방송합니까?

Передаю́т ли коре́йские радиоста́нции францу́зскую му́зыку?

이 음악회는 중계입니까? 녹화입니까?

Э́тот конце́рт трансли́руется и́ли передаётся в за́писи?

그 음악회는 어디에서 중계되는 겁니까?

Отку́да трансли́руется э́тот конце́рт?

당신은 텔레비젼 스포츠 프로그램 보는 것을 좋아하십니까?

Вы лю́бите смотре́ть по телеви́зору спорти́вную програ́мму?

텔레비젼에서 중국 가무단 공연을 보셨읍니까?

Вы смотре́ли по телеви́зору выступле́ние кита́йского анса́мбля пе́сни и пля́ски?

어제 텔레비젼에 미국 가무단이 나왔읍니다.

Вчера́ по телеви́дению вы́ступил америка́нский анса́мбль пе́сни и пля́ски.

오늘 국무총리가 텔레비젼 (라디오)에서 연설합니다.

Сего́дня премье́р-мини́стр вы́ступит по телеви́дению(по ра́дио) с ре́чью.

그 합창단의 공연(그 영화)은 어떤 채널에서 방송합니까?

По како́му кана́лу бу́дет пе́редано выступле́ние э́того хо́ра (бу́дет пе́редан э́тот фи́льм)?

라디오는 한국 미술전람회의 개최를 보도했읍니다.

Ра́дио сообщи́ло об откры́тии вы́ставки коре́йской жи́вописи.

라디오(텔레비젼) 방송은 프랑스 미술전람회가 오늘부터 시작되었다고 전했읍니다.

Ра́дио (телеви́дение) передава́ло, что сего́дня откры́лась вы́ставка францу́зской жи́вописи.

당신은 라디오에서 프랑스 미술전람회가 시작되었다는 보도를 들으셨읍니까?

Вы слы́шали по ра́дио, что откры́лась вы́ставка францу́зской жи́вописи?

나는 텔레비젼(라디오)에서 프랑스 미술전람회가 시작되었다는 사실을 알았읍니다.

Я узна́л по телеви́дению (по ра́дио), что откры́лась вы́ставка францу́зской жи́вописи.

라디오에서 심포니 콘서트가 방송되었읍니다.

По ра́дио поредава́ли (передава́лся) симфони́ческий конце́рт.

라디오방송국

радиовеща́тельная (широковеща́тельная) ста́нция, радиоста́нция

텔레비젼방송국 · телеце́нтр
라디오 스튜디오 · радиосту́дия
텔레비젼 스튜디오 · телевизио́нная сту́дия
아나운서 · ди́ктор
마이크 · микрофо́н
컬러 텔레비젼 · цве но́е телеви́дение
컬러 텔레비젼(수상기) · цветно́й телеви́зор
트랜지스터 수상기 · транзи́сторный приёмник
리시버, 이어폰 · нау́шники [複] (单 нау́шник)
청취자 · радиослу́шатель [男]
시청자 · телезри́тель [男]
[라디오]어린이 시간 · [радио]переда́ча для дете́й
러시아어 텔레비젼(라디오 강좌 · теле(радио)ку́рсы ру́сского языка́

전축, 녹음기

당신의 전축(녹음기)의 음질은 어떻습니까(좋습니까)?

Како́й звук (хоро́ший ли звук) у ва́шего прои́грывателя (магнитофо́на)?

전축(녹음기)을 켜(꺼) 주십시오.

Включи́те (вы́ключите), пожа́луйста, прои́грыватель (магнитофо́н).

좋은 레코드판을 갖고 계십니까?

Есть ли у вас хоро́шие пласти́нки?

나는 러시아민요 레코드를 가지고 있읍니다.	У меня́ есть пласти́нки ру́сских наро́дных пе́сен.
당신은 녹음기를 가지고 있읍니까?	У вас есть магнитофо́н?
당신이 가지고 계신 것은 어떤 녹음기입니까?	Како́й ма́рки ваш магнитофо́н?
나는 모스끄바방송의 「마감뉴스」를 녹음했읍니다.	Я записа́л «После́дние изве́стия», пе́реданные моско́вским ра́дио.
스테레오전축	стереофони́ческий прои́грыватель
스테레오자동전축	стереофони́ческий прои́грыватель-автома́т
라디오 겸용전축	радио́ла
LP판	долгоигра́ющая пласти́нка
전축바늘	граммофо́нная игла́
녹음테이프	плёнка, 複生 -нок, ле́нта
카세트녹음기	кассе́тный магнитофо́н
카세트테이프	магнитофо́нная кассе́та
VTR	видеомагнитофо́н
비데오녹음	видеоза́пись
녹음을 지우다	стира́ть (完 стере́ть) за́пись

통 신

우 편

[나는] 어머니(A씨)로부 터 편지를 받았읍니다.
Я получи́л письмо́ от ма́тери (от това́рища А).

나는 소련에서 편지를 받 았읍니다.
Я получи́ла письмо́ из Сове́тского Сою́за.

나는 그(그 여자)에게 편 지(답장)를 보내야만 합 니다.
Мне ну́жно написа́ть письмо́ (отве́т) ему́ (ей).

나는 어제 그에게 답장을 보냈읍니다.
Я отве́тил на его́ письмо́ вчера́.

나는 어제 편지를 보냈읍 니다.
Я отпра́вил письмо́ вчера́.

당신은 소련 사람과 서신 왕래를 하고 있읍니까?
Вы ведёте перепи́ску (перепи́сываетесь) с сове́тскими людьми́?

편지왕래를 합시다!
Дава́йте перепи́сываться!

러시아어로는 주소를 어떻 게 써야 하지요?
Как написа́ть а́дрес по-ру́сски?

요즈음 우편물이 늦어지고 있읍니다.
В после́днее вре́мя по́чта прихо́дит с опозда́нием.

우표교환을 하고 싶습니다.
Я хоте́л[-а] бы организова́ть обме́н ма́рок.

이 근방에 가까운 우체통 이 있읍니까?
Побли́зости есть почто́вый я́щик?

—이 근방에 우체국이 어 디에 있읍니까?
—Где здесь побли́зости по́чта (почто́вое отделе́ние)?

—우체국은 거리가 끝나는 곳에 있읍니다.
—По́чта (почто́вое отделе́ние) в конце́ у́лицы.

말씀 좀 여쭙겠는데, 중앙 우체국은 어디에 있읍니 까?
Скажи́те, пожа́луйста, где почта́мт?

우체국은 몇 시부터 몇 시 까지(몇 시까지) 일을 합 니까?
В каки́е часы́ (до кото́рого часа́) рабо́тает по́чта?

편지지와 봉투는 어디에서 사면 좋을까요?	Где я могу́ купи́ть почто́вую бума́гу и конве́рты?
〔우편〕엽서는 얼마입니까?	Ско́лько сто́ит 〔почто́вая〕 откры́тка?
50원 (16 까뻬이까) 짜리 우표를 주십시오.	Да́йте 〔почто́вую〕 ма́рку в пятьдеся́т вон (в шестна́дцать копе́ек).
14 까뻬이까짜리 우표 2장 (5장) 을 주십시오.	Да́йте две ма́рки (пять ма́рок) по цене́ 14 копе́ек.
말씀 좀 여쭙겠는데요, 국제우편물은 어디에서 받습(내줍)니까?	Скажи́те, пожа́луйста, где принима́ют (выдаю́т) междунаро́дную корреспонде́нцию?
이 편지를 항공편(등기)으로 보내고 싶은데, 얼마짜리 우표를 부치면 좋을까요?	Я хочу́ отпра́вить э́то письмо́ авиапо́чтой (заказны́м). Ско́лько сто́ит ма́рка?
등기로 부탁합니다.	Прими́те, пожа́луйста, заказно́е письмо́.
나에게 온 편지가 있읍니까?	Есть ли пи́сьма на моё и́мя?
책(신문)을 보내려면 어떻게 하면 될까요?	Как отпра́вить кни́ги (газе́ты)?
이것을 인쇄물로 보내고 싶습니다.	Я хоте́л бы отпра́вить э́то бандеро́лью.
우편소포는 어디에서 접수합니까(취급합니까)?	Где принима́ют (получа́ют) почто́вые посы́лки?
얼마입니까?	Ско́лько я до́лжен (должна́) заплати́ть?
우편환으로 송금하려면(받고 싶으면) 어떻게 하면 좋을까요?	Как отпра́вить (получи́ть) де́нежный перево́д?
환증서를 주십시오.	Пожа́луйста, бланк для перево́да.
죄송합니다만, 환증서를 기입해 주십시오.	Запо́лните, пожа́луйста, мне бланк для перево́да.
추천장	рекоменда́тельное письмо́
축하장	поздрави́тельное письмо́

연하장	новогóдняя открытка
연애편지	любóвное письмó
봉투에 우표를 붙이다	наклéить мáрку на конвéрт
(편지의) 봉투를 봉하다	запечáтать конвéрт
(편지의) 봉투를 뜯다	распечáтать (открыть) конвéрт
수신인	адресáт
발신인	отправитель [男]
그림엽서	худóжественная открытка
기념우표	юбилéйная мáрка
소인	[почтóвый] штéмпель [тэ]
속달우편	срóчная пóчта
송금액	сýмма перевóда
송금수수료	плáта за перевóд
송금인 (수취인)	отправитель (получáтель) перевóда
우편 (신문) 함	ящик для писем [и газéт]
국제중앙우체국	междунарóдный почтáмт
우편배달원	почтальóн
우체국직원	почтóвый рабóтннк

> **편지를 쓰다** писáть, написáть [完] 「쓰다」는 편지를 쓴다는 의미로도 된다. 주로 회화에서는 전후의 관계로 보아 편지라는 의미가 확실히 나타나는 경우에는 письмó를 생략하는 것이 보통이다.

전 보

전보를 보내야 하는데, 이 근처 어디에 전신국이 있읍니까?	Мне нýжно отпрáвить телегрáмму. Где здесь поблизости телегрáф?
전보 창구는 어디에 있읍니까?	Где приём (выдача) телегрáмм?
보통전보 (국제전보) 용지 좀 주십시오.	Пожáлуйста, дáйте бланк для простóй (междунарóдной) телегрáммы.

전보를 쳤으면 합니다.	Прими́те, пожа́луйста, телегра́мму.
죄송합니다만, 이 전보를 지급으로 보내 주십시오.	Отпра́вьте, пожа́луйста, э́ту телегра́мму сро́чно (мо́лнией).
나는 이 전보를 반신료까지 선불로 보내고 싶습니다.	Я холу́ посла́ть э́ту телегра́мму с опла́ченным отве́том.
전보는 언제 들어갑니까?	Когда́ бу́дет доста́влена телегра́мма?
전보료는 얼마입니까?	Ско́лько сто́ит э́та телегра́мма?
전보치다	дать телегра́мму
…… 에 관하여 전보치다	телеграфи́ровать о… [前置格]
축전	поздрави́тельная (приве́тственная) телегра́мма
전문	текст телегра́ммы
전보용지	телегра́фный бланк
중앙전신국	центра́льный телегра́ф
전신기사	телеграфи́ст, телеграфи́стка

　전보　소련에서는 전보요금의 계산은 글자 수에　따라서가 아니라 단어 수에 따라 계산된다.　전보의 전문 뿐만 아니라 수취인의 이름도 요금에 포함된다. в, на, к, до, по 등의 전치사들은 모두 1 단어로 간주되어,　전보문에서는 전치사를 생략하는 것이 보통이다.

전 화

—댁에 전화가 있읍니까?

—집에는 전화가 없고 직
　장에 있읍니다.

당신의 전화번호를 가르쳐
　주십시오.

—당신의 전화번호는　몇
　번입니까?

—370에 2053입니다.

—251-73-86에 교환　2
　-38입니다.

—У вас до́ма есть телефо́н?

—У меня́ до́ма нет телефо́на,
　но на рабо́те есть.

Да́йте мне ваш телефо́н　(но́-
　мер телефо́на).

—Како́й но́мер ва́шего теле-
　фо́на? (Како́й у вас но́-
　мер телефо́на?)

—(370) 2053 (Три́ста се́мьдесят
　и два́дцать-пятьдеся́т три).

—251-73-86 (Две́сти пятьдеся́т
　оди́н — се́мьдесят　три —
　во́семьдесят шесть). До-
　ба́вочный　2-38　(два —
　три́дцать во́семь).

　　소련의　전화번호는　최초의　국번을　제외하고,　2자씩 끊
어　읽는다.　0은　생략하지　않고　반드시　ноль로　읽는다.
2자씩 끊은 글자중에서　0이　이중으로　중복되면　ноль
ноль로　읽는다.

이것은 댁 전화번호입니까,
　직장 전화번호입니까?

나에게 전화해 주십시오.

당신께 전화를　직장으로
　할까요, 댁으로 할까요?

댁으로 전화해도 괜찮읍니
　까?

—당신께 언제 전화할까요?

—오늘 저녁(내일 5시 경)
　에 전화하십시오.

Э́то ваш дома́шний телефо́н
　и́ли служе́бный?

Позвони́те мне, пожа́луйста.

Куда́ вам позвони́ть, на рабо́-
　ту и́ли домо́й?

Могу́ ли я позвони́ть вам до-
　мо́й?

—Когда́ мне вам позвони́ть?

—Позвони́те мне сего́дня ве́-
　чером (за́втра часо́в в
　пять).

나는 집(그, 그녀, 한국 대사관)에 전화해야 합니다.	Мне ну́жно позвони́ть домо́й (ему́, ей, в коре́йское посо́льство).

> 「전화 걸다」 звони́ть, позвони́ть〔完〕는 「벨(종)을 울리다」라는 의미이며, 「전화 걸다」는 звони́ть (позвони́ть) по телефо́ну로 표현된다. 주로 회화에서는 전후 관계로 보아서 「전화 걸다」라는 뜻이 구별되면 по телефо́ну는 생략되는 것이 보통이다.

나는 전화로 이야기를 해야겠읍니다.	Мне ну́жно поговори́ть по телефо́ну.
전화를 써도 괜찮겠읍니까?	Разреши́те (мо́жно) мне воспо́льзоваться ва́шим телефо́ном?
당신 전화를 사용해도 되겠읍니까?	Мо́жно мне позвони́ть по ва́шему телефо́ну?
이 주소의 전화번호를 찾아 주십시오. (안내에서)	Найди́те, пожа́луйста, телефо́н по э́тому а́дресу. (В спра́вочном бюро́).
전화왔읍니다.	Звони́т телефо́н.
전화 좀 받으십시오.	Подойди́те, пожа́луйста, к телефо́ну.
—여보세요!	—Алло́!
—예, 말씀하세요.	—Слу́шаю вас.
—안나 뻬뜨로브나씨 입니까?	—Анна Петро́вна?
—예, 그렇습니다만 댁은 누구시죠?	—Да. А кто э́то говори́т?
—안녕하십니까? 김길동입니다. 이반 안또노비치씨 댁에 계십니까?	—Здра́вствуйте? Это говори́т Ким Кил Донг. Ива́н Анто́нович до́ма?
—예, 집에 계십니다. 잠깐만 기다리세요, 지금 바꿔 드리겠읍니다.	—Да, до́ма. Подожди́те, сейча́с позову́ его́.
—예, 감사합니다.	—Пожа́луйста. (Бу́дьте добры́.)

—바냐, 김길동씨한테서 전화왔어요.

—Ваня, тебя про́сит к телефо́ну [господи́н] Ким Кил Донг.

—알았어요.
(이반 안또노비치가 전화에 다가 온다)

—Хорошо́.
(Иван Анто́нович подхо́дит к телефо́ну.)

—전화 바꿨읍니다.

—Я слу́шаю.

—접니다. 안녕하십니까?

—Это я. Здра́вствуйте!

—안녕하십니까?

—Здра́вствуйте!

—이민호입니다. 죄송하지만 이바노프씨 좀 바꿔 주세요.

—Бу́дьте добры́, попроси́те к телефо́ну това́рища Ива́нова. Это говори́т И Мин Хо.

—예, 곧 바꿔 드리겠읍니다. 잠깐만 기다리세요.

—Хорошо́, сейча́с позову́. Подожди́те мину́тку.

예, 전화(수화기)를 바꿔 드리겠읍니다. 당신을 찾는 전화입니다. 끊지 말고 기다리세요. 지금 그 사람을 찾아 보겠읍니다.

Хорошо́, передаю́ тру́бку. Это вас.

Подожди́те у телефо́на. Я сейча́с поищу́ его́.

수화기(전화기)를 들고 계십시오(전화를 끊지 마십시오)

Не ве́шайте (не клади́те) тру́бку [телефо́на].

그는 지금 올 겁니다.

Он сейча́с придёт.

그는 지금 없읍니다.

Его́ сейча́с нет.

그는 방금 용무로 외출했읍니다.

Он то́лько что вы́шел по де́лу.

10분쯤 후에 전화해 주십시오.

Позвони́те мину́т че́рез де́сять.

—그 사람은 언제 돌아옵니까?

—Когда́ он вернётся (возвраща́ется)?

—2시간쯤 후에 (1시간 후에, 5시 반에) 돌아 올겁니다.

—Он вернётся часа́ че́рез два (че́рез час, в полови́не шесто́го).

우리는 그가 언제 돌아 올지 모릅니다.

Мы не зна́ем, когда́ он вернётся.

—그는 지금 바쁩니다. 나중에 전화하십시오.

—Он сейча́с за́нят. Позвони́те попо́зже.

—알겠읍니다. 나중에 걸겠읍니다

—Хорошо́, я позвоню́ пото́м (попо́зже).

—그에게 뭐라고 전할까요?

—Ему́ (ей) что́-нибудь переда́ть?

—아닙니다. 감사합니다.

—Нет, спаси́бо.

저한테 전화해 달라고 〔그 사람에게〕 전해 주십시오.

Попроси́те его́ позвони́ть мне.

그가 돌아오면 저한테 전화해 달라고 말씀해주십시오.

Когда́ он вернётся, скажи́те ему́, что́бы он позвони́л мне.

내가 없을 때 누군가 전화했읍니까?

Звони́л мне кто́-нибудь, когда́ меня́ не́ было (без меня́)?

오늘 아침에 A씨가 전화했읍니다.

Господи́н А звони́л вам сего́дня у́тром.

그 사람이 전화 좀 해 달라고 했읍니다.

Он проси́л вас позвони́ть ему́.

잘 안 들리는데 크게 말씀하십시오.

Я вас пло́хо слы́шу, говори́те, пожа́луйста, гро́мче.

—어디서 전화하시는 겁니까?

—Отку́да вы звони́те?

—호텔(공중전화, 역)에서 전화걸고 있읍니다.

—Я звоню́ из гости́ницы (из автома́та, со ста́нции).

—뻬뜨로프씨입니까?

—Вы това́рищ Петро́в?

—아닌데요. 몇 번에 걸었읍니까?

—Нет. А по како́му но́меру вы звони́те?

—233국에 5618번에 걸었읍니다.

—Я звоню́ по но́меру 233-56-18.

—잘못 걸었읍니다. 여기는 233국에 5628번입니다.

—Нет, вы ошиблись. Наш но́мер 233-56-28.

—죄송합니다.

—Прости́те.

—괜찮읍니다.

—Ничего́.

전화로 「누구십니까?」 하고 물을 경우에는 Кто вы? 가 아니고, Кто говори́т? Кто со мной говори́т?

> Кто у телефо́на? С кем я говорю́? 등으로 묻는다. 그리고 좀 더 정중하게 물을 때에는 С кем име́ю честь говори́ть? 라고 묻는다.

레닌그라드에 전화걸어야 하는데, 어떻게 하면 됩니까?
Мне. ну́жно позвони́ть в Ленингра́д. Как э́то сде́лать?

시외(국제) 전화는 어떻게 겁니까?
Как позвони́ть по междугоро́дному (междунаро́дному) телефо́ну?

—여보세요, 교환이죠? 160번을 부탁합니다.
—Алло́, коммута́тор? Да́йте, пожа́луйста, но́мер 160.

—나왔읍니다.
—Гото́во.

—통화중입니다.
—За́нято.

—안 받읍니다.
—Но́мер не отвеча́ет.

서울과 전화 통화를 신청할 수 있읍니까?
Я могу́ заказа́ть телефо́нный разгово́р с Сеу́лом.

구급차를 부르려면 몇 번에 걸어야 합니까?
По како́му но́меру. ну́жно звони́ть, что́бы вы́звать ско́рую по́мощь?

전화로 전보를 치려고 하는데 어떻게 하면 됩니까?
Я хоте́л бы дать телегра́мму по телефо́ну. Как э́то сде́лать?

통화중입니다(고장입니다).
Телефо́н за́нят (не рабо́тает).

공중전화 — телефо́н-автома́т
전화박스 — телефо́нная бу́дка
전화번호부 — телефо́нная кни́га
전화번호부 — телефо́нный спра́вочник
수화기를 들다 — снять тру́бку
[전화기] 다이얼 — [набо́рный] диск
다이얼을 돌리다 — набра́ть но́мер [по телефо́ну]
전화벨 — телефо́нный звоно́к
통화 — телефо́нный разгово́р
전화교환수, 전화교환양 — телефони́ст, телефони́стка
전화국 — телефо́нная ста́нция
전화선 — телефо́нная ли́ния

통신수단을 표시할 때에는 전치사 **по**+여격을 사용하여 표현한다.

편지를 우편으로 보내다	посла́ть письмо́ **по по́чте** .
전보를 치다	сообщи́ть **по телегра́фу**
전화 걸다(전화로 말하다)	позвони́ть (говори́ть) **по телефо́ну**
라디오에 출연하다(라디오를 듣다)	выступа́ть (слу́шать) **по ра́дио**

교 통

교 통

—H시는 어떤 교통편으로
갈 수 있읍니까?

—Каки́м тра́нспортом мо́жно проéхать (поéхать) в го́род Н?

—그곳에는 전동차와 버
스로 갈 수 있는데 전
동차가 더 빠릅니다.

—Туда́ мо́жно проéхать (поéхать) и на электри́чке, и на автóбусе, но электри́чкой быстрéе.

그곳에는 지하철과 전차
로 갈 수 있는데 전차가
갈아타지 않고 갈 수 있
어서 더 좋읍니다.

Туда́ мо́жно проéхать (поéхать) и на метрó, и на трамвáе, но лу́чше на трамвáе, потому́ что мо́жно проéхать бéз переса́дки.

—그곳에는 어떤 교통편으
로 갈 수 있읍니까?

—Каки́м тра́нспортом мы поéдем туда́?

—그곳에 갈 때는 배로
가고 올 때는 기차로
옵니다.

—Поéдем туда́ парохо́дом, а обра́тно — пóездом.

—그곳에는 어떤 길로 갑
니까?

—Каки́м маршру́том мы поéдем туда́?

—먼저 A역까지 B 철도로
가고, 그 다음에 C항
구까지 배로 그리고 거
기서부터 버스로 갑시
다.

—Снача́ла поéдем по желéзной доро́ге В до ста́нции А, потóм парохо́дом в пóрт С, а отту́да автóбусом.

가다 러시아어에는 「걸어 가다」와 「타고 가다」가 확
실히 구별되어 있다.

걸어가다	идти́ (пешком)
타고가다(시내교통수단, 철도 따위를)	éхать
배로 가다	плыть
비행기로 가다	летéть

　동사의 정태와 부정태의 차이　운동을 표시하는　동
사는 정태와 부정태로 구분된다. 예를 들면

	(정태)	(부정태)
[걸어서] 가다	идти́	ходи́ть
[타고] 가다	е́хать	е́здить
배로 가다;항해하다	плыть	пла́вать
비행기로 가다;날아가다; 　수영하다	лете́ть	лета́ть

정태는 일정한 방향으로 나가는 운동을 의미하며, 부정
태는 방향이 일정하지 않은 운동, 또는 반복되는 운동을
의미한다.

아이들이 학교에 가고 　있다.	Де́ти иду́т в шко́лу.
아이들이 매일 학교에 　다닌다.	Де́ти ка́ждый день хо́дят 　в шко́лу.
─당신은 어디에 가십 　니까?	─Куда́ вы е́дете?
─…시내로 가고 있읍 　니다.	─Я е́ду в го́род…
─…시내에 자주 가십 　니까?	─Ча́сто вы е́здите в　го́- 　род…?
─아니오, 자주　가지 　않읍니다.	─Нет, [я е́зжу] ре́дко.

　교통수단으로는 на+전치격 또는 조격으로 표현된다.

자동차로 가다	е́хать на автомоби́ле (автомо- 　би́лем)
전차로 가다	е́хать на трамва́е (трамва́ем)
기차로 가다	е́хать на по́езде (по́ездом)
지하철로 가다	е́хать на метро́ (метро́)

단, 장소를 나타내는 경우에는 в+전치격이 된다.

버스 안에서	в авто́бусе

「∼을 타다」처럼 교통수단을 나타내는 경우 **сесть на**
+대격, 장소를 나타내는 경우는 **сесть в**+대격이 된다.

기차(전차, 버스)를 　타다(타러 오르다)	сесть на (в) по́езд (трамвай, 　авто́бус)

「∼에서 내리다」도 교통수단을 나타내는 경우에는
сойти́ с+생격, 장소를 나타내는 경우에는 **вы́ити из**

┼생격으로 나타낸다. 차(자동차, 버스, 전차, 기차)에서 내리다	вы́йти из маши́ны (автомоби́ля, авто́буса, трамва́я, по́езда)
기차(전동차, 배, 비행기)에서 내리다	сойти́ с по́езда (электри́чки, парохо́да, самолёта)

—이 기차(기선, 비행기)는 지금 어느 정도의 속력을 내고 있읍니까?

—С како́й ско́ростью идёт наш по́езд (парохо́д, самолёт)?

—시속 120km입니다.

—Сто два́дцать киломе́тров в час.

—이 기차는 어느 정도의 속력을 낼 수 있읍니까?

—Каку́ю ско́рость мо́жет развива́ть э́тот по́езд?

시속 200km를 낼 수 있읍니다.

—Он мо́жет развива́ть ско́рость две́сти киломе́тров в час.

이 기차(기선, 비행기)의 최대 속력은 얼마나 됩니까?

Какова́ максима́льная ско́рость э́того по́езда (парохо́да, самолёта)?

수상교통

【대합실에서】

부산과 제주도 사이에 어떠한 여객선이 운항됩니까?

Каки́е пассажи́рские суда́ курси́руют ме́жду Чеджудом и Пусаном?

—이 배는 정기운항을 몇 회나 합니까?

—Как ча́сто э́тот теплохо́д соверша́ет регуля́рные ре́йсы?

—월 4회 왕복합니다.

—Этот теплохо́д де́лает четы́ре ре́йса в ме́сяц.

이 배는 여객선입니까, 화물선입니까?

Этот теплохо́д пассажи́рский и́ли грузопассажи́рский?

—이 배는 배수량이 어느 정도 됩니까(몇 톤입니까)?

—Каково́ водоизмеще́ние (како́в тонна́ж) э́того теплохо́да?

—이 배의 배수량은 1만 톤입니다.

—Водоизмещéние э́того теплохóда — дéсять ты́сяч тонн.

이 배의 속도는 시속 20노트입니다.

Скóрость э́того парохóда 20 узлóв в час.

이 배는 언제 건조되었읍니까?

Когдá пострóен э́тот теплохóд?

이 배의 정원은 몇 명입니까?

Скóлько пассажи́ров э́тот теплохóд мóжет взять на борт?

승무원은 몇 명입니까?

Скóлько члéнов экипáжа?

이배의 선장은 누구입니까?

Кто капитáн э́того теплохóда?

부산에서 제주도까지 가는 배표는 얼마입니까?

Скóлько стóит билéт на парохóд (проéзд на парохóде) от Пусáна до Чеджудó (из Пусáна в Чеджудó)?

부산에서 제주도까지 배로 며칠(몇 시간)이나 걸립니까?

Скóлько сýток (скóлько врéмени) займёт плáвание из Пусáна в Чеджудó (от Пусáна до Чеджудó)?

—출항하기 몇 시간 전에 부두에 나와 있어야 합니까?

—За скóлько врéмени до отплы́тия нáдо быть на причáле?

—출항하기 1시간 전에 나와 있어야 합니다.

—За час до отплы́тия.

승선은 언제 합니까?

Когдá бýдет посáдка на парохóд?

이미 승선 안내방송이 나왔읍니까?

Ужé объя́влена посáдка?

언제 출항하는지 말씀 좀 해 주십시오.

Скажи́те, пожáлуйста, когдá отхóдит (снимáется с я́коря) парохóд?

【선실에서】

105호 선실은 어디에 있읍니까?

Где нахóдится каю́та № 105 (нóмер сто пять)?

선실로 안내해 주십시오.

Проводи́те меня́ в каю́ту.

—당신의 선실은 몇 호실입니까?

—Какóй нóмер вáшей каю́ты?

—내 선실은 105호입니다.

—Моя́ каю́та нóмер сто пять.

—당신의 선실은 어디에 있읍니까?

—우리 선실은 좌(우)현의 선미(선수)에 있읍니다.

선장에게 안내해 주십시오.

나는 승객 보이가 필요한데, 그가 지금 어디 있는지 말씀해 주지 않으시렵니까?

상갑판으로 나갑시다(살롱에 갑시다).

상갑판으로 어떻게 나가는지 말씀 좀 해 주시겠어요?

살롱(식당, 바아, 도서실, 욕실, 샤워실, 화장실)이 어디에 있는지 말씀 좀 해 주십시오.

오늘은 바다가 잔잔합니다.

오늘은 약한 바람(강풍, 순풍, 역풍)이 붑니다.

파도가 높지 않습니다(높읍니다).

오늘은 바다가 잔잔합니다(잔잔하지 않습니다, 놀칩니다).

오늘은 파도가 어떻읍니까?

폭풍이 일기 시작합니다.

배가 롤링하기 시작합니다.

—배멀미를 어떻게 견디십니까?

—나는 배멀미를 전혀 하지 않습니다(배멀미가 아주 심합니다).

—Где ва́ша (на́ша) каю́та?

—На́ша каю́та по ле́вому (пра́вому) борту́, в кормово́й (носово́й) ча́сти.

Проводи́те меня́ к капита́ну парохо́да.

Мне ну́жен пассажи́рский помо́щник. Не ска́жете ли вы, где он сейча́с?

Пойдёмте на ве́рхнюю па́лубу (в сало́н).

Скажи́те, пожа́луйста, как мне пройти́ на ве́рхнюю па́лубу?

Скажи́те, пожа́луйста, где нахо́дится сало́н (рестора́н, бар, чита́льня, ва́нная, душева́я, туале́т)?

Сего́дня штиль.

Сего́дня сла́бый ве́тер (си́льный ве́тер, ве́тер попу́тный, ве́тер встре́чный).

Во́лны невысо́кие (высо́кие).

Сего́дня мо́ре споко́йно (неспоко́йно, бу́рно).

Ско́лько сего́дня ба́ллов?

Начина́ется шторм.

Ка́жется, начина́ется ка́чка (су́дно начина́ет кача́ться).

—Как вы перено́сите морску́ю ка́чку?

—Я хорошо́ (пло́хо) переношу́ ка́чку.

—배멀미하시지 않읍니까?	—Вас не ука́чивает (не укача́ло)?
—괜찮습니다. 감사합니다.	—Спаси́бо, ничего́.
—아니오, 배멀미합니다.	—Нет, меня́ ука́чивает (укача́ло).
나는 구토증이 납니다.	Меня́ тошни́т.
나는 기분이 안 좋은데,(배) 의사 좀 불러 주십시오.	Мне пло́хо. Пригласи́те, пожа́луйста, судово́го врача́.
나는 기분이 언짢은데, 점심(아침)을 선실로 갖다 주십시오.	Я пло́хо себя́ чу́вствую. Прошу́ обе́д (за́втрак) в каю́ту.
—부산항에는 언제 도착합니까?	—Когда́ мы прибыва́ем в порт Пуса́н?
—5시간 후에 도착합니다.	—Че́рез 5 часо́в.
언제 하선할 수 있읍니까?	Когда́ мо́жно бу́дет сойти́ на бе́рег?
배는 항구에 얼마동안 정박합니까?	Как до́лго бу́дет стоя́ть парохо́д в порту́?
수상교통	во́дный тра́нспорт
해상교통	морско́й тра́нспорт
하천교통	речно́й тра́нспорт
(일반적인 배), 배, 선박	су́дно, 複 суда́
배(큰 해양선박)	кора́бль, -я́
기선	парохо́д
원자력선	атомохо́д
발동선	теплохо́д
여객선	пассажи́рское су́дно
화물선	грузово́е су́дно
화물여객선	грузопассажи́рское су́дно
상선	торго́вое су́дно
유조선	та́нкер
(원자력) 쇄빙선	[а́томный] ледоко́л
수중익선	су́дно на подво́дных кры́льях
기정, 란치	ка́тер, 複 -а́, -о́в
보트	ло́дка
모터보트	мото́рная ло́дка
하천용 소형 정기여객선	речно́й трамва́й

연락선, 페리	паро́м
예인선	букси́р
거룻배	ба́ржа
이물, 선수	нос
선미	корма́
상(하) 갑판	ве́рхняя (ни́жняя) па́луба
함(선)장 브리지(함교)	капита́нский мо́стик
항해실	шту́рманская ру́бка
조타실	рулева́я ру́бка
기관실	маши́нное отделе́ние
선장실	капита́нская каю́та
여객실	пассажи́рская каю́та
조리실	ка́мбуз
현문	трап
현창	иллюмина́тор
선창(船艙)	трюм
(갑판으로 오르는) 승강구 (문)	люк
보트(탑재나 구조용)	шлю́пка
선원, 어부	моря́к, -а́
부선장	пе́рвый помо́щник капита́на
1등(2등) 항해사	ста́рший (мла́дший) помо́щник капита́на
항해사	шту́рман
기관사	меха́ник
조타수	рулево́й
선원(장)	бо́цман
뱃사람, 마도로스	матро́с
견습선원	ю́нга
요리사	кок
무역항	торго́вый порт
항만	га́вань [女]
정박소(투묘지)	рейд
부두, 파지장	при́стань [女], 複生 -не́й
선착장	прича́л
방파제	мол
대합실	морско́й (речно́й) вокза́л
선박회사	парохо́дная компа́ния

입항하다	входи́ть в порт
출항하다	выходи́ть из по́рта
(배를) 뭍에 대다; 뭍에서 띄우다	прича́лить; отча́лить
닻을 내리다	бро́сить я́корь
정박하다	стоя́ть на я́коре
닻을 올리다	сня́ться с я́коря
항해, 항행	пла́вание, навига́ция
원양항해	да́льнее пла́вание
연안항해, 근해항해	кабота́жное пла́вание
뱃길 안내원	ло́цман
도크	док
등대	мая́к
수로표; 부이	ба́кен; буй
기적을 울리다	дать гудо́к
배표	поса́дочный тало́н

항 공

【비행기, 공항】

이 비행기의 설계자는 누구입니까?	Кто констру́ктор э́того самолёта?
—이 비행기의 승객정원은 몇 명입니까?	—Ско́лько пассажи́ров э́тот самолёт берёт на́ борт?
—이 비행기에는 182 명이 탈 수 있읍니다.	—Э́тот самолёт берёт на́ борт сто во́семьдесят два пассажи́ра.
—모스끄바에는 어떤 공항이 있읍니까?	—Каки́е аэропо́рты есть в Москве́?
—모스끄바에는 브누꼬보, 세레메찌예보, 도모제도보, 븨꼬보공항이 있읍니다.	—В Москве́ есть аэропо́рты Вну́ково, Шереме́тьево, Домоде́дово и Быко́во.

【비행기표 예약】

서울행 8 일 (금요일) 비행	Закажи́те, пожа́луйста, мне

기표을 1 장 예약하고 싶습니다.

8일 서울행 비행기표를 1장 남겨 두십시오.

모스끄바-뉴욕 간(의) 특실(이코노미) 표는 얼마입니까?

「아에로플로트」항공시간표를 보여 주십시오.

어떤 항로로 가십니까?

어떤 비행기로 가십니까?

―우리가 탄 비행기의 항로번호는 몇 번입니까?

― 5 번입니다.

어떤 비행장에서 출발합니까?

몇 시까지 공항에 가야만 합니까?

【공항에서】

모스끄바 ― 하바로프스크 62편 승객들의 표 체크와 수하물 수속이 시작되었읍니다(곧 끝나겠읍니다).

출발 전 표 체크는 어디서 합니까?

수하물 수속은 어디에서 합니까?

수하물은 어느 정도 휴대할 수 있읍니까?

나는 짐이 2 (3) 개입니다.

수화물 중량이 제한을 넘었읍니다.

билéт на самолёт до Сеýла (в Сеýл) на восьмóе числó (на пя́тницу).

Пожáлуйста, остáвьте мне билéт на самолёт в Сеýл на восьмóе числó.

Скóлько стóит билéт пéрвого (турúстского) клáсса на самолёт Москвá — Нью-Йóрк?

Покажúте расписáние рéйсов самолётов Аэрофлóта.

Какúм рéйсом мы летúм?

Какúм самолётом мы летúм?

—Какóй нóмер рéйса нáшего самолёта?

—Рейс № (нóмер) 5 (пять).

С какóго аэродрóма мы вылетáем?

Когдá мы должны́ быть в аэропортý?

Произвóдится (закáнчивается) регистрáция билéтов и оформлéние багажá пассажúров, вылетáющих рéйсом 62 по маршрýту Москвá — Хабáровск.

Где регистрáция билéтов пéред вы́летом?

Где прохóдит оформлéние багажá?

Скóлько багажá я могý провезтú с собóй?

У меня́ два (три) мéста багажá.

Вес багажá превышáет нóрму.

수화물의 중량초과분은 얼마를 지불해야 합니까?	Ско́лько сле́дует уплати́ть за ли́шний вес багажа́?
중량초과분은 1킬로에 얼마 지불합니까?	Ско́лько сто́ит килогра́мм переве́са?
이 화물은 무게를 달지 않고 비행기에 가지고 들어 갈 수 있읍니까?	Мо́жно ли взять в самолёт э́ту вещь без учёта ве́са багажа́?

> 승객의 수하물은 퍼스트 클라스 승객에게는 30킬로그램, 에코노미 클라스 승객에게는 20킬로그램까지는 무료이다. 중량이 초과하는 경우에는(비행기표가 에코노미 클라스인 경우에) 1킬로그램 초과마다 퍼스트 클라스 편도 운임의 1%의 요금을 지불해야 한다.

우리가 탈 비행기는 어느 것입니까?	Где наш самолёт?
비행기는 언제 출발합니까?	Когда́ вылета́ет самолёт?
우리들의 비행기는 6시 10분에 출발합니다.	Наш самолёт вылета́ет в шесть часо́в де́сять мину́т.
곧 탑승하게 되나요?	Ско́ро ли поса́дка?
안내 말씀 드리겠읍니다. 586편 IL—62기는 빠리로 부터 방금 도착했읍니다.	Внима́ние! Произвёл поса́дку самолёт ИЛ-62, прибы́вший ре́йсом 586 из Пари́жа.
안내 말씀 드리겠읍니다. 모스끄바 – 뉴욕 585편 IL—62기에 타실 승객 여러분들께서는 탑승하여 주십시오.	Внима́ние! Объявля́ется поса́дка на самолёт ИЛ-62, вылета́ющий ре́йсом 585 по маршру́ту Москва́ — Нью-Йорк.
왜 비행기 출발이 늦어지고 있읍니까?	Почему́ заде́рживается вы́лет самолёта?
모스끄바 – 하바로프스크 25편은 기계정비로 1시간 늦어질 것 같습니다.	Вы́лет самолёта, сле́дующего ре́йсом два́дцать пять Москва́ — Хаба́ровск, заде́рживается на оди́н час по техни́ческим причи́нам.

오늘은 비행하기에 좋은 (나쁜) 날(씨)입니다.	Сего́дня лётная (нелётная) пого́да.

【기내에서】

승객 여러분, 좌석에 있는 벨트를 매어 주십시오.	Това́рищи пассажи́ры, застегни́те, пожа́луйста, ремни́ [у сиде́нья].
승객 여러분, 흡연을 삼가 해 주십시오	Това́рищи пассажи́ры, про́сим не кури́ть.
기내에서의 촬영은 금지되어 있읍니다.	Фотографи́рование с бо́рта самолёта воспреща́ется.
지금 어느 정도의 고도에서 비행하고 있읍니까?	На како́й высоте́ мы сейча́с лети́м (идёт наш самолёт)?
지금 어디 근방을 날고 있읍니까?	Где мы сейча́с нахо́димся (лети́м)?
승객 여러분, 현재 비행기는 고도 8,000m, 시속 850km로 날고 있읍니다.	Това́рищи пассажи́ры! Полёт происхо́дит на высоте́ во́семь ты́сяч ме́тров. Ско́рость полёта восемьсо́т пятьдеся́т киломе́тров в час.
시계를 1시간 (2시간) 빨리 해 주십시오 (늦게 해 주십시오).	Переста́вьте часы́ на час (два часа́) вперёд (наза́д).
모스끄바까지 몇 시간 걸립니까?	Ско́лько часо́в мы бу́дем лете́ть до Москвы́?
뉴욕에서 모스끄바까지의 비행 시간은 어느 정도입니까?	Ско́лько часо́в займёт полёт от Нью-Йо́рка до Москвы́?
―어디까지 가십니까?	―Куда́ вы лети́те?
―모스끄바까지 갑니다.	―Я лечу́ в Москву́.
―비행기 멀미는 하지 않으십니까?	―Как вы перено́сите полёт?
―괜찮읍니다 (고생합니다).	―Я хорошо́ (пло́хо) переношу́ полёт.
나는 비행기 멀미를 합니다.	Меня́ в самолёте ука́чивает.
어디에 착륙할 겁니까?	Где бу́дут поса́дки?

몇 분 정도 기착합니까?
Ско́лько мину́т продли́тся сто-я́нка?

모스끄바에는 언제 도착합니까?
Когда́ мы прибыва́ем в Москву́?

비행기가 늦어지고 있읍니다.
Самолёт опа́здывает.

승객 여러분! 이 비행기는 5분 후에 모스끄바에 도착합니다.
Това́рищи рассажи́ры! Че́рез пять мину́т наш самолёт прибыва́ет в Москву́.

승객 여러분, 비행기는 착륙 준비에 들어 갔읍니다. 벨트를 매 주십시오. 비행기가 완전하게 착륙할 때까지 좌석에서 일어나지 마시기 바랍니다.
Това́рищи пассажи́ры, мы идём на поса́дку. Застегни́те ремни́! До по́лной остано́вки самолёта с мест прошу́ не встава́ть!

수하물은 어디에서 찾을 수 있읍니까?
Где я могу́ получи́ть (взять) свои́ ве́щи?

내 트렁크 하나가 모자랍니다.
У меня́ не хвата́ет одного́ чемода́на.

민간항공 — гражда́нская авиа́ция
여객기 — пассажи́рский самолёт
에어버스 — аэро́бус
제트기 — реакти́вный самолёт
터보제트기 — турбореакти́вный самолёт
터보프롭기 — турбовинтово́й самолёт
쌍발(사발)기 — двухмото́рный (четырёхмото́рный) самолёт
수상비행기, 비행정 — гидросамолёт
헬리콥터 — вертолёт
초음속비행기 — сверхзвуково́й самолёт
(비행기의)승무원실(조종실) — каби́на экипа́жа (лётчика)
객실 — пассажи́рский сало́н
날개 — крыло́, 複 кры́лья
보조날개 — элеро́н

후미날개	хвостово́е опере́ние
기체, 동체	фюзеля́ж
프로펠러	возду́шный винт
바퀴, 착륙장치	шасси́ [不変・中]
항공엔진	авиадви́гатель [男]
제트엔진	реакти́вный дви́гатель
승무원, 탑승원	лётный соста́в
비행사	лётчик
파일로트, 조종사	пило́т
항법사	шту́рман
(항공) 기관사	бортмеха́ник
무선수	ради́ст
스튜어디스	стюарде́сса
항공회사	авиакомпа́ния
국제공항	междунаро́дный аэропо́рт
공항대합실	аэровокза́л
격납고	анга́р
활주로	взлётная (ста́ртовая) доро́жка
착륙장	поса́дочная площа́дка
이륙; 이륙하다	взлёт; взлета́ть
착륙; 착륙하다	поса́дка; де́лать поса́дку (сади́ться)
착륙; 착륙하다	приземле́ние; приземля́ться
계기착륙	поса́дка по прибо́рам
불시착	вы́нужденная поса́дка
동체착륙	поса́дка на фюзеля́ж
전파탐지기, 레이다	рада́р
무선표지	радиомая́к
항공표지	авиамая́к
에어 포켓트	возду́шная я́ма

철 도

【매표구에서】

부산까지의 5 일자 기차	Закажи́те, пожа́луйста, нам

표를 2장 주십시오.

매표소는 어디입니까?

끼예프까지의 기차표는 어
디에서 사면 됩니까?

블라지미르까지 가는 표는
어느 창구에서 팝니까?

모스끄바행 2장 주십시오.

1(2)등석 표 1장 주십
시오.

콤파트먼트로 2장 주십시
오.

꼭 침대가 아래 있는 것을
부탁합니다.

유감스럽게도 표가 매진되
었읍니다(더 이상 없읍
니다).

서울에서 부산까지는 얼마
입니까?

—이 표는 며칠 유효합니
까?

—3일간 유효합니다.

표를 물렸으면 합니다.

표를 좀 보여 주십시오.

여보세요 짐꾼! 이 트렁크
들을 차내(객석, 차)로
운반해 주십시오.

트렁크를 이곳에 놓아 주
십시오.

수하물 (임시)보관소는 어
디입니까?

(для нас) два биле́та на по́-
езд до Пуса́на (в Пуса́н) на
пя́тое число́.

Где биле́тная ка́сса?

Где я могу́ купи́ть биле́т на
по́езд до Ки́ева?

В како́м окне́ продаю́т биле́ты
до Влади́мира?

Два в Москву́, пожа́луйста.

Оди́н биле́т пе́рвого (второ́го)
кла́сса.

Мне два ме́ста в мя́гком (ку-
пе́йном) ваго́не.

Я прошу́ у вас обяза́тельно
ни́жнюю по́лку.

К сожале́нию, биле́ты распро́-
даны (биле́тов уже́ нет).

Ско́лько сто́ит биле́т от Сеу́-
ла до Пуса́на?

—Ско́лько су́ток (на ско́лько
су́ток) действи́телен э́тот
биле́т?

—Он действи́телен тро́е су́ток
(на тро́е су́ток).

Я хоте́л бы верну́ть обра́тно
биле́т.

Предъяви́те, пожа́луйста, би-
ле́т.

Това́рищ носи́льщик! Отне-
си́те э́ти чемода́ны в ваго́н
(в купе́, в маши́ну).

Поста́вьте чемода́н сюда́.

Где ка́мера хране́ния?

수하물 취급소는 어디입니까?	Где багáжная кáсса?
이 수하물을 부치고 싶습니다.	Я хочý сдать эти вéщи в багáж.
영수증을 갖고 계십시오.	Возьмúте квитáнцию.

【역에서】

열차(배, 비행기) 시간표는 어디 있읍니까?	Где мóжно посмотрéть расписáние движéния поездóв (парохóдов, самолётов)?
모스끄바에서 블라지보스또크까지 기차로 며칠 걸립니까?	Скóлько дней идёт пóезд от Москвы до Владивостóка?
서울에서 부산까지 급행열차로 가면 얼마나 시간이 걸릴까요?	Скóлько врéмени займёт поéздка на скóром пóезде от Сеýла до Пусáна?
부산행 열차는 어느 역에서 출발합니까?	С какóго вокзáла отправляются (идýт) поездá на Пусáн?
—서울행 열차는 몇 시입니까?	—Когдá бýдет пóезд на Сеýл?
—서울행은 12시 20분에 있읍니다.	—На Сеýл бýдет пóезд в двенáдцать двáдцать.
열차가 늦어지고 있읍니다.	Пóезд опáздывает.
열차는 30분 늦게 도착합니다.	Пóезд прихóдит (прибывáет) с опоздáнием на трúдцать минýт.
부산발 열차는 몇 번선(어느 플랫폼)에 도착합니까?	На какóй путь (к какóй платфóрме) прибывáет пóезд из (с) Пусáна?
열차는 언제 출발합니까?	Когдá отправляется пóезд?
—부산행 열차는 몇 번선에서 출발합니까?	—С какóго путú отправляется пóезд на (в) Пусáн?
—2번선에서 출발합니다.	—Пóезд отправляется со вторóго путú.
10번 열차는 어느 플랫폼에서 출발합니까?	От какóй платфóрмы отправляется пóезд № 10 (нóмер дéсять)?

4 (7) 번선 플랫폼에는 어 | Как пройти́ на четвёртую
떻게 가야 됩니까? | (седьму́ю) платфо́рму?
플랫폼으로 가는 출구는 | Где вы́ход на перро́н?
어디 있읍니까? |
나는 서울－부산 간 열차 | Мне ну́жно на по́езд Сеу́л
에 타야 하는데요. | —Пуса́н
—우리들 열차는 언제 출 | —Когда́ отхо́дит наш по́езд?
발합니까? |
— 7 시에 출발합니다. | —По́езд отхо́дит в семь ча-
　 | со́в.

개찰은 곧 합니까? | Ско́ро ли начина́ется поса́дка?
—개찰을 알리는 안내방송 | —Поса́дка объя́влена?
이 있었읍니까? |
—아니오, 아직 안했읍니다. | —Нет, ещё не объя́влена.
안내 말씀 드리겠읍니다. | Внима́ние! Начина́ется поса́д-
17호 급행열차 개찰이 시 | ка на ско́рый по́езд № 7
작되었읍니다. | (но́мер семь).
5 분 후에 서울－부산 간 | Че́рез пять мину́т отправля́-
특급열차가 발차하겠읍 | ется экспре́сс Сеу́л—Пуса́н.
니다. |
부산행 다음 급행열차는 | Когда́ поидёт сле́дующий
언제 있읍니까? | ско́рый по́езд на Пуса́н?
우리는 기차를 놓쳤읍니다 | Мы опозда́ли (успе́ли) на по́-
(기차 시간에 늦지 않았 | езд.
읍니다). |

【열차에서】

5 호차는 어디입니까? | Где ваго́н № 5 (но́мер пять)?
이것은 1 등(2 등)칸입니 | Э́то ваго́н пе́рвого (второ́го)
까? | кла́сса?
—당신들 자리는 어디입니 | —Где ва́ши места́?
까? |
—우리들 좌석은, 5 호차 | —На́ши места́ второ́е и тре́тье,
5 번콤파트먼트의 2 | купе́ пя́тое, ваго́н пя́тый.
번과 3 번입니다. |
—이 좌석은 빈 자리입니 | —Э́то ме́сто свобо́дно?
까? (비었읍니까?) |

—아니오, 사람이 있읍니다.	—Нет, за́нято.
—멀리 가시는가 보죠?(어디까지 가십니까?)	—Далеко́ ли вы е́дете? (Куда́ вы е́дете?)
—모스끄바까지 갑니다.	—Мы е́дем до Москвы́.
창문을 열어도 괜찮겠읍니까?	Не бу́дете возража́ть, е́сли я откро́ю окно́?
—식당차는 어디에 있지요?	—Где ваго́н-рестора́н?
— 2 호차에 있읍니다.	—Рестора́н во второ́м ваго́не.
이 터널 이름이 뭐지요?	Как называ́ется э́тот тонне́ль [нэ]?
이 터널의 길이는 얼마나 됩니까?	Какова́ длина́ э́того тонне́ль?
우리 열차는 어떤 중요한 역들을 통과합니까?	Че́рез каки́е кру́пные ста́нции сле́дует наш по́езд?
우리 열차는 A 역에서 정차합니까?	Остана́вливается ли наш по́езд на ста́нции A?
A 역까지 몇 번 정차합니까?	Ско́лько бу́дет остано́вок до ста́нции A?
다음은 어느 역입니까?	Кака́я сле́дующая ста́нция (остано́вка))?
이제 곧 A 역에 도착합니다.	Ско́ро бу́дет ста́нция A.
—말씀 좀 여쭙겠읍니다.이 곳은 무슨 역입니까?	—Скажи́те, пожа́луйста, кака́я э́то ста́нция? (Что э́то за ста́нция?)
—대구역입니다.	—Это Тэ́гу.
—이 곳에는 얼마나 정차합니까?	—Ско́лько вре́мени стои́т здесь по́езд?
—이 곳에서 10분 정차합니다.	—По́езд стои́т здесь де́сять мину́т.
—이 열차는 광주로 갑니까?	—Идёт ли э́тот по́езд на (в) Квангжу́?
—아니오, 안 갑니다.	—Нет, не идёт.
이 열차는 A 역 이상은 가지 않읍니다.	Этот по́езд не идёт да́льше ста́нции A.
이 열차는 직통이 아니기 때문에 갈아타야만 합니다.	По́езд пря́мо туда́ не идёт. Вам придётся сде́лать переса́дку.

다음 역에서 내려서 A 행 열차로 바꿔 타십시오.   Выходи́те на сле́дующей ста́нции и сде́лайте переса́дку на по́езд, иду́щий на (в) A.

〔나는〕 무심코 목적지를 지나쳤읍니다.   Я неча́янно прое́хал ну́жную ста́нцию.

—부산에는 언제 도착합니까(이 열차의 부산 도착시간은 몇시입니까)?   —Когда́ мы прибыва́ем (наш по́езд прибыва́ет) в Пуса́н (бу́дем в Пуса́н)?

—부산에는 대충 1 시간 반 후에 도착합니다.   —Мы прибыва́ем (наш по́езд прибыва́ет) в Пуса́н приме́рно че́рез полтора́ часа́.

국영철도(민간철도)   госуда́рственная (ча́стная) желе́зная доро́га

〔철도〕간선, 본선   железнодоро́жная магистра́ль

〔철도〕지선   железнодоро́жная ве́тка

협(광)궤철도   узкоколе́йная (ширококоле́йная) желе́зная доро́га

단궤철도   моноре́льсовая желе́зная доро́га

아프트식 철도   фуникулёр

강삭철도, 케이블카   подвесна́я кана́тная доро́га

시발역   ста́нция отправле́ния

종착역   коне́чная ста́нция

여객열차   пассажи́рский по́езд

화물열차   това́рный по́езд

전철, 전차   электропо́езд

야간열차   ночно́й по́езд

기관차   локомоти́в

전기기관차   электрово́з

증기기관차   парово́з

내연기관차   теплово́з

객차   пассажи́рский ваго́н

침대차(칸)   спа́льный ваго́н

지정좌석차(칸)   плацка́ртный ваго́н

보통차(칸)   о́бщий ваго́н

끽연(금연)차(칸)   ваго́н для (не) куря́щих

화물차(칸)	товáрный вагóн
승강구바닥	тáмбур
(침대차의) 윗(아래) 침대, 수하물용 선반	вéрхняя (нѝжняя, багáжная) пóлка
지정석	плацкáртное мéсто
여객전무	начáльник пóезда
운전사	водѝтель [男]
기관사	машинѝст
당직역무원	дежýрный по стáнции
철도원	железнодорóжник
승객	пассажѝр, пассажѝрка
창구	окóшко
개찰구(입구), 출구	вход, вы́ход
편도표	билéт в одѝн конéц
왕복표	обрáтный билéт
목적지까지 한 장으로 통 용되는 차표	транзѝтный билéт
좌석지정권	плацкáрта
입장권	перрóнный билéт
레일	рéльсы [複] (単 рельс)
철교	железнодорóжный мост

역　стáнция 나 вокзáл은 모두 한국어로는 「역」으로 번역되지만, стáнция 는 желéзная дорóга 「철도」, метрó 「지하철」, электрѝчка 「전차」 등의 발착과 정착하는 곳이며, вокзáл 은 역(또는 항구)의 건물(터미널)을 의미한다.

소련의 객차는 다음과 같은 종류가 있다.

жёсткий вагóн 「의자가 딱딱한 객차」-좌석이 나무로 되어 있으며 2등차에 해당한다.

мя́гкий[хк] вагóн 「의자가 푹신한 객차」-좌석이 스프링이 달린 넓은 소파처럼 되어 있으며 1등차에 해당한다.

междунарóдный вагóн 「국제객차」-좌석은 мя́гкий вагóн과 같으나 장식이 더 화려하다. 특등차에 해당한다.

콤파트먼트　소련의 객차는 몇 개의 купé 「콤파트먼트」로 구분되어 있다. жёсткий вагóн과 мя́гкий вагóн은 보통 하나의 콤파트먼트에 4개의 좌석(좌우로

상하 각 2단)이 있고, междунаро́дный ваго́н은 2개의 좌석(좌·우)이 있다.

　또 мя́гкий ваго́н과 междунаро́дный ваго́н의　купе́ 에는 문이 있지만, жёсткий ваго́н의 купе́에는　칸막이 뿐으로 문은 없다.

　소련의 열차에는 침대차가 없다. 왜냐하면 장거리열차의 경우　어느　좌석이나 그대로　밤 에는 침대로 이용할 수 있기 때문이다. жёсткий ваго́н 의 경우는, 낮에는 양쪽의 상단을 꺾어 접으면 아랫쪽의 양쪽 좌석이 4인용 좌석이 되고, 밤에는 양쪽의　상단을 내리면 상하 합해서 4인용의 침대가 된다.

　「**차장**」, 「**운전사**」라는 말은 러시아어에서는　여러　가 지로 구분되어 사용되지 않으면 안된다.

проводни́к : по́езд의 차장

конду́ктор : трамва́й, авто́бус, тролле́йбус, элек- три́чка, метро́, по́езд의 차장

шофёр : автомоби́ль의 운전사.　такси́의 운전사는 такси́ст라고도 한다.

води́тель : авто́бус, такси́, тролле́йбус, трамва́й, электри́чка, метро́, электрово́з 의 운전 사

вагоновожа́тый : трамва́й의 운전사

시내교통

【시내교통】

—전동차(시내전차, 버스, 트롤리버스, 택시)들 은 몇 시부터 몇 시까 지 운행합니까?

—В каки́е часы́ рабо́тают электри́чки(трамва́и, авто́- бусы, тролле́йбусы, такси́)?

—전동차(시내전차)는 오 전 6시부터 밤 12까 지 운행되고 있읍니다.

—Электри́чки (трамва́и) рабо́- тают с шести́ утра́ до двена́дцати но́чи.

지하철은 몇 시까지 있읍 니까?

До кото́рого ча́са рабо́тает метро́?

모스끄바에서는 시내교통 수단은 오전 1시까지 운행하며, 택시는 밤새도록 합니다.

В Москве городской транспорт работает до часу ночи, а такси — круглосуточно.

—직장(대학, 여기, 거기)에는 보통 무엇을 타고 다니십니까?

—Как вы обычно ездите на работу (в университет, сюда, туда)?

—나는 지하철(전동차, 시내전차, 버스)로 다니고 있읍니다.

—Я езжу метро (электричкой, трамваем, автобусом).

—직장(대학)에는 어느 선(길)으로 다니고 계십니까?

—По какой линии (дороге) вы ездите на работу (в университет)?

—중앙선(순환선, 경인선)으로 다니고 있읍니다.

—Я езжу по центральной линии (по кольцевой линии, по линии Кёнин).

—그 곳에는 전차(버스, 트롤리버스)가 다닙니까?

—Ходят ли туда трамваи (автобусы, троллейбусы)?

아니오, 다니지 않습니다.

—Нет, не ходят.

—그 곳은 버스(시내전차, 전동차, 지하철)로 갈 수 있읍니까?

—Можно ли проехать (доехать) туда на автобусе (на трамвае, на электричке, на метро)?

—예, 갈 수 있읍니다.

—Да, можно.

—그 곳에는 얼마나 자주 버스가 다니고 있읍니까?

—Как часто ходят туда автобусы?

—5(10)분 간격으로 다니고 있읍니다.

—Каждые пять (десять) минут.

—5(10)분 간격입니다.

—Через пять (десять) минут.

걸어서 갈까요, 아니면 버스를 타고 갈까요?

Пойдём пешком или сядем на автобус?

전동차(지하철)로 갑시다.

Поедем электричкой (метро).

5번 전차 정류장은 어디입니까?

Где остановка трамвая № 5 (номер пять)?

말씀 좀 여쭙겠는데, 여의
　도 광장까지 가는 버스
　정류장은 어디입니까?

Скажи́те, пожа́луйста, где ос-
тано́вка авто́буса, иду́щего
до (к) пло́щади Йо́ыдо?

제일 가까운 지하철 (전동
　차) 역은 어디 있읍니까?

Где ближа́йшая ста́нция метро́
(электри́чки)?

지하철 입구는 어디입니까?

Где вход в метро́?

미안합니다만, 「조선」호텔
　까지는 어떻게 가면 좋
　을까요?

Прости́те, как мне дое́хать до
гости́ницы «Чосо́н»(прое́хать
к гости́нице «Чосо́н»)?

이 전동차(이 버스, 이 트
　롤리버스)를 타십시오.

Сади́тесь (ся́дьте) на э́ту
электри́чку (в э́тот авто́бус,
в э́тот тролле́йбус).

다음 모퉁이에서 「여의도
　광장」행 버스를 타십시
　오.

На сле́дующем углу́ сади́тесь
в авто́бус, иду́щий (кото́рый
идёт) до (к) «Пло́щади Йо́ы-
до».

—N대학에 가고 싶은데,
　어느 전차를 타면 될
　까요?

—Я хоте́л бы пое́хать в уни-
верситет Н. На како́й
трамва́й мне ну́жно сесть?

—31번 전차를 타면 갑니
　다.

—Вам ну́жно сесть на трамва́й
№ 31 (но́мер три́дцать
оди́н).

—동물원에 가려면 어느
　트롤리버스를 타면 좋
　을까요?

—Каки́м тролле́йбусом я могу́
дое́хать до зоопа́рка?

—동물원에는 7 번 버스
　(트롤리버스)를 타면
　갈 수 있읍니다.

—Вы мо́жете дое́хать до зоо-
па́рка авто́бусом (тролле́й-
бусом) № 7 (но́мер семь).

—이것은 어디로 가는 버
　스입니까?

—Куда́ идёт э́тот авто́бус?

—시내로 갑니다.

—Он идёт в це́нтр го́рода.

이 전차는 잠실까지 갑니
　까?

—Идёт ли э́та электри́чка до
ста́нции (на ста́нцию) Чам-
си́ла.

—예, 갑니다.

—Да, идёт.

—이 버스를 타고 여의도
　광장까지 갈 수 있읍
　까?

—Могу́ ли я на э́том авто́бусе
дое́хать до пло́щади Йо́ы-
до?

—예, 갈 수 있읍니다.　　　　　—Да, вы мо́жете.
—아니오, 갈 수 없읍니다.　　　—Нет, вы не мо́жете.
—A정류장(역)에서 B정　　　　—Ско́лько е́хать от остано́вки
　류장(역)까지 〔차를 타　　　　　(ста́нции) A до остано́вки
　고〕얼마나 걸립니까?　　　　　(ста́нции) B?
—20분 걸립니다.　　　　　　　—Мину́т два́дцать.
—그 곳에는 〔차를 타고〕　　　—Ско́лько туда́ е́хать?
　얼마나 걸립니까?
—전차로 가면 약 10분 걸　　　—На электри́чке мину́т де́сять
　리고, 버스로는 약 15　　　　　езды́, а на авто́бусе мину́т
　분 걸립니다.　　　　　　　　　пятна́дцать.

　　「(…을 타고서)…까지 얼마나 걸립니까?」라는 의미
로는 이밖에도, Ско́лько вре́мени ну́жно е́хать на…
(운송수단이름 · 전치격) до… (장소명 · 생격)? Ско́лько
езды́ на…до…? Ско́лько вре́мени займёт поéздка
на…до…? 등의 표현도 사용된다.

【차내에서】

내 자리에 앉으십시오.　　　　Сади́тесь, пожа́луйста, на моё
　　　　　　　　　　　　　　　ме́сто.

조금 자리를 좁혀 주십시　　　Немно́го подви́ньтесь, пожа́-
오　　　　　　　　　　　　　　луйста.
—A역(정류장)까지는 멉　　　—Далеко́ ли до ста́нции (до
　니까?　　　　　　　　　　　　остано́вки) A?
—아니오, 멀지 않습니다.　　　—Нет, недалеко́.
신촌은 몇번째 역(정류장)　　　Ско́лько ста́нций (остано́вок)
　입니까?　　　　　　　　　　　до Синчхо́на?
신촌은 몇번째 역(정류장)　　　Че́рез ско́лько ста́нций (оста-
　입니까?　　　　　　　　　　　но́вок) бу́дет Синчхо́н?
신촌정류장(역)에 도착하　　　Предупреди́те меня́, пожа́луй-
　면 알려 주십시오.　　　　　　ста, когда́ бу́дет остано́вка
　　　　　　　　　　　　　　　(ста́нция) Синчхо́на.

여기는 어디(무슨 역, 무　　　Как называ́ется э́та ста́нция
　슨 정류장)입니까?　　　　　　(остано́вка)?

지금 지나간 곳은 무슨 역 (정류장) 입니까?

Как называ́ется ста́нция (остано́вка), кото́рую мы сейча́с прое́хали?

다음은 어디(무슨 역, 정류 장) 입니까?

Кака́я сле́дующая ста́нция (остано́вка)?

—그 곳에는 갈아 타지 않 고도 갈 수 있읍니까?

—Мо́жно ли прое́хать туда́ без. переса́дки?

—예, 갈아 타지 않고도 갈 수 있읍니다.

—Да, вы мо́жете туда́ прое́хать без переса́дки.

—아니오, 갈아 타지 않으 면 안됩니다.

—Нет, ну́жно сде́лать переса́дку.

—다음 역(정류소)에서 갈 아 타세요.

—Сде́лайте переса́дку на сле́дующей ста́нции (остано́вке).

신촌에서 2 호선으로 갈아 타세요.

На ста́нции Синчхо́н сде́лайте песеса́дку (переся́дьте) на электри́чку второ́й ли́нии (доро́ги).

말씀 좀 여쭙겠는데, 서울 역 방면으로 가는 전차 로 갈아 타는 곳이 어디 있읍니까?

Скажи́те, пожа́луйста, где перехо́д к электри́чкам до ста́нции Сеу́л?

【택시】

택시로 갑시다.

Пое́демте на такси́.

택시를 잡읍시다.

Возьмём такси́

택시 좀 불러 주십시오.

Вы́зовите мне, пожа́луйста, такси́.

택시 정류장은 어디에 있 읍니까?

Где стоя́нка такси́?

—어디로 모실까요?

—Куда́ вам?

—역으로 갑니다.

—Мне на вокза́л.

이 주소로 데려다 주십시 오.

Отвези́те нас, пожа́луйста, по э́тому а́дресу.

공항(「조선」호텔)에 데려 다 주십시오.

Отвези́те нас, пожа́луйста, в аэропо́рт (до гости́ницы «Чо́сон»).

짐을 좀 실어 주십시오.	Уложи́те, пожа́луйста, бага́ж.
우(좌, 모퉁이)로 회전하 십시오.	Поверни́те напра́во(нале́во, за́ угол).
똑바로 가십시오.	Поезжа́йте пря́мо.
뒤로 돌아 가십시오.	Поверни́те наза́д (обра́тно).
여기서 세워 주십시오.	Останови́тесь здесь.
요금이 얼마입니까?	Ско́лько на счётчике?
얼마입니까?	Ско́лько с меня́?
얼마 내야 합니까?	Ско́лько я до́лжен уплати́ть?

【기타】

횡단보도는 어디에 있읍니 까?	Где перехо́д че́рез у́лицу?
여기서 횡단해도 됩니다.	Здесь разрешён перехо́д?
여기서 건너 갑시다.	Перейдёмте здесь.
여기(당신네)는 좌측통행 입니까, 우측통행입니까?	Здесь (у вас) левосторо́ннее и́ли правосторо́ннее движе́- ние?
당신은 운전 면허증이 있 읍니까?	У вас есть води́тельские права́ (права́ на вожде́ние автомо- би́ля)?
여기에 차를 세워도 됩니 까?	Разреша́ется ли здесь стоя́н- ка?
기름이 떨어졌읍니다.	Бензи́н ко́нчился.
가까운 주유소는 어디에 있읍니까?	Где ближа́йшая бензоколо́нка (бензозапра́вочная коло́нка)?

타이어가 터졌읍니다.	Ши́на (покры́шка) ло́пнула.
이 자동차는 어느 회사 제품입니까?	Како́й ма́рки э́та маши́на?
한국에는 무슨 마크의 승용차가 보급되어 있읍니까?	Каки́е ма́рки легковы́х маши́н распространены́ в Коре́е?
소련에는 "볼가", "지굴리"와 "모스끄비치"라는 승용차가 보급되어 있읍니다.	В СССР распространены́ легковы́е маши́ны «Во́лга», «Жигули́» и «Москви́ч».
거리에는 〔자동차〕체증이 심합니다.	На у́лице 〔автомоби́льные〕 про́бки.
차장 없는 트롤리버스(버스, 전차)	тролле́йбус (авто́бус, трамва́й) без конду́ктора
합승택시	маршру́тное такси́
만원의	перепо́лненный
정기승차권	еди́ный (проездно́й) биле́т
회수권	абонеме́нтая кни́жечка
버스(트롤리버스, 전차)정류장	авто́бусная (тролле́йбусная, трамва́йная) остано́вка
지하철(전동철) 역	ста́нция метро́ (электри́чки)
트럭, 화물자동차	грузова́я маши́на, грузови́к
살수차	поли́вочная маши́на
오토바이	мотоци́кл
스쿠터	моторо́ллер
자전거	велосипе́д
차도	мостова́я
인도, 보도	тротуа́р
육교	пешехо́дный мост
지하횡단보도	подзе́мный перехо́д
아스팔트포장도로	асфальти́рованная доро́га
포장도로, 가도	шоссе́ 〔不変・中〕
고속도로(하이웨이)	автостра́да
건널목	перее́зд
네거리, 교차로	перекрёсток, *тка*
신호등	светофо́р
보행자	пешехо́д

248

교통정리원(교통순경)   регулиро́вщик у́личного дви-
                        же́ния
러시아워   часы́ пик
교통표지판   доро́жный знак (указа́тель)

電車 трамва́й 나 электри́чка 는 모두 「전차」라고 번역
되지만, трамва́й 는 「노면전차」(예전에 우리나라에도 있
었지만 지금은 없어졌음), электри́чка 는 электри́чес-
кая желе́зная дорога 「전기철도」, 「전철」의 약자로 구
어이다. 서울에서 말하면 경인선, 경수선 등이 이에 해당
된다. 또 모스끄바에서는 электри́чка 는 교외전차(при-
городная электри́чка) 밖에 없으므로, 시내교통에는 들
어가지 않는다.
  메트로 метро́ 모스끄바에서는 《M》이란 커다란 붉은
색 글자가 붙어 있는 건물이 지하철 입구이다.
  에스컬레이터 (эскала́тор)에 탔을 때, 반드시 앞쪽
을 향해 우측에 서도록 주의해야 한다. 특히 지하철의 에
스컬레이터는 길어서 바쁘게 가려는 사람들이 좌측으로
오르내리기 때문이다.
  차내가 혼잡할 때의 차표구입방법 버스, 트롤리 버
스(тролле́йбус), 〔노면〕전차 등에서 차내가 혼잡할 때는
옆의 승객에게 부탁하면 좋다. 즉 돈을 건네주면서 Пе-
реда́йте, пожа́луйста. 「부탁드립니다」라고 말하면, 승
객이 차례차례로 건네주어 차장에게 전해준다. 차장이 차
표를 주면, 또 승객이 차례차례로 건네와 본인에게 전해
준다. 또 차장이 없는 경우에는 Опусти́те, пожа́луйста.
「넣어 주십시요」라고 말하면서 돈을 건네주면 같은 방식
으로 요금함에 넣어 차표를 끊어 준다.
  시내교통의 요금 지하철, 버스 등은 거리에 관계없이
5까뻬이까, 노면전차는 3까뻬이까이다. 지하철의 경우
개찰원은 없고, 요금상자에 5까뻬이까를 넣으면, Иди́те
「통과하십시요」라는 전기문자가 나온다. 돈을 넣지 않고
통과하려 하면 옆에서 차단대가 튀어 나와 통과할 수 없
게 된다. 또 5까뻬이까 짜리를 준비하지 못했을 경우는
입구에 있는 동전교환소에서 교환해 받을 수 있다.
  차에서 내릴 때 차내가 붐벼 통로에도 승객이 꽉 차
있을 때에는 내릴 역(정류소)에 다다르기 이전에 미리 출

입문 근처까지 가 있어야만 한다. 그런 때에 아무 말도 없이 사람들을 밀어 젖히거나, 갑자기「좀 나갑시다」를 외치며, 사람들을 밀어내어 앞으로 나아가려고 하는 것은 에티켓이 아니다. 미리 앞에 서 있는 승객에게 **Вы** вы-хо́дите на сле́дующей остано́вке (ста́нции)?「다음 정류장(역)에서 내리십니까?」라고 묻고 **Да**「예」라고 대답하면 그 사람 뒤에 서있고, **Нет**「아니오」라고 대답하면 **Разреши́те** пройти́ 또는 пропусти́те, пожа́луйста「그럼 좀 나갑시다」라고 말하고서 앞으로 나아가는 것이 예의다.

길찾기

【장소를 모를 때】

실례지만 우체국(전신국, 식당)이 어디에 있는지 가리켜 주시겠읍니까?

Бу́дьте любе́зны (бу́дьте до-бры́), скажи́те, где нахо́дит-ся по́чта (телегра́ф, ресто-ра́н)?

근처에 화장실이 어디에 있는지 가리켜 주시겠읍니까?

Скажи́те, пожа́луйста, где есть побли́зости туале́т (убо́р-ная)?

가까운 신문판매대(공중전화)가 어디에 있는지 가리켜 주시겠읍니까?

Скажи́те, пожа́луйста, где ближа́йший газе́тный кио́ск (телефо́н-автома́т)?

여기입니다.

Здесь. (Тут.)

저기입니다.

Там.

반대쪽(왼쪽, 오른쪽)에 있읍니다.

Напро́тив. (Нале́во, Напра́во).

거리 모퉁이에 있읍니다.

На углу́ у́лицы.

A로(광장)에 있읍니다.

На у́лице (пло́щади) A.

이 건물에 있읍니다.

В э́том зда́нии.

대학 앞(뒤)에 있읍니다.

Пе́ред (за) университе́том.

이 근처에 파출소가 있읍니까?

Есть ли побли́зости полице́й-ская бу́дка (милице́йский пост)?

【방향을 모를 때】

여의도 광장으로 가려면 어떻게 가야 하는지 가리켜 주시겠읍니까? (주십시오.)

Скажи́те, пожа́луйста, как пройти́ на пло́щадь Йоы́до (к пло́щади Йоы́до)?

똑 바로(왼쪽으로, 오른쪽으로) 가십시오.

Иди́те пря́мо (нале́во, напра́во).

다음 모퉁이에서 왼(오른)쪽으로 돌아 가십시오.

Поверни́те за сле́дующий у́гол нале́во (напра́во).

저기 흰 고층 건물이 보이죠? 바로 그것이 백화점입니다.

Вы ви́дите там многоэта́жное бе́лое зда́ние? Э́то и есть универма́г.

똑 바로 200m쯤 가시면 왼쪽으로 영화관이 나올 것입니다.

Иди́те пря́мо ме́тров две́сти, и вы уви́дите нале́во кинотеа́тр.

첫번째 거리(다음 골목)에서 왼쪽(오른쪽)으로 돌아 가십시오.

Поверни́те в пе́рвую у́лицу (в сле́дующий переу́лок) нале́во (напра́во).

두 블록(구역)을 지나서 오른쪽으로 돌아 가십시오.

Че́рез два кварта́ла поверни́те напра́во.

야채 가게가 있는 모퉁이에서 오른쪽으로 돌아 가십시오.

На углу́, где овощно́й магази́н, поверни́те напра́во.

이 거리로 똑바로 가다가 첫번째 네거리에서 왼쪽으로 돌아 가십시오. 그 집은 오른쪽에서 세번째 집입니다.

Иди́те пря́мо по э́той у́лице и на пе́рвом перекрёстке поверни́те нале́во. Э́то бу́дет тре́тий дом с пра́вой стороны́.

바다 쪽으로 향해서 걸어 가십시오.

Иди́те по направле́нию к мо́рю.

길을 잘못 들었읍니다. 다른(반대) 방향으로 가야 합니다.

Вы идёте не туда́. вам ну́жно идти́ в друго́м направле́нии (в противополо́жном направле́нии).

—실례지만 이 길은 어디로 가는 길입니까?

—Скажи́те, пожа́луйста, куда́ ведёт э́та у́лица (доро́га)?

—광장(바다)으로　가는
　길입니다.

—Она́ ведёт к пло́щади (мо́рю).

【거리를 모를 때】
—여기서 멉니까？
—예，멉니다．
—아니오，멀지　않습니다
　（가깝습니다）．

—극장은 멉니까？
—예，꽤 멉니다．　버스로
　가야합니다．

—Далеко́ ли отсю́да？
—Да，далеко́．
—Нет，не далеко́ (бли́зко).

—Теа́тр далеко́？
—Да，он дово́льно далеко́,
　вам придётся е́хать авто́-
　бусом.

여기서 역까지 몇m나 되는
　지 가리켜 주시겠읍니까？
뿌쉬낀 광장은 어떻게　가
　는 것이 가장 빠릅니까？
이 길이 역으로 가는 지름
　길 입니다.

—그　곳까지 걸어서 얼마
　나 걸립니까？

—3분쯤 걸립니다．
—백화점까지 얼마나 걸립
　니까？

—걸어서 5분 걸립니다．

Скажи́те, пожа́луйста, ско́лько
　ме́тров отсю́да до ста́нции？
Как бли́же всего́ пройти́ на
　пло́щадь Пу́шкина？

Это са́мая коро́ткая доро́га к
　вокза́лу.
—Ско́лько туда́ идти́ пешко́м？

—Мину́ты три.
—Ско́лько идти́ до универма́-
　га？

—Пять мину́т ходьбы́.

【번지를 모를 때】
—실례지만 여기는 몇　번
　지입니까？

—몇 번지(어느 집，누구
　네 집)를 찾읍니까？

—150번지를 찾읍니다．

—Скажи́те, пожа́луйста, каки́е
　здесь номера́ домо́в？
—Како́й но́мер до́ма (чей дом,
　кого́) вы и́щете？

—Мне ну́жен дом но́мер сто
　пятьдеся́т.

—여기는 120번지입니다．
　조금 더 가십시오.

—Здесь но́мер сто два́дцать.
　Иди́те да́льше.

【길을 잃었을 때】
길을 잃었는데「조선」호텔
　로 가려면 어떻게　가야

Я заблуди́лся. Как мне добра́-
　ться (дойти́) до　гости́ницы

합니까?	《Чосо́н》?
나는 우리 그룹을 잃어 버렸읍니다.	Я отста́л от свое́й гру́ппы.
내가 호텔까지 데려다 주겠읍니다.	Я провожу́ вас до гости́ницы.
나를 호텔까지 데려다 주시지 않겠읍니까?	Не доведёте ли вы меня́ до гости́ницы?
저도 마침 거기로(그 방향으로) 가는 길입니다. 같이 갑시다.	Как раз я то́же иду́ туда́ (в э́том направле́нии). Пойдёмте вме́сте.

【길을 잘 모를 때의 대답】

미안하지만 잘 모르겠는데 다른 사람한테 물어 보십시오.	Извини́те, я не зна́ю. Спроси́те друго́го.
유감스럽게 저도 이 지역을 잘 모릅니다.	К сожале́нию, я то́же пло́хо зна́ю э́тот райо́н.
잠깐만 기다려 보세요. 지금 누구한테 물어 보겠읍니다.	Подожди́те мину́тку, сейча́с спрошу́ кого́-нибудь (сейча́с узна́ем у кого́-нибудь).
나는 여기 사람이 아니라 (외국인이라) 이 도시를 잘 모릅니다.	Я не зде́шний (иностра́нец) и не зна́ю го́рода.
경찰(민경, 안내소)에 물어 보십시오.	Спроси́те у полице́йского (у милиционе́ра, в спра́вочном бюро́).

대로(大路)	проспе́кт
골목	тупи́к
해변길, 상변로	на́бережная
(가로명)표시판(안내판)	табли́чка с и́менем
간판	вы́веска

「여기는 어디입니까?」 길을 잃었다거나 탈 것에서 잘못 내렸을 때, 우리들은 흔히 이렇게 질문하는데, 이것을 러시아어로 직역하여 「Где здесь?」라고 말하면 안된다. 왜냐하면 здесь 는 이미 где 라는 질문에 대한 답이

되어 있기 때문이다. 러시아어로는 다음과 같이 말해야
한다.

♣ 정지해 있을 경우, 또는 탈 것에 타고 있을 때,

—여기는 어디입니까(우리 들이 있는 곳은 어디 입니까)?	—Где (в каком месте) я сейчас нахожусь (мы сейчас нахо- димся)?
—여기는 …거리(광장)입 니다(당신은 …거리 (광장)에 있읍니다).	—Вы сейчас находитесь на улице (площади) …

♣ 자동차·버스·전차·기차 등에 타고 있을 때,

—여기는 어디입니까(우리 들은 어디를 지나고 있는 것입니까)?	—Где мы едем?
—여기는 …입니다.	—Мы едем по… 〔여격〕

♣ 배를 타고 있을 때,

—여기는 어디입니까(우리 들의 배는 어느 부근 을 통과하고 있읍니 까)?	—Где (в каком месте) мы плывём?
—여기는 …근처입니다.	—Мы плывём около… 〔생격〕

♣ 비행기를 타고 있을 때,

—여기는 어디입니까(우리 들은 어디를 날고 있 읍니까)?	—Где (над чем) мы летим?
—여기는…상공입니다.(우 리들은… 상공을 날고 있읍니다).	—Мы летим (пролетаем над… 〔조격〕

또 러시아에서는 「여기는 어디입니까?」라는 애매한 질
문보다는 구체적인 장소를 넣어서, 다음과 같이 질문하
는 경우가 많다.

여기는(이곳은) 무슨 광장 입니까?	На какой площади я нахожусь (Что это за площадь)?
여기는(이것은) 어떤 길입 니까?	По какой улице мы едем (Что это за улица)?

안내소 소련의 도시에는 справочное бюро́ 「안내소」가 도처에 있어, 여러 가지 안내를 해준다. 예를 들어 이름(과 대충 짐작하는 나이)밖에 모르는 사람의 주소나 전화번호를 조사해 주거나, 어떤 차량으로 가면 가장 빠른가, 어디에서 갈아타면 좋은가 등을 가르쳐 준다. 거리의 справочное бюро́는 유료이며, 안내료는 조사의 내용에 따라 다르다.

교통사고

—당신네 도시에서는 교통사고가 자주 일어납니까?

—Ча́сто ли в ва́шем го́роде быва́ют у́личные происше́ствия?

—아니오, 드뭅니다.

—Нет, ре́дко.

서울의 거리에서는 사고가 자주 일어납니까?

На у́лицах Сеу́ла о́чень ча́сто быва́ют несча́стные слу́чаи.

그녀는 자동차에 치었읍니다.

Она́ попа́ла под маши́ну.

그는 기차에 치어서 죽었읍니다.

Он поги́б, попа́в под по́езд.

자동차가 행인의 다리를 치었읍니다.

Автомоби́ль сбил прохо́жего с ног.

신문에는 어제 저녁에 철도참사가 있었다고 보도되었읍니다.

В газе́те сообща́ется, что вчера́ ве́чером произошла́ железнодоро́жная катастро́фа.

열차가 탈선했읍니다.

По́езд сошёл с ре́льсов.

열차가 트럭(자동차, 다른 열차)과 충돌했읍니다.

По́езд столкну́лся с грузовико́м (с автомоби́лем, с други́м по́ездом).

열차 사고로 약간의 승객이 사망했읍니다.

В результа́те круше́ния по́езда поги́бло не́сколько пассажи́ров.

철도 참사로 수많은 희생자가 생겼읍니다.

В результа́те железнодоро́жной катастро́фы бы́ло мно́го жертв.

몇 명이 사망했읍니까 (다 쳤읍니까)?

Сколько человек погибло (ра́нено)?

사고(고장)로 철도가 두절 됐읍니다.

Из-за крушения (ава́рии) железнодоро́жное сообще́ние пре́рвано.

폭설(홍수, …의 붕괴)로 경부선이 두절됐읍니다.

Из-за мете́ли (наводне́ния, обва́ла…) движе́ние на желе́зной доро́ге Кёнпу приостанови́лось.

철도가 언제 복구됩니까?

Когда́ бу́дет восстано́влено железнодоро́жное сообще́ние?

폭풍으로 선박이 조난을 당했읍니다.

Из-за што́рма су́дно потерпе́ло круше́ние.

안개로 선박이 다른 선박 과 충돌했읍니다.

Из-за тума́на су́дно столкну́лось с други́м су́дном.

충돌로 선박이 파손됐읍니 다(전복됐읍니다, 침몰 됐읍니다).

В результа́те столкнове́ния су́дно получи́ло поврежде́ние (переверну́лось, затону́ло).

선박 사고로 승객 30명과 승무원 5명이 사망했읍 니다(익사했읍니다).

В результа́те кораблекруше́ния поги́бло (утону́ло) три́дцать пассажи́ров и пять чле́нов экипа́жа.

여객기가 군용기와 충돌했 읍니다.

Пассажи́рский самолёт столкну́лся с вое́нным самолётом

사고(고장)로 비행기가 추 락했읍니다.

Из-за аба́рии самолёт разби́лся.

항공 참사로 승객 50명과 승무원 4명이 사망했읍 니다.

В результа́те возду́шной катастро́фы поги́бло пятьдеся́т пассажи́ров и четы́ре челове́ка лётного соста́ва.

—참사의 원인은 무엇입니 까?

—Кака́я причи́на катастро́фы?

—아직 밝혀지지 않았읍니 다.

—Ещё не изве́стно.

사고의 원인은 조사 중입니다.	Причи́на катастро́фы выясня́ется.
암초에 부딪치다	наскочи́ть на риф
좌초하다. 뭍에 얹히다	сесть на мель
구명대	спаса́тельный по́яс
구조선	спаса́тельное су́дно
구명정	спаса́тельная шлю́пка
조난신호(SOS신호)를 보내다(받다).	дать(приня́ть) сигна́л бе́дствия

여행, 관광

【여행】

당신은 여행을 좋아합니까?
Вы лю́бите путеше́ствовать (путеше́ствия)?

당신은 〔국내〕여행을 자주 합니까?
Ча́сто ли вы путеше́ствуете 〔по стране́〕?

최근에 당신은 어디를 여행했읍니까?
Где вы путеше́ствовали в после́днее вре́мя?

당신은 가까운 시일내에 여행을 하려고 합니까?
Собира́етесь ли вы путеше́ствовать в ближа́йшее вре́мя?

당신은 어디를 여행하려고 합니까?
Где вы бу́дете путеше́ствовать?

당신은 어디로 갈 것입니까?
Куда́ вы пое́дете?

어디를 여행하셨읍니까? 초학자 중에는 **Куда́ бы путеше́ствовали?** 라고 말하는 사람이 많지만, 이것은 잘못이다. путеше́ствовать 「여행하다」의 격변화는 **по +** 여격이며 행선지가 아니라 **장소**를 나타내기 때문에 다음과 같은 표현 외에는 불가능하다.

　　—어디를 여행하셨읍니까?
　　—Где вы путеше́ствовали?

　　—소련(대구지방, 제주도)를 여행하고 왔읍니다.
　　—Я путеше́ствовал по Сове́тскому Сою́зу (по райо́ну Тэгу́, по о́строву Чеджудо́).

Куда́ 「어디에」를 사용할 경우에는, е́здить 「탈 것에 타고 간다」를 사용하여야 한다.

　　—어디에 가셨읍니까?
　　—Куда́ вы е́здил?

　　—모스끄바(부산)에 갔다 왔읍니다.
　　—Я е́здил в Москву́ (Пуса́н).

Путеше́ствие 나 **пое́здка** 는 모두 한국어로 번역하면 「여행」이라고 할 수 있는데, путеше́ствие 는 관광 등과

같이 여행 그 자체가 목적인 경우에 사용된다. 그런데 поездка는 본래의 의미가 「탈 것에 타고 가다」이므로 여 행 그 자체가 목적이 아닌 경우, 즉 용무나 출장 등으로 가는 여행의 경우에도 널리 사용된다.

【비자】

비자 신청은 어디에서 해야 합니까?	Куда́ ну́жно обрати́ться за ви́зой?
출국(입국) 비자 신청 수속 방법을 가르쳐 주시겠읍니까?	Как мо́жно получи́ть выездну́ю (въездну́ю) ви́зу?
―실례지만 여기서 비자를 받을 수 있읍니까?	―Скажи́те, пожа́луйста, здесь мо́жно получи́ть ви́зу?
예, 여기입니다.	―Да, здесь.
나는 비자 기한을 연장하고 싶습니다.	Я хочу́ продли́ть ви́зу.
비자 기한연장은 어떻게 하면 됩니까?	Как мо́жно продли́ть ви́зу?
비자 기한연장은 어디서 할 수 있읍니까?	Где я могу́ продли́ть ви́зу?
이곳에 2(3)일 머물 것입니다.	Я пробу́ду здесь два (три) дня.
여권(패스포트)를 좀 보여 주십시오.	Предъяви́те ваш па́спорт.
여권 여기 있읍니다.	Вот мой па́спорт.

패스포트 우리나라에서 「패스포트」는 보통 외국여행

> 자의 패스포트, 즉 「여권」이란 의미가 된다. 그런데 소련
> 에서는 한 사람 한 사람의 시민이 언제나 신분증명서를
> 소지해야 하는 규칙이 있어 이 신분증명서도 마찬가지로
> паспорт 라고 말한다. 「여권」의 정확한 명칭은 заграни-
> чный паспорт 이다.

통과비자	транзи́тная ви́за
공용여권	служе́бный па́спорт
외교관여권	дипломати́ческий па́спорт
한국(소련) 시민	граждани́н (гражда́нка) Коре́и (СССР)

【세관】

세관 수속은 어디서 합니까?	Где бу́дет тамо́женное оформле́ние?
세관 검사는 언제 합니까?	Когда́ бу́дет тамо́женный досмо́тр?
여보세요, 짐꾼, 이 트렁크 좀 세관으로 옮겨 주세요.	Това́рищ носи́льщик, отнеси́те, пожа́луйста, э́тот чемода́н в тамо́жню.
세관 신고서는 어디서 받읍니까?	Где получи́ть бланк тамо́женной деклара́ции?
세관 신고서를 기입해 주십시오.	Запо́лните мне, пожа́луйста, тамо́женную деклара́цию.
나는 여행자 수표로 10만원을 가지고 있읍니다.	У меня́ доро́жные че́ки на су́мму сто ты́сяч вон.
나는 한화 10만원(미화 300불)을 가지고 있읍니다.	У меня́ сто ты́сяч коре́йских вон (три́ста америка́нских до́лларов).
당신의 짐은 어디에 있읍니까?	Где ва́ши ве́щи (ваш бага́ж)?
이 짐 전부가 제겁니다.	Весь э́тот бага́ж мой.
이게 전부입니다.	Это всё.
제 수하물은 2개입니다.	Моя́ ручна́я кладь состои́т из двух мест.
나는 짐이 3개 있읍니다.	У меня́ бага́ж из трёх мест.
짐 2(3)개는 화물편으로 별송됩니다.	Два (три) ме́ста багажа́ иду́т грузово́й ско́ростью.

—과일을 휴대해도 됩니까?

—Разреша́ется ли име́ть фру́кты?

—아니오, 허용되지 않읍니다.

—Нет, не разреша́ется.

—금지물을 휴대하고 있지 않읍니까?

—Нет ли у вас запрещённых предме́тов?

—예, 금지물을 휴대하고 있지 않읍니다.

—Нет, я не везу́ запрещённых предме́тов.

트렁크를 좀 열어 보십시오.

Откро́йте, пожа́луйста, ва́ши чемода́ны.

이것은 개인용품입니다.

Э́то ве́щи ли́чного по́льзования.

이것은 친구들에게 줄 기념품입니다.

Э́то сувени́ры для мои́х друзе́й.

어떠한 물품이 면세입니까?

Каки́е ве́щи прово́зятся беспо́шлинно?

—이 물건은 관세를 물어야 합니까?

—Взима́ется ли с э́тих веще́й по́шлина? (Облага́ются ли э́ти ве́щи по́шлиной?)

—이것은 면세입니다.

—Э́то по́шлиной не облага́ется.

관세는 어느 정도 물어야 합니까?

Каку́ю по́шлину я до́лжен (должна́) уплати́ть?

검사가 끝났읍니다, 다음 호올로 가십시오.

Досмо́тр око́нчен. Пройди́те, пожа́луйста, в сле́дующий зал.

세관원

тамо́женный инспе́ктор

예방접종국제증명서

междунаро́дный сертифика́т [о приви́вках]

검역

каранти́н

압수하다

конфискова́ть

【환전】

나(우리)는 환전하고저(여행자 수표를 바꾸고저) 합니다.

Я хочу́ (мы хоти́м) обменя́ть де́ньги (доро́жные че́ки).

어디서 환전할 수 있읍니까?	Где я могу́ обменя́ть де́ньги?
여기(공항, 항구, 호텔)에 은행이 있읍니까?	Есть ли здесь (в аэропорту́, в порту́, в гости́нице) отделе́ние ба́нка?
은행(은행지점, 환전소)은 어디에 있읍니까?	Где нахо́дится банк (отделе́ние ба́нка, бюро́ обме́на)?
—이 돈(여행자 수표)을 소련 돈(한국 돈, 루블, 원, 달러)으로 바꿔 주십시오.	—Обменя́йте [мне], пожа́луйста, эти де́ньги (доро́жные че́ки) на сове́тские де́ньги (на коре́йские де́ньги, на рубли́, на во́ны, на до́ллары).
—고액권으로 바꿔 드릴까요, 소액권으로 바꿔 드릴까요?	—Каки́ми купю́рами вы жела́ете, кру́пными и́ли ме́лкими?
—고액권으로 바꿔 주시고요, 하나만 소액권으로 바꿔주세요.	—Кру́пными, пожа́луйста, а одну́ разменя́йте.
50루블(만원) 바꿔 주십시오.	Разменя́йте, пожа́луйста, пятьдеся́т рубле́й (де́сять ты́сяч вон).
돈을 세어 보십시오.	Сосчита́йте, пожа́луйста, де́ньги.

「돈」 우리들은 돈의 의미로 엄지와 둘째 손가락으로 원을 만들어 보이지만 소련인들은 엄지와 중지를 몇 번정도 서로 비벼댄다. 즉 한국인과 소련인의 행위의 차이는 동전과 지폐의 차이에 있다고 말할 수 있겠다.

돈, 화폐	де́ньги [複], 複生 де́нег
지폐	бума́жные де́ньги
주화, 동전	моне́та, моне́ты [複]
동화	ме́дная моне́та
백동화	ни́келевая моне́та
은화	сере́бряная моне́та

금화	золота́я моне́та
고액권	кру́пные де́ньги
소액권	ме́лкие де́ньги, ме́лочь ［女］
거스름돈, 잔돈	сда́ча
루블	ру́бль ［男］, *рубля́*
까뻬이까	копе́йка, 複生 *копе́ек*
원	во́н
달러	до́ллар
센트	цент
파운드	фунт сте́рлингов
실링	ши́ллинг

─── 소련의 동전과 지폐 ───

〈동　전〉

1까뻬이까	одна́ копе́йка
2　〃	две копе́йки
3　〃	три копе́йки
5　〃	пять копе́ек
10　〃	де́сять копе́ек
15　〃	пятна́дцать копе́ек
20　〃	два́дцать копе́ек
50　〃	пятьдеся́т копе́ек

〈지　폐〉

1루블	оди́н ру́бль
3　〃	три рубля́
5　〃	пять рубле́й
10　〃	де́сять рубле́й
25　〃	два́дцать пять рубле́й
50　〃	пятьдеся́т рубле́й
100　〃	сто рубле́й

【여행사】

우리(나)는 안내원(한국어 통역)이 필요한데 어디에 알아보면 됩니까?	Нам (мне) ну́жен экскурсово́д (перево́дчик коре́йского языка́). Куда́ нам (мне) обрати́ться?
우리(나)는 안내원(통역)을 원하는데 어떻게 하면 됩니까?	Мы хоте́ли бы (я хоте́л бы) воспо́льзоваться услу́гами экскурсово́да (перево́дчика). Как э́то сде́лать?
죄송합니다만, 내일 시내 안내원을 부탁해 주십시오.	Закажи́те нам, пожа́луйста, за́втра экску́рсию по го́роду.
〔한국 관광객은〕 언제, 어디서 모입니까?	Когда́ и где сбор 〔коре́йских тури́стов〕?
한국 관광객을 위한 버스(자리)는 어디에 있읍니까?	Где авто́бус (места́) для коре́йских тури́стов?
통역을 초청해 주십시오.	Пригласи́те, пожа́луйста, перево́дчика.
내가 당신들의 안내원입니다.	Я ваш экскурсово́д.
안내하겠읍니다.	Разреши́те проводи́ть вас.
모두 모였읍니까?	Все здесь?
출발합시다.	Пое́хали.

관광	тури́зм
〔외국인〕 관광객	〔иностра́нный〕 тури́ст
관광안내소	тури́стское бюро́
여행사	бюро́ путеше́ствий
〔인뚜리스뜨」출장소	аге́нтство «Интури́ст»
안내서, 편람	спра́вочник
…여행(관광) 안내(서)	путеводи́тель по… 〔与格〕
시내(전람회) 안내(서)	путеводи́тель по го́роду (по выставкам)
지도	географи́ческая ка́рта
지도책	а́тлас
시내지도	план го́рода
…견학, … 관광	экску́рсия по… 〔与格〕
견학자, 관광인	экскурса́нт

관광버스	экскурсио́нный авто́бус

【관광】

한국(소련)에 언제 왔읍니까?

Когда́ вы прие́хали в коре́ю (в СССР)?

—당신들의 한국(소련) 여행은 며칠동안으로 예정되어 있읍니까?

—На ско́лько дней рассчи́тано ва́ше путеше́ствие по Коре́е (по Сове́тусому Сою́зу).

—우리의 한국(소련) 여행은 15일간으로 예정되어 있읍니다.

—На́ше путеше́ствие по Коре́е (по Сове́тскому Сою́зу) рассчи́тано на пятна́дцать дней.

당신은 한국(소련)에 얼마동안 체재할 겁니다.

Ско́лько вре́мени вы пробу́дете в Коре́е (в СССР)?

한국(소련)에서 언제 떠날 겁니까?

Когда́ вы уезжа́ете из Коре́и (из СССР)?

당신들(우리)의 여행 일정은 어떻게 됩니까?

Кака́я програ́мма ва́шего (на́шего) путеше́ствия?

여행 코스를 알려 주십시오.

Познако́мьте нас с маршру́тами путеше́ствий.

가능하다면 우리 〔여행〕계획에 크레믈린 견학을 넣어 주십시오.

Éсли мо́жно, включи́те, пожа́луйста, в на́шу програ́мму 〔путеше́ствий〕 осмо́тр Кремля́.

우리 〔여행〕일정이 빡빡한 것 같은데, 좀 줄일 수는 없겠읍니까?

Нам ка́жется, на́ша програ́мма 〔путеше́ствий〕 перегру́жена. Нельзя́ ли немно́го сократи́ть (уме́ньшить) её?

【구경】

—소련에 가면 무엇을 구경하고 싶습니까?

—Что вы хоти́те посмотре́ть, когда́ вы пое́дете в Сове́тский Сою́з?

—뿌쉬낀 유적지에 가 보고 싶습니다.

—Мы хоти́м побыва́ть в пу́шкинских места́х.

어디가 한국(소련)의 주요 관광지입니까?

Какие места в Корее (в СССР) больше всего посещаются туристами?

어디가 특히 아름답습니까?

Какие места у вас особенно красивые?

—어디를 구경(견학, 방문)해 보라고 추천해 주시겠읍니까?

—Что вы нам советуете (рекомендуете) посмотреть (осмотреть, посетить)?

—나는 (당신에게) 산업박람회를 구경하시라고 추천합니다.

—Я советую вам осмотреть промышленную Выставку.

어떠한 명소 유적을 답사하라고 권해 주시겠읍니까?

Какие достопримечательности вы советуете нам осмотреть?

남쪽에 반드시 가 볼 필요가 있읍니다.

Вам нужно обязательно побывать на юге страны.

우리들은 유치원을 견학(구경, 방문)하고 싶습니다.

Мы хотим осмотреть (посмотреть, посетить) детский сад.

나는 소년단 회관을 봤으면 합니다.

Я хотел бы ознакомиться с Дворцом пионеров.

우리에게 소년단 야영지를 구경시켜 주십시오.

Покажите нам, пожалуйста, пионерский лагерь.

우리들은 사적지에 흥미가 있읍니다.

Нас интересуют исторические места.

뿌쉬낀 박물관을 구경할 수 있읍니까?

Можно ли осмотреть музей Пушкина?

뜨레찌야꼬프스끼 미술관은 언제 방문(견학) 합니까?

Когда состоится посещение (осмотр) Третьяковской галереи?

이 도시는 무엇으로 유명합니까?

Чем известен (славится) этот город?

경주와 공주는 한국의 고도입니다. 이 도시들은 오랜 사원이 많은 것으로 유명합니다.

Кёнчжу и Кончжу́ —древнейшие города Кореи. Они известны множеством старинных храмов.

온양과 부곡은 온천으로

Онян и Пукок известны горя-

유명합니다.

이천과 여주는 도자기로 유명합니다.

Ичхо́н и Йочжу́ сла́вятся фарфо́ровыми и гонча́рными изде́лиями.

대구 지역은 아름다운 직물의 산지로 유명합니다.

Райо́ны Тэгу́ сла́вятся произво́дством краси́вой тка́ни.

우리나라에서는 「설악산을 보지 않은 사람은 그 아름다움을 모른다」라고 말들 합니다.

У нас говоря́т: Кто не ви́дел горы Сольакса́н, тот не зна́ет прекра́сного.

이 도시 (장소) 는 특별히 볼만한 것이 없읍니다.

Э́тот го́род (это ме́сто) ниче́м не примеча́телен (не примеча́тельно).

끼예프는 소련의 가장 오래된 도시 중의 하나입니다.

Ки́ев — оди́н из старе́йших городо́в Сове́тского Сою́за.

이 도시는 전쟁피해를 입지 않았읍니다.

Э́тот го́род не пострада́л в го́ды войны́?

이 도시는 전쟁 중에 파괴되었는데 이제는 완전히 복구되었읍니다

Э́тот го́род был разру́шен во вре́мя войны́, но тепе́рь по́лностью восстано́влен.

모스끄바의 역사에 대하여 간단히 말씀해 주십시오.

Расскажи́те ко́ротко об исто́рии Москвы́.

당신은 볼쇼이 극장에 가 보셨읍니까?

Вы бы́ли в Большо́м теа́тре?

당신은 전에 거기에 가 본 적이 있읍니까?

Вы там быва́ли пре́жде?

나는 이곳이 처음입니다.

Я здесь впервы́е.

당신은 벌써 지하철을 구경하였읍니까?

Вы уже́ осмотре́ли метро́?

정치중심지	полити́ческий центр
문화중심지	культу́рный центр
과학중심지	нау́чный центр
공업중심지 (공업도시)	промы́шленный центр (го́род)
상업중심지 (상업도시)	торго́вый центр (го́род)

상공업중심지(상공업도시)	торго́во-промы́шленный центр (го́род)
항구도시	порто́вый го́род
휴양도시	куро́ртный го́род
고도시	дре́вний (стари́нный) го́род

【시내관광】

당신은 시내관광을 무엇부터 하시길 원합니까?	С чего́ вы хоти́те нача́ть осмо́тр го́рода?
시내관광은 무엇부터 먼저 시작합니까?	С чего́ начина́ется осмо́тр го́рода?
오른(왼)쪽에 보이는 것이 우정의 집입니다.	С пра́вой (ле́вой) стороны́ вы ви́дите Дом дру́жбы.
왼(오른)쪽을 보십시오. 거기 보이는 것이 남산입니다.	Посмотри́те, пожа́луйста, нале́во (напра́во). Там видне́ется гора́ Намса́н.
이 거리가 도시에서 가장 아름다운 거리 중에 하나입니다.	Э́то одна́ из са́мых краси́вых у́лиц в го́роде.
고리끼로는 모스끄바에서 가장 활기찬 거리의 하나입니다.	У́лица Го́рького — одна́ из са́мых оживлённых у́лиц в Москве́.
이 거리(광장)의 이름이 무엇입니까?	Как называ́ется э́та у́лица (пло́щадь)?
지금 우리는 어느 거리를 지나가고 있읍니까?	По како́й у́лице мы е́дем сейча́с?
이것은 도시의 가장 큰 광장입니다.	Э́то са́мая больша́я пло́щадь го́рода.
우리는 해안을 따라 산책하고 싶습니다.	Мы хоти́м погуля́ть по на́бережной.
우리는 배로 운하를 유람하고 싶습니다.	Мы хоти́м соверши́ть пое́здку по кана́лу.
보트를 타시지 않겠읍니까?	Не хоти́те ли вы поката́ться на ло́дке?
공원(거리)을 산책합시다.	Погуля́ем по па́рку(у́лицам)
이 거리를 따라 갑시다.	Пойдёмте по э́той алле́е.
잔디밭은 출입금지입니다.	По газо́нам ходи́ть воспреща́ется.

공원(광장)의 분수를 구경 합시다. — Посмо́трим фонта́ны в па́рке (на пло́щади).

분수(연못)가에 앉읍시다. — Посиди́м у фонта́на (у пруда́).

벤치에 좀 앉으시지 (벤치에서 휴식 좀 하시지) 않겠어요? — Не хоти́те ли вы посиде́ть (отдохну́ть) на скаме́йке?

휴식을 취했으면 합니다. — Мы хоте́ли бы отдохну́ть.

여기에 좀 앉아도 됩니까? — Мо́жно ли здесь сиде́ть?

여기가 마음에 듭니까? — Вам нра́вится здесь?

여기가 좋습니다. — Здесь хорошо́ (прекра́сно)!

중심가 — гла́вная у́лица

대로 — проспе́кт

골목(길) — переу́лок, -лка

해안길, 강변로 — на́бережная

붉은 광장 — Кра́сная пло́щадь

문화와 휴식의 공원 — парк культу́ры и о́тдыха

고리끼공원 — Парк и́мени Го́рького

가로(공원) — бульва́р

소공원 — сквер

화단 — клу́мба

【기타】

나(우리)는 소련(러시아, 한국)의 건축에 흥미가 있읍니다. — Меня́ (нас) интересу́ет сове́тская (ру́сская, коре́йская) архитекту́ра.

이 건물은 언제(몇 세기 몇 년 전에) 건축되었읍니까? — Когда́ (в како́м ве́ке, ско́лько лет тому́ наза́д) постро́ено э́то зда́ние?

이 건축물(기념비)의 제작자는 누구입니까? — Кто а́втор э́того сооруже́ния (па́мятника)?

이 건물의 설계자는 누구입니까? — Кто архите́ктор э́того зда́ния?

이 건물은 어떤 건축양식입니까? — В како́м сти́ле э́то зда́ние?

이 건물의 내부에는 무엇이 있읍니까? — Что помеща́ется в э́том зда́нии?

이 궁전에는 누가 살았읍니까?	Кто жил в э́том дворце́?
이 동상은 누구 동상입니까?	Кому́ поста́влен э́тот па́мятник?
이 비문을 번역해 주십시오.	Переведи́те, пожа́луйста, э́ту на́дпись.

고대건축	анти́чная архитекту́ра
현대건축	совреме́нная архитекту́ра
건축양식	архитекту́рный стиль
고딕식	готи́ческий стиль
로마네스크식	рома́нский стиль
바로크식 (로코코식)	стиль баро́кко (рококо́)
(건물의) 정면	фаса́д
아치	а́рка, 複生 *а́рок*
둥근지붕, 돔	ку́пол, 複 *-а́, -о́в*
주랑(柱廊)	колонна́да
기둥, 원주	коло́нна
건축기념물	архитекту́рный па́мятник
사적(역사) 기념물	истори́ческий па́мятник
기념비	монуме́нт
오벨리스크	обели́ск
성(城)	за́мок, *-мка*
폐허	разва́лины [複]
성지, 성터	разва́лины за́мка
황(왕) 궁	импера́торский дворе́ц
문화(소년단) 회관	дворе́ц культу́ры (пионе́ров)
크레믈린	Кремль [男], *-я́*
크레믈린성벽	кремлёвские сте́ны [複]
크레믈린시계탑	кремлёвские кура́нты [複]
탑	ба́шня, 複生 *-шен*

　　「…의 기념비」는, па́мятник …「与格」을 사용한다. 예를 들면

　　마야꼬프스끼(뿌쉬낀) 동상은 па́мятник маяко́вскому (Пу́шкину) 이다.

【종교】

이것은 불교사원(회교사원) 입니까?	Это буддийский (мусульма́нский) храм?
이 교회는 오래 됐읍니까?	Это стари́нная це́рковь?
이 교회는 현재 교회로 사용되고 있지 않습니다.	Эта це́рковь неде́йствующая.
사원의 최초건물은 100 년 전 화재가 났을 때(화제의 결과) 타버렸읍니다.	Пре́жнее зда́ние хра́ма сгоре́ло во вре́мя (в результа́те) пожа́ра сто лет тому́ наза́д.
이 사원은 누구(어느 신) 에게 봉헌됐읍니까?	Кому́ (како́му бо́гу) посвящён э́тот храм?
체홉의 묘는 어느 묘지에 있읍니까?	На како́м кла́дбище нахо́дится моги́ла Че́хова?
우리들은 무명용사의 묘에 화환을 바쳤으면 하는데, 화환을 어디에서 주문하면 됩니까?	Мы хоти́м возложи́ть венки́ к моги́лам (на моги́лы) неизве́стного солда́та. Где мы мо́жем заказа́ть венки́?
당신은 신을 믿읍니까?	Вы ве́рите в бо́га?
신앙을 갖고 계십니까?	Вы ве́рующий?
나는 무신론자입니다.	Я атеи́ст [тэ].
—당신의 신앙은 무엇입니까?	—Кака́я у вас ве́ра?
불교(기독교, 정교) 입니다.	—У меня́ будди́йская (христиа́нская, правосла́вная) ве́ра.
당신 나라에서는 어떤 종교가 가장 많이 보급되어 있읍니까?	Кака́я рели́гия бо́льше всего́ распространена́ в ва́шей стране́?
당신 나라에서는 신앙의 자유가 있읍니까?	Есть ли в ва́шей стране́ свобо́да со́вести?
당신은 종교를 어떻게 생각하십니까?	Что вы ду́маете о рели́гии?
당신은 종교를 어떻게 생각하십니까?	Как вы отно́ситесь к рели́гии?

신앙	вероиспове́дание
불교	будди́зм
불교도, 불교신자	будди́ст

기독교	христиа́нство
기독교신자	христиани́н, христиа́нка
회교′	исла́м, мусульма́нство
회교도	мусульма́нин, мусульма́нка
대사원	собо́р
신부 ; 성직자, 승려	свяще́нник
예배, 법회	слу́жба
기도하다	моли́ться

　　소련의 교회　종교는 「민중의 아편 (о́пиум наро́да)이다」라는 것은 유명한 마르크스의 말이지만,　소련에서는 10월혁명 후 1918년 2 월12일(음력 1 월20일)에 교회와 국가와의 분리가(학교와 교회의 분리도) 이루어졌으며,　반종교선전의 자유가 헌법에 보장되어 있다. 그러나 동시에 믿음의 자유가 존재하며, 교회가 폐쇄된 것은 아니다. 소련에서는 「아르메니아 그레고리우스교회」(армя́но-григориа́нская це́рковь), 이슬람교회(мусульма́нская це́рковь) 등 여러 가지 교회가 있으며 가장 많은 것은 「정교교회」(правосла́вная це́рковь) 이다.

【박물관, 전람회, 박람회】

우리들 일정에 어떤 박물관(전람회)이 들어 있읍니까 ?	Каки́е музе́и (вы́ставки)　включены́ в на́шу програ́мму ?
이 박물관에는 어떤 자료가 수집되어 있읍니까 ?	Каки́е материа́лы со́браны в э́том музе́е ?
시내에서 지금 어떤 전람회가 열리고 있읍니까 ?	Каки́е вы́ставки сейча́с откры́ты в го́роде ?
이것은 상설박람회입니까?	Э́то постоя́нная вы́ставка ?
이 박람회는 언제 열렸읍니까 ?	Когда́ откры́лась э́та вы́ставка ?
이 박람회는 언제까지 열립니까 ?	Когда́ закро́ется э́та вы́ставка ?
이 박물관(전람회) 은 오늘 개장합니까 ?	Откры́т (откры́та) ли сего́дня э́тот музе́й (э́та вы́ставка) ?
박물관의 입장료는 얼마입	Ско́лько сто́ит вход в музе́й ?

니까?	
전시관이 모두 몇 개 있읍니까?	Сколько всего павильо́нов?
이것이 본관입니다.	Это гла́вный павильо́н.
공업(상업, 건설)관은 어디에 있읍니까?	Где нахо́дится павильо́н промы́шленности (торго́вли, строи́тельства)?
당신은 소련(한국)관에 갔었읍니까?	Вы бы́ли в Сове́тском (Коре́йском) павильо́не?
이 전시관에는 흥미로운 것이 많이 있읍니다.	В э́том павильо́не мно́го интере́сного.
어른과 아이표 1장씩 주십시오.	Да́йте оди́н биле́т для взро́слого и оди́н де́тский.
카탈로그는 어디에서 팝니까?	Где мо́жно купи́ть катало́г.
전람회장의 안내도(카탈로그)를 주십시오.	Да́йте, пожа́луйста, план вы́ставки (катало́г).
전람회장의 면적은 어느 정도입니까?	Каку́ю террито́рию занима́ет вы́ставка?
박람회는 어떤 전시관이 있읍니까?	Каки́е павильо́ны име́ются на вы́ставке?
다음 전시관으로 갑시다.	Пойдёмте в сле́дующий павильо́н.
전람회는 매우 좋았읍니다.	Вы́ставка мне о́чень понра́вилась.
우리는 이 전람회에 대한 인상이 좋았읍니다.	У нас оста́лись хоро́шие впечатле́ния от вы́ставки.
국립박물관	госуда́рственный музе́й
역사박물관	истори́ческий музе́й
연극박물관	театра́льный музе́й
뜨레찌야꼬프스끼미술관	Третьяко́вская галере́я
에르미따쉬예술박물관 (레닌그라드 소재)	Эрмита́ж
러시아 미술관	Ру́сский музе́й
동궁(冬宮)	Зи́мний дворе́ц
야스나야 뽈랴나 톨스토이[저택]박물관	музе́й-уса́дьба Толсто́го в Я́сной Поля́не

공업박람회 — промы́шленная вы́ставка

상공업박람회 — торго́во-промы́шленная вы́ставка

건축전〔시회〕 — строи́тельная вы́ставка

전시회 (견본시) — я́рмарка, 複生 *-рок*

농업박람회 — сельскохозя́йственная вы́ставка

소련국민경제달성박람회 — Вы́ставка достиже́ний наро́дного хозя́йства СССР (ВДНХ [*вэ-дэ-эн-ха́*])

만국박람회 — междунаро́дная вы́ставка

회화전 — вы́ставка карти́н

사진전 — фотовы́ставка

도서〔판매〕전 — вы́ставка [-прода́жа] книг

…전(展) — вы́ставка, посвящённая… [与格]

〔전시〕장, 홀 — [вы́ставочный] зал

전시품, 진열품 — экспона́т

감상노트 — кни́га о́тзывов

【여행의 인상】

여행은 재미있었읍니까? — Путеше́ствие бы́ло интере́сное?

여행은 재미있었읍니까? — Пое́здка была́ интере́сная?

여행에 대해서 말씀 해 주십시오. — Расскажи́те, пожа́луйста, о ва́шем путеше́ствии (о ва́шей пое́здке).

한국에 오셔서 제일 먼저 어떤 인상을 받으셨읍니까? — Скажи́те, како́е у вас бы́ло са́мое пе́рвое впечатле́ние, когда́ вы вступи́ли на коре́йскую зе́млю?

우리나라를 여행하시고 어떤 인상을 받으셨읍니까? — Како́е впечатле́ние произвела́ на вас пое́здка по на́шей стране́?

무엇이 가장 인상 깊었읍니까(강했읍니까, 좋았읍니까)? — Что произвело́ на вас наибо́лее глубо́кое (си́льное, хоро́шее) впечатле́ние?

우리는 한국과 한국인들이 매우 마음에 들었읍니다. | Нам о́чень понра́вилась Коре́я и её наро́д.
한국사람들에 대한 인상은 매우 좋습니다. | О́чень хоро́шее впечатле́ние произво́дят коре́йские лю́ди.
우리들은 당신들의 도시가 매우 마음에 들었읍니다. | Нам о́чень понра́вился ваш го́род.
이 도시에서 무엇이 가장 마음에 들었읍니까? | Скажи́те, что вам бо́льше всего́ понра́вилось в на́шем го́роде?
한국에서 어떤 회합이 가장 인상에 남았읍니까? | Кака́я встре́ча на коре́йской земле́ вам бо́льше всего́ запо́мнилась?
흥미있고 유익한 것을 많이 보았읍니다. | Я уви́дел[-а] мно́го интере́сного и поле́зного.
나는 한국 여행에 대단히 만족하고 있읍니다. | Я о́чень дово́лен свое́й пое́здкой в Коре́ю.

【사진】

카메라를 가지고 있읍니까? | Есть ли у вас фотоаппара́т?
당신 카메라는 어떤 상표입니까? | Како́й ма́рки ваш фотоаппара́т?
필름을 넣어 주십시오. | Заряди́те фотоаппара́т (кассе́ту), пожа́луйста.
이곳에서 사진을 찍어도 됩니까? | Здесь мо́жно (разреша́ется) фотографи́ровать?
찍을 수는 있지만, 플래쉬를 터트려서는 안됩니다. | Фотографи́ровать мо́жно, но применя́ть вспы́шку нельзя́.
이곳에서 사진찍는 것은 금지되어 있읍니다. | Здесь запреща́ется фотографи́ровать.
[당신의] 사진을 찍어도 괜찮겠읍니까? | Разреши́те сфотографи́ровать вас?
같이 사진을 찍읍시다. | Дава́йте вме́сте сфотографи́руемся.
같이 사진을 찍읍시다. | Сни́мемся вме́сте.
같이 사진을 찍지 않겠읍니까? | Прошу́ вас вме́сте с на́ми сфотографи́роваться.

〔사진기〕셔터를 좀 눌러 주십시오.	Бу́дьте добры́, спусти́те затво́р 〔фотоаппара́та〕.

【카메라 상점에서】

이 렌즈의 광도는 어느 정도입니까?	Кака́я светоси́ла у э́того объекти́ва?
이 사진기 렌즈의 광도는 어느 정도입니까?	Какова́ светоси́ла объекти́ва у э́того фотоаппара́та?
필름(인화지, 현상액, 정착액)을 주십시오.	Пожа́луйста, фотоплёнку (фотобума́гу, проя ви́тель, закрепи́тель).
이 필름의 감광도는 어느 정도입니까?	Какова́ чувстви́тельность э́той плёнки?
〔사진〕앨범	альбо́м 〔для фотока́рточек〕
흑백필름(인화지)	чёрно-бе́лая плёнка (фотобума́га)
칼라필름(인화지)	цветна́я плёнка (фотобума́га)
36장(20)짜리 필름	тридцатишестика́дровая (двадцатика́дровая) плёнка
네가티브	негати́в
조리개	диафра́гма
셔터	затво́р
초점을 맞추다	наводи́ть на ре́зкость
노출계	экспоно́метр
플래쉬	фотовспы́шка
(사진) 확대기	фотоувеличи́тель 〔男〕

【봉사료】

이곳에서는 봉사료를 줘야 합니까?	Ну́жно ли здесь дать на чай?
봉사료는 누구에게 주면 됩니까?	Кому́ сле́дует дать на чай?
봉사료로 얼마를 주면 될까요?	Ско́лько сле́дует дать на чай?
거스름돈은 그냥 가지세요.	Сда́чу оста́вьте себе́.
거스름돈은 그냥 가지세요.	Возьми́те себе́ сда́чу.
거스름돈은 필요 없읍니다.	Сда́чи не ну́жно (не на́до).

※ 소련에서는 원칙적으로 봉사료는 필요치 않다.

【분실, 도난】

호텔 방에서 시계를 잊고 왔읍니다.	Я забыл часы́ в но́мере гостиницы.
손가방(카메라)을 어딘가에 놓고 왔읍니다.	Я где-то оста́вил свою́ су́мочку (фотоаппара́т).
어제 저녁 분명히 당신 집에다 우산을 놓고 온 것 같은데, 못보셨읍니까?	Вчера́ ве́чером я, ка́жется, забы́л у вас зо́нтик. Вы его́ не ви́дели?
택시(전동차, 지하철, 버스)에 잊은 물건이 있는데, 어디에 문의하면 좋을까요?	Я забы́л в такси́ (в ваго́не электри́чки, в ваго́не метро́, в авто́бусе) вещь. Где я могу́ узна́ть о не́й?
여권(표)을 잃어버렸읍니다.	Я потеря́л па́спорт (биле́т).
지갑(동전 지갑)을 잃어버렸읍니다(도둑맞았읍니다).	У меня́ пропа́л (укра́ли) бума́жник (кошелёк).
어떻게 하면 좋을까요?	Как мне быть?
분실물보관소는 어디에 있읍니까?	Где бюро́ нахо́док?
여권은 찾으셨읍니까?	Вы нашли́ па́спорт?

【경고문】

차조심!	Береги́сь автомоби́ля!
출구없음	Вы́хода нет.
통행금지	Прохо́д (прое́зд) закры́т.
관계자외 출입금지	Посторо́нним вход воспрещён.
금연	Не кури́ть.
페인트 조심!	Осторо́жно, окра́шено!

【인구, 행정단위】

소련은 세계에서 가장 큰 나라입니다.	СССР—са́мая больша́я страна́ в ми́ре.

소련의 면적은 약 2240만 km² 입니다.	Пло́щадь СССР — о́коло двадцати́ двух це́лых и четырёх деся́тых миллио́на квадра́тных киломе́тров.
한국의 면적은 얼마나 됩니까?	Какова́ пло́щадь Коре́я?
소련은 15개 공화국으로 되어 있읍니다.	СССР состои́т из пятна́дцати респу́блик.
소련의 인구는 2억 6244만 2000명입니다(1979년 1월 현재).	Населе́ние СССР составля́ет две́сти шестьдеся́т два миллио́на четы́реста со́рок две ты́сячи челове́к.
한국의 인구는 얼마나 됩니까?	Каково́ населе́ние Коре́я? (Кака́я чи́сленность населе́ния Коре́и?)
한국에는 도가 몇 개입니까?	Ско́лько прови́нций в Коре́е?
모스끄바는 소련의 수도입니다.	Москва́ — столи́ца Сове́тского Сою́за (СССР).
모스끄바의 인구는 801만 1000명입니다(1979년 1월 현재).	Населе́ние Москвы́ составля́ет во́семь миллио́нов оди́ннадцать ты́сяч челове́к.
당신네 도시인구는 얼마나 됩니까?	Ско́лько жи́телей в ва́шем го́роде? (Каково́ населе́ние ва́шего го́рода?)
도시에는 몇 개의 구(区)가 있읍니까?	Ско́лько райо́нов в го́роде?

[소련] 가맹 (구성) 공화국	сою́зная респу́блика
자치공화국	автоно́мная респу́блика
지방	край, 複 края́, краёв
주	о́бласть [女], 複 -и, -е́й
자치주	автоно́мная о́бласть
민족관구(지방)	национа́льный о́круг
도(한국의)	прови́нция
지구; (시의) 구(区)	райо́н
군(한국의)	уе́зд

도시	го́род, 複 -á, -о́в
소도시, 읍	городо́к, -дка́
[노동자·별장] 부락	посёлок, -лка
촌락, 마을	село́, 複 сёла, сёл, сёлам
시골	дере́вня, 複 дере́вни, -ве́нь, -вня́м
행정 중심지, 관청 소재지	администрати́вный центр

시골 село́나 дере́вня는 우리 말로 「시골(마을)」이지만, село́는 큰 마을, дере́вня는 작은 마을을 의미한다.

혁명전에는 село́에만 교회가 있고, дере́вня에는 없었다. 혁명후 село́에는 한국의 「면사무소」에 해당하는 지방행정기관 сельсове́т 「마을소비에트」가 있고, дере́вня에는 없다.

райо́н은 한국의 「경인지방」 「영남지방」 등의 「지방」의 뜻으로도 사용된다.

【소련가맹공화국·수도·언어】

소비에뜨 사회주의 공화국연방(소비에뜨연방, 소련) 수도-모스끄바. 러시아어.	Сою́з Сове́тских Социалисти́ческих Респу́блик (Сове́тский Сою́з, СССР [эс-эс-эс-э́р]) Столи́ца — Москва́. ру́сский язы́к.
러시아 소비에뜨연방 사회주의 공화국(러시아연방) 수도-모스끄바. 러시아인[男] (女, 複). 러시아어.	Росси́йская Сове́тская Федерати́вная Социалисти́ческая Респу́блика (Росси́йская Федера́ция, РСФСР [эр-эс-эф-эс-э́р]) Столи́ца — Москва́. ру́сский (ру́сская, ру́сские). ру́сский язы́к.
우끄라이나 소비에뜨 사회주의 공화국(우끄라이나, 우끄라이나공화국) 수도-끼예프. 우끄라이나인. 우끄라이나어.	Украи́нская Сове́тская Социалисти́ческая Респу́блика (Украи́на, УССР [у-эс-эс-э́р]) Столи́ца — Ки́ев. украи́нец (украи́нка, украи́нцы). украи́нский язы́к.

백러시아 소비에뜨사회주의공화국(백러시아, 백러시아공화국) 수도—민스크. 백러시아인. 백러시아어.

Белору́сская Сове́тская Социалисти́ческая Респу́блика (Белору́ссия, БССР [бэ-эс-эс-эр]) Столи́ца — Минск. белору́сс (белору́сска, белору́ссы). белору́сский язы́к.

우즈베크 소비에뜨사회주의공화국(우즈베끼스딴, 우즈베크공화국) 수도—따쉬껜트. 우스베크인. 우즈베크어.

Узбе́кская Сове́тская Социалисти́ческая Респу́блика (Узбекиста́н, УзССР [уз-эс-эс-эр]) Столи́ца — Ташке́нт. узбе́к (узбе́чка, узбе́ки). узбе́кский язы́к.

까자흐 소비에뜨사회주의공화국(까자흐스딴, 까자흐공화국) 수도—알마아따. 까자흐인. 까자흐어.

Каза́хская Сове́тская Социалисти́ческая Респу́блика (Казахста́н, КазССР [каз-эс-эс-эр]) Столи́ца — Алма́-Ата́. каза́х (каза́шка, каза́хи). каза́хский язы́к.

그루지야 소비에뜨사회주의공화국(그루지야, 그루지야공화국) 수도— 뜨빌리시. 그루지야인. 그루지야어.

Грузи́нская Сове́тская Социалисти́ческая Респу́блика (Гру́зия, ГССР [гэ-эс-эс-эр]) Столи́ца — Тбили́си. грузи́н (грузи́нка, грузи́ны). грузи́нский язы́к.

아제르바이잔 소비에뜨사회주의공화국(아제르바이잔, 아제르바이잔공화국) 수도—바꾸. 아제르바이잔인. 아제르바이잔어.

Азербайджа́нская Сове́тская Социалисти́ческая Респу́блика (Азербайджа́н, АзССР [аз-эс-эс-эр]) Столи́ца — Баку́. азербайджа́нец (азербайджа́нка, азербайджа́нцы). азербайджа́нский язы́к.

리뜨비아 소비에뜨사회주의공화국(리뜨비아, 리뜨비아공화국) 수도—빌리뉴스 리뜨비아인. 리뜨비아어.

Лито́вская Сове́тская Социалисти́ческая Респу́блика (Литва́, ЛитССР [лит-эс-эс-эр]) Столи́ца — Ви́льнюс. лито́вец (лито́вка, лито́вцы). лито́вский язы́к.

몰다비야 소비에뜨사회주
의공화국(몰다비야, 몰다
비야공화국) 수도—끼쉬
뇨프·몰다비야인. 몰다
비야어

Молда́вская Сове́тская Социалисти́ческая Респу́блика (Молда́вия, МССР [эм-эс-эс-эр]) Столи́ца — Кишинёв. молдава́нин (молдава́нка, моадава́не). молда́вский язы́к.

라뜨비야 소비에뜨사회주
의공화국(라뜨비야, 라뜨
비야공화국) 수도—리가.
라뜨비야인. 라뜨비야어.

Латви́йская Сове́тская Социалисти́ческая Респу́блика (Ла́твия, ЛатвССР [латв-эс-эс-эр]) Столи́ца — Ри́га. латви́ец (латви́йка, латви́йцы). латви́йский язы́к.

끼르기즈 소비에뜨사회주
의공화국(끼르기지아)수
도—프룬제. 끼르기즈인.
끼르기즈어.

Кирги́зская Сове́тская Социалисти́ческая Респу́блика (Кирги́зия) Столи́ца—Фру́нзе кирги́з (кирги́зка, кирги́зы). кирги́зский язы́к.

따지크 소비에뜨사회주의
공화국(따지크스딴, 따지
크공화국)수도—두샨베.
따지크인. 따지크어.

Таджи́кская Сове́тская Социалисти́ческая Респу́блика (Таджикиста́н, ТаджССР [тадж-эс-эс-эр]) Столи́ца—Душанбе́. таджи́к (таджи́чка, таджи́ки). таджи́кский язы́к.

아르메니야 소비에뜨사회
주의공화국(아르메니야,
아르메니야공화국) 수도
—예레반. 아르메니아인.
아르메니아어.

Армя́нская Сове́тская Социалисти́ческая Респу́блика (Арме́ния. АрмССР [арм-эс-э-с-эр]) Столи́ца — Ерева́н. армяни́н (армя́нка, армя́не). армя́нский язы́к.

뚜르크멘 소비에뜨사회주
의공화국(뚜르크메니야,
뚜르크메니스딴, 뚜르크
멘공화국) 수도—아쉬하
바드. 뚜르크멘인. 뚜르
크멘어.

Туркме́нская Сове́тская Социалисти́ческая Респу́блика (Туркме́ния, Туркмениста́н, ТССР [тэ-эс-эс-эр]) Столи́ца — Ашхаба́д. туркме́н (туркме́нка, туркме́ны). туркме́нский язы́к.

에스또니아 소비에뜨사회
주의공화국(에스또니아,
에스또니아공화국) 수도 –
딸린. 에스또니아인. 에
스또니아어.

Эсто́нская Сове́тская Социа-
листи́ческая Респу́блика(Эс-
то́ния, ЭССР[э-эс-эс-э́р]) Сто-
ли́ца — Та́ллин. эсто́нец (эс-
то́нка, эсто́нцы). эсто́нский
язы́к..

이밖에, 처음의 낱말 이외를 첫머리글자로 나타낸 약칭
도 사용된다. 예를들면,

우끄라이나 공화국　　　　Украи́нская ССР
백러시아 공화국　　　　　Белору́сская ССР

호 텔

【여행안내소에서】

이 호텔은 이 도시에서는 일류입니다.

Это первоклассный отель [тэ] в этом городе.

이 호텔의 숙박료는 얼마입니까?

Какая плата за номер в этом отеле?

이 호텔은 서비스가 매우 훌륭합니다.

В этой гостинице очень хорошо обслужибают (очень хорошее обслуживание).

호텔 주소를 알려 주십시오.

Дайте мне адрес гостиницы.

우리 어느 호텔에 묵을까요?

В какой гостинице мы остановимся?

「우끄라이나」호텔이 어디에 있는지 가리켜 주시겠읍니까?

Скажите, пожалуйста, где находится гостиница «Украина»?

죄송합니다만 「인뚜리스트」호텔을 어떻게 가야 하는지 가리켜 주시겠읍니까?

Будьте добры, скажите, как проехать (пройти) к гостинице «Интурист»?

내 짐을 호텔로 옮겨 주십시오.

Доставьте мой багаж в гостиницу.

이 것을 호텔로 옮겨 주십시오.

Прошу доставить это в гостиницу.

【호텔 프론트에서】

나는 당신 호텔(이 호텔)에 묵고 싶읍니다.

Я хотел [-а] бы остановиться в вашей гостинице (в этом отеле).

—미리 방을 예약하셨읍니까?

—Есть ли у вас предварительный заказ? (Вы предварительно заказали у нас номер?)

—예, 1주일 전에 여행사를 통해서 예약했읍니다.

—Да, я заказал номер через бюро путешествий неделю тому назад.

당신의 방은 예약돼 있읍니다.

Но́мер для вас заброни́рован.

몇 명입니까?

Ско́лько вас челове́к?

10명이 묵을 수 있읍니까?

Мо́жете ли вы размести́ть де́сять челове́к?

어떠한 방을 원하십니까?

Како́й но́мер вы жела́ете?

독방(2인용)이 필요합니다.

Мне (нам) ну́жен но́мер на одного́ (на двои́х).

우리는 욕실이 있는 2인용 방을 원합니다.

Нам ну́жен но́мер на двои́х с ва́нной.

나는 욕실이 있는 독방이 있으면 좋겠읍니다.

Я хоте́л бы получи́ть ко́мнату на одного́ с ва́нной.

조용한(전망이 좋은, 바다가 보이는) 방이 있읍니까?

Есть ли ти́хая ко́мната (но́мер с хоро́шим ви́дом, но́мер с ви́дом на́ море)?

이리 오십시오.

Прошу́ сюда́.

—이 방 괜찮습니까?

—Устро́ит ли вас э́тот но́мер?

—예, 좋습니다(아니오, 마음에 들지 않습니다).

—Да, устро́ит. (Нет, не устро́ит.)

이 방은 좀 어둡군요(좁군요). 좀 더 밝은(넓은) 방 있읍니까?

Э́тот но́мер темнова́т (теснова́т). Есть ли бо́лее све́тлый (просто́рный).

이 방은 「특실」입니까?

Э́то но́мер «люкс»?

이 방에 묵겠읍니다.

Оста́вьте, пожа́луйста, э́тот но́мер за мной (за на́ми).

이 방은 1박하는데 얼마입니까?

Ско́лько сто́ит э́тот но́мер в су́тки?

—1일 숙박료는 얼마입니까?

—Кака́я пла́та за прожива́ние в су́тки?

—식사 두끼(포함) 해서 9,000원입니다.

—Де́вять ты́сяч во́нов при двухра́зовом пита́нии.

이 금액에 봉사료와 세금은 포함돼 있지 않읍니다.

В э́ту су́мму не вхо́дят (не включа́ются) пла́та за обслу́живание и нало́ги.

봉사료와 세금을 포함하지 않고 1박에 9000원입니다.

Де́вять ты́сяч во́нов в су́тки не включа́я пла́ты за обслу́живание и нало́ги.

숙박료에 식비(전화료)가 들어 갑니까?

Входит ли в стоимость номера питание (телефон)?

좀 더 싼 방은 없읍니까?

Нет ли более дешёвого номера?

한국의 호텔은 보통 아침 식사대와 저녁 식사대가 숙박료에 포함되지 않읍니다.

В корейской гостинице в плату за проживание (в стоимость номера) обычно не включается и плата за завтрак и ужин.

한국 호텔에서는 숙박료 이외에 봉사료와 세금을 따로 지불할 필요가 없읍니다.

В корейской гостинице, кроме платы за проживание не нужно платить за обслуживание и налоги.

한국의 호텔은 오전 12시, 또는 정오가 지나면 추가로 사용료를 내야 합니다.

В корейской гостинице после двенадцати часов утра или после полудня нужно платить дополнительно за пользование номером.

숙박계를 써 주십시오.

Будьте добры, заполните этот бланк.

숙박계(앙케에트)를 써 주십시오.

Прошу заполнить (заполните, пожалуйста), листок (анкету) для приезжающих.

—며칠이나 묵을 생각이십니까?

—На сколько дней вы думаете остановиться у нас?

—2일(5일, 1주일) 묵을 생각입니다.

—Я думаю остановиться на два дня (на пять дней, на неделю).

—며칠이나 숙박하실 생각이십니까?

—Сколько дней вы думаете пробыть у нас?

—2, 3일 숙박할 생각입니다(며칠 머무를 생각입니다).

—Я думаю пробыть здесь два-три дня. (Я пробуду несколько дней).

귀중품은 보관해 드립니다.

Ценные вещи мы можем принять на хранение.

열쇠를 가지고 가십시오.

Возьмите, пожалуйста, ключ от номера.

【수하물】

내 트렁크 좀 방으로 옮겨 주십시오.

Прошу́ отнести́ мои́ чемода́ны в но́мер.

—당신의 트렁크는 어떤 것입니까?

—Како́й ваш чемода́н?

—검정색(노랑색, 갈색)입 니다.

—Мой чемода́н чёрный (жёлтый, кори́чневый).

이것은 나의 트렁크가 아 닙니다.

Э́то не мой чемода́н.

트렁크를 보관했으면 하는 데 보관소는 어디에 있 읍니까?

Я хоте́л бы сдать свой чемода́н на хране́ние. Где ка́мера хране́ния?

트렁크를 보관해 주십시오.

Прими́те мой чемода́н на хране́ние.

보관증을 가져 가십시오.

Возьми́те, пожа́луйста, квита́нцию.

트렁크 열쇠를 잃어 버렸 읍니다.

Я потеря́л [-а] ключ от чемода́на.

【호텔 방에서】

필요한 일이 생기면 이 버 튼을 누르십시오 (층의 당직자에게 전화하십시 오).

Е́сли вам что́-нибудь бу́дет ну́жно, нажми́те э́ту кно́пку (позвони́те дежу́рной по этажу́).

봉사원 (여자)은 어떻게 하면 호출할 수 있읍니 까?

Как вы́звать го́рничную?

다른 방에(시내는) 어떻게 전화합니까?

Как звони́ть в друго́й но́мер (из гости́ницы в го́род)?

층의 당직자는 어디에 있 읍니까?

Где дежу́рная по этажу́?

봉사원을 방으로 보내 주 십시오.

Пришли́те в но́мер го́рничную.

—언제 깨워 드릴까요?

—Когда́ вас разбуди́ть?

—6시에 깨워 주십시오.

—Разбуди́те меня́ (нас) в шесть часо́в.

봉사원에게 8시에 우리를
깨워 달라고 이야기를 해
주십시오.

Скажи́те, пожа́луйста, го́рнич-
ной, что́бы она́ разбуди́ла
нас в во́семь часо́в.

무엇이든지 말씀만 하시면
최선을 다 해 드리겠읍
니다.

Я к ва́шим услу́гам.

무슨 일인지 말씀하십시오.
—뭔가 더 필요한 것이 있
읍니까?

Что вам уго́дно?
—Вам ну́жно что́-нибудь ещё?

—아니오, 감사합니다만
더 이상 필요없읍니다.

—Нет, спаси́бо. Бо́льше ни-
чего́ не ну́жно.

【식사】

아침(저녁) 식사는 언제 하
시겠읍니까?

В како́е вре́мя вы хоти́те
(жела́ете) за́втракать (у́жи-
нать)?

—어디서 식사하시겠읍니
까?

—Где вы жела́ете обе́дать?

—식당에서 하겠읍니다.

—Я бу́ду обе́дать в рестора́не.

방에서 식사할 수 있읍니
까?

Могу́ ли я обе́дать в но́мере?

점심으로 무엇을 원하십니
까?

Что вы хоти́те на обе́д?

오늘 점심은 무엇입니까?

Что сего́дня на обе́д?

저녁식사는 무엇으로 주문
할까요?

Что зака́жем на у́жин?

124호실인데요. 커피 2잔
만(생수, 과일, 햄버거)
좀 갖다 주십시오.

С ва́ми говоря́т из но́мера сто
два́дцать четы́ре. Принеси́-
те, пожа́луйста, две ча́шки
ко́фе (минера́льной воды́,
фру́кты, бутербро́ды).

—이 호텔에 식당(레스또
랑)이 있읍니까?

—Есть ли в э́той гости́нице
столо́вая (рестора́н)?

—예, 있읍니다. 2층에 있
읍니다.

—Да, есть. Она́ (он) на вто-
ро́м этаже́.

【기타】

—어느 호텔에 묵고 계십
　니까?

—В како́й гости́нице вы оста-
　нови́лись.

—「나찌오날」호텔에 묵고
　있읍니다 (「나찌오날」
　호텔입니다).

—Я останови́лся в гости́нице
　《Национа́ль》.

몇 호실에 묵고 계십니까?

В како́м но́мере вы живёте?

나는 「인뚜리스트」호텔 3
　층 56호실에 묵고 있읍
　니다.

Я живу́ в гости́нице 《Инту-
　ри́ст》 в но́мере пятьдеся́т
　шесть на трье́тьем этаже́.

당신 방은 몇 층입니까?

На како́м этаже́ нахо́дится
　ваш но́мер?

A씨를 찾아 왔는데 몇 호
　실입니까?

Я к господи́ну А. В како́м но́-
　мере он прожива́ет?

방에 전화를 하셔서 A가
　왔다고 말씀 좀 전해 주
　십시오.

Позвони́те, пожа́луйста, ему́ в
　но́мер и скажи́те, что при-
　шёл А.

로비에서 당신을 기다리고
　있겠읍니다.

Я жду вас в вестибю́ле.

홀(살롱)로 가시지요.

Пройдёмте в холл (в сало́н).

호텔을 나가실 때(외출하
　실 때)에는 방 열쇠를
　프론트(〔층〕의 당직자)
　에 맡겨 두십시오.

Когда́ вы выхо́дите из гости́ни-
　цы, оставля́йте, пожа́луйста,
　ключ от но́мера у админи-
　стра́тора (дежу́рной по
　этажу́).

48호실인데, 방 열쇠를 주
　십시오.

Мой но́мер со́рок во́семь.
　Да́йте, пожа́луйста, ключ
　от но́мера.

만약 누군가가 나를 찾아
　오면, 2시간 후에 돌아
　온다고 전해 주십시오.

Е́сли кто́-нибудь придёт ко
　мне, скажи́те, пожа́луйста,
　что я верну́сь часа́ че́рез
　два.

내가 없는 동안 누군가 찾
　아온 사람이 없읍니까?

Не приходи́л ли кто́-нибудь ко
　мне (меня́ не спра́шивали),
　когда́ меня́ не́ было (пока́
　меня́ не́ было)?

누군가 나를 찾아 왔읍니까?	Кто меня спра́шивал?
엘리베이터는 어디 있읍니까?	Где лифт?
엘리베이터로 올라(내려) 갑시다.	Подни́мемся (спу́стимся) на ли́фте.
편지를 기다리고 있는데, 나에게 온 편지는 없읍니까?	Я жду пи́сем. Нет ли для меня́ пи́сем?
이 호텔에서는 서비스 뷰로가 있읍니까?	В э́той гости́нице есть бюро́ обслу́живания?

【체크 아웃】

—언제 출발하십니까?	—Когда́ вы отправля́етесь?
—1시간 후(10시 경)에 떠납니다.	—Я отправля́юсь че́рез час (часо́в в де́сять).
—출발은 언제합니까?	—Когда́ вы уезжа́ете?
—지금 곧(내일) 출발합니다.	—Мы сейча́с уезжа́ем. (Мы уезжа́ем за́втра.)
—짐은 벌써 다 쌌읍니다.	Ве́щи уже́ уло́жены.
—짐은 벌써 다 쌌읍니다.	Я уже́ уложи́лся.
짐 무게를 달았으면 하는데, 저울은 어디에 있읍니까?	Мне ну́жно взве́шивать ве́щи. Где весы́?
택시를 불러 주십시오.	Вы́зовите мне, пожа́луйста, такси́.
—떠날 준비가 다 됐읍니까?	—Вы уже́ гото́вы [к отъе́зду]?
—아니오, 아직 안 됐읍니다. 이제 곧(1시간 후, 30분 후에) 됩니다.	—Нет, ещё. Я бу́ду гото́в (гото́ва) ско́ро (че́рез час, че́рез полчаса́).
이것은 필요 없으니까 버리십시오.	Э́то мне не ну́жно. Вы́бросьте, пожа́луйста.
잊으신 물건은 없으십니까?	Вы ничего́ не забы́ли?

　　호텔종업원　　호텔의 각층 복도에는 테이블이 놓여져 있으며, 거기에는 항상 дежу́рная по этажу́ 「층당직자」 (여자)가 있다.

　　당직자는 해당 층의 객실및 손님의 서비스에 관해 모든 책임을 지고, 그녀 아래에 몇명의 го́рничная 「룸 서비스원」(여자)이 일하고 있다. 손님이 입실한 뒤에는 дежу́рная по этажу́가 한국호텔에서의 프론트 역할을 담당하게 된다. 외출시에도, 방의 열쇠는 프론트가 아니라, дежу́рная по этажу́에게 맡기게 되어 있다.

쇼 핑

외화(달러)로 물건을 살 수 있는 상점은 어디에 있읍니까?

Где я могу́ (мы мо́жем) сде́лать поку́пки на валю́ту (до́ллары)?

외화로 물건을 살 수 있는 상점은 어디에 있읍니까?

Где валю́тный магази́н?

이 곳에서는 외화(달러)로 살 수 있읍니까, 아니면 루블로 살 수 있읍니까?

Здесь продаю́т на валю́ту (до́ллары) и́ли на рубли́?

소련의 일반 상점은 루블로만 매매가 가능한데, 외국인을 위해 외화로만 매매가 가능한 상점(Берёзка 「자작나무」이 몇 곳 있다.

백화점은 무슨 요일에 쉽니까?

В како́й день не рабо́тают (закры́ты) универма́ги?

이 상점의 개점(폐점)시간은 언제입니까?

Когда́ открыва́ется (закрыва́ется) э́тот магази́н?

상점은 재고 조사(점심시간)로 문을 닫았읍니다.

Магази́н закры́т на учёт (обе́д).

나는(우리들은) 굼(국영백화점)에 갔으면 합니다.

Я хочу́ (мы хоти́м) пойти́ в ГУМ [гум] (Госуда́рственный универса́льный магази́н).

나는(우리들은) 쇼핑을 해야만 합니다(사고 싶은 물건이 있읍니다).

Мне (нам) ну́жно сде́лать поку́пки (ко́е-что купи́ть).

—무엇을 사고 싶으십니까?

—Что вы хоти́те купи́ть?

—기념품을 사고 싶습니다.

—Я хоте́л бы купи́ть (приобрести́) сувени́ры.

【매장】

털 모자는 어디서 팝니까?	Где продаю́т (где мо́жно купи́ть) мехову́ю ша́пку?
말씀 좀 여쭙겠는데, 「신사복 판매장」에는 어떻게 가면 될까요?	Скажи́те, пожа́луйста, как пройти́ в отде́л «Мужска́я оде́жда»?
이것을 사고 싶습니다.	Мне ну́жно э́то.
이것을 보여 주십시오.	Покажи́те, пожа́луйста, э́то.
이것을 주십시오.	Да́йте, пожа́луйста, э́то.
—「샤넬」향수가 있읍니까? (이곳에는 「샤넬」향수가 없읍니까?)	—Есть ли духи́ «Шаннель»? (Нет ли у вас духо́в «Шаннель»?)
유감스럽게도 품절입니다.	—К сожале́нию, э́того това́ра бо́льше нет.
골라 보세요.	Пожа́луйста, выбира́йте.
좀 더 좋은 것을 사고 싶은데요.	Мне ну́жно полу́чше.
이것은 마음에 들지 않는군요.	Э́то мне не нра́вится.
이것(이 물건)이 좋군요 (이걸 하겠읍니다).	Я беру́ (возьму́) э́то (э́ту вещь).
〔이것은〕얼마입니까?	Ско́лько [э́то] сто́ит?
전부해서 얼마를 지불하면 될까요?	Ско́лько всего́ я до́лжен (должна́) уплати́ть?
값을 써 주십시오.	Напиши́те це́ну.
비싸(싸)군요.	Э́то до́рого (дёшево).
좀 더 싼 것은 없읍니까?	Нет ли подеше́вле?
좀 더 싸게 안될까요?	Нельзя́ ли подеше́вле?
—싸게 안될까요?	—Нельзя́ ли деше́вле?
—유감스럽지만, 우리 집에서는 할인을 해 드릴 수가 없읍니다.	—К сожале́нию, мы ски́дки сде́лать не мо́жем.
전표를 써 주십시오.	Вы́пишите, пожа́луйста, чек.
대금 지불처(카운터)는 어디에 있읍니까?	Где ка́сса?
산 물건은 어디에서 받을 수 있읍니까?	Где вы́дача поку́пок? (Где я могу́ получи́ть поку́пку?)

종이로 포장해 주십시오.	Заверни́те, пожа́луйста, в бума́гу.
전부 같이 포장해 주십시오.	Заверни́те, пожа́луйста, всё вме́сте.
내가 산 물건을 호텔로 가져다 주었으면 합니다.	Я прошу́ доста́вить мои́ поку́пки в гости́ницу.
산 물건 전부를 이 주소로 보내 주셨으면 합니다.	Все поку́пки пошли́те по э́тому а́дресу.
출구는 어디입니까?	Где вы́ход?

【기념품】

기념으로 무언가 사고 싶습니다.	Я хоте́л бы купи́ть что́-нибудь на па́мять.
어떤 기념품을 사면 좋을까요?	Каки́е сувени́ры вы рекоменду́ете (сове́туете) мне купи́ть?
기념품으로 무엇을[사기를] 추천하십니까?	Что вы рекоменду́ете мне купи́ть в ка́честве сувени́ра?
한국(러시아, 우끄라이나) 인형을 사시기를 권합니다.	Я рекоменду́ю вам купи́ть коре́йскую (ру́сскую, украи́нскую) ку́клу.
갖가지 자질구레한 장식품은 어디에서 팔고 있읍니까?	Где мо́жно купи́ть ра́зные безделу́шки?

식료품점	гастроно́м
식료품점	продово́льственный магази́н
식료품점	бакале́йный магази́н

> 식료품점 продово́льственный магази́н은 보통 식료품점이며, гастроно́м은 가공식품을 많이 다루는 큰 고급 식료품점이다. бакале́йный магази́н은 차, 커피, 사탕, 밀가루, 조미료등을 파는 식료품점의 일종이다.

빵집	бу́лочная
과자점	конди́терская
우유제품가게	магази́н моло́чных проду́ктов

과일가게	фрукто́вый магази́н
담배가게	таба́чный магази́н (кио́ск)
포목점	магази́н тка́ней
양복점	магази́н оде́жды
양재점	ателье́ [тэ] мод
일용품점	промтова́рный магази́н
모자가게	магази́н головны́х убо́ров
제화점	обувно́й магази́н
보석상점	ювели́рный магази́н
시계점	часово́й магази́н
잡화점	галантере́йный магази́н
골동품가게	антиква́рный магази́н
가구점	ме́бельный магази́н
화장품가게	парфюме́рный магази́н
서점	кни́жный магази́н
고서점	букинисти́ческий магази́н
신문판매대	газе́тный кио́ск
카메라상점	фотомагази́н
스포츠용품점	магази́н спорти́вных това́ров
꽃가게	цвето́чный магази́н (кио́ск)
우표가게 (수집가용)	филателисти́ческий [тэ] магази́н
시장	база́р
시장	ры́нок, -нка
부 (部)	се́кция
판매대	прила́вок, -вка
…자동판매기	автома́т для прода́жи… [生格]
진열장	витри́на
가게 (백화점) 지배인	дире́ктор магази́на (универма́га)

소련상점에서의 상품구입방법　소련의 백화점이나 큰 상점에서 상품을 구입할 때에는 покупа́тель, покупа́тельница 「손님」은 отде́л 「판매장」에서 우선 상품을 골라, цена́ (複 це́ны) 「값」을 확인하고, продаве́ц, продавщи́ца 「점원」에게서 чек 「전표」를 떼어 받는다. 그리고 ка́сса 「카운터」에 가서 값을 지불하고, 레지스터

(касси́рша, касси́р)로부터 지불이 끝났다는 스탬프를 찍은 전표를 받아 판매장의 стол упако́вки 「포장부」에 간다. 그리고 그 곳에서 전표와 교환하여 상품을 받는다.

소련의 상점은 어느 곳이건 국영이기 때문에 값을 더 부르는 일은 없다.

따라서, 값을 깎거나 하는 일은 웃음거리밖에 되지 않으니 주의해야 한다.

行列의 제일 뒤에 설 경우 물건을 사거나, 표를 끊을 때 등 두세 명의 행렬이라면 그냥 뒤에 서서 자기 차례를 기다리면 되겠지만, 행렬이 긴 경우에 앞에 서 있던 사람이 없어지거나 잠시 열을 떠나 있던 사람이 뒤에서 열중에 끼어 들어오는 수도 있어, 모르는 사이에 자기순서를 잃게 되는 수가 종종 생긴다. 그렇다면 행렬의 제일 뒤에 섰을 경우는 어떻게 하면 좋을까?

행렬의 제일 뒤에 서게 됐을 때에는 앞 사람에게 Вы после́дний? 「당신이 제일 뒤십니까?」라고 묻는다. Вы кра́йний? 라고 묻는 사람도 있지만, 이런 표현은 좋지 않다. 앞 사람이 Да 라고 대답하면 Я за ва́ми. 「당신 뒤가 저입니다」라고 확인해 둔다. 또, 앞 사람이 Нет, за мной ещё одна́ же́нщина (два мужчи́ны) 「아닙니다, 제 뒤에는 여자분이 한 분(남자 두 분)이 계십니다」 등으로 대답하는 수도 있으므로, 그 사람과 자기 사이에 몇 명이 있는가를 기억해 두는 것이 좋다. 볼 일이 있어 잠깐 열을 떠나야 할 때에는 뒤에 있는 사람에게(앞 사람이 아니라) Мо́жно (разреши́те) на мину́тку уходи́ть (уйти́, отлучи́ться)? 「잠시 열을 떠나야겠읍니다. 잘 좀 부탁드립니다」라고 말하고, Пожа́луйста. 「네, 좋습니다」라는 대답을 받고나서 열을 떠난다. 볼 일이 끝나면 방금 전의 그 사람에게, Спаси́бо 라고 예의를 표하고 열에 되돌아 온다.

불편신고서 상점을 포함해서 일반적으로 소련의 서비스업계 상점에는 жа́лобная кни́га「불편신고서」라는 것이 준비되어 있어 손님이 점원의 서비스, 상품, 기타 등등에 대해서 불평이나 의견을 말하고 싶을 때에는 신고서에 기록하여 신고할 수도 있다.

예 술

예술	иску́сство
인상주의	импрессиони́зм
상징주의	символи́зм
형식주의	формали́зм
추상주의	абстракциони́зм
추상예술	абстра́ктное иску́сство
예술지상주의	иску́сство ра́ди иску́сства

미 술

당신은 그림을 좋아하십니까?	Вы лю́бите жи́вопись?
당신이 좋아하는 화가(조각가)는 누구입니까?	Кто ваш люби́мый худо́жник (скýльптор)?
당신은 러시아(소련) 그림을 본 일이 있읍니까?	Знако́мы ли вы с ру́сской (сове́тской) жи́вописью?
—러시아(소련)의 어떤 화가를 좋아하십니까?	—Каки́х ру́сских (сове́тских) худо́жников вы лю́бите?
—수리코프(레비딴, 세로프)를 좋아합니다.	—Я люблю́ В. И. Су́рикова (И. И. Левита́на, В. А. Серо́ва, А. М. Гера́симова).
—러시아(소련) 화가의 어떤 그림을 좋아합니까?	—Каки́е карти́ны ру́сских (сове́тских) худо́жников вам нра́вятся?
—레삔의 「볼라강」의 뱃사공「이반뇌제와 그의 아들 이반」과 시쉬낀의 산림 풍경화를 좋아합니다.	—Мне нра́вятся «Бурлаки́ на Во́лге», «Ива́н Гро́зный и сын его́ Ива́н» И. Е. Ре́пина и лесно́й пейза́ж И. И. Ши́шкина.
어떤 미술관(화랑)을 구경하면 좋을까요?	Каки́е галере́и вы сове́товали бы нам посети́ть?
우리들의 일정에는 어떤 미술관이 들어 있읍니까?	Каки́е галере́и включены́ в на́шу програ́мму?

우리들은 뜨레쩨야꼬쁘스 끼미술관 (뿌쉬낀미술관 에르미따쥐, 러시아미술 관)에 가고 싶습니다.	Мы хоти́м посети́ть Третья-ковскую галере́ю (Музе́й изобрази́тельных иску́сств и́мени А. С. Пу́шкина, Эрми-та́ж, Ру́сский Музе́й).
현대미술은 어느 홀에서 전시되고 있읍니까?	В како́м сало́не выставля́ется совреме́нная жи́вопись?
소련 그림의 홀은 어디입 니까?	Где зал сове́тской жи́вописи?
이 그림은 누가 그린 것입 니까?	Кто написа́л э́ту карти́ну?
이 조각은 누구의 작품입 니까?	Кто а́втор э́той скульпту́ры?
그림의 복제품은 어디에서 구할 수 있읍니까?	Где мо́жно приобрести́ репро-ду́кции карти́н?
조형미술	изобрази́тельное иску́сство
유화(수채화)	ма́сляная (акваре́льная) жи́во-пись
유화	жи́вопись (карти́на) ма́слом

> **회화(繪畫)** карти́на 와 жи́вопись 는 모두 우리 말로 「회화」라고 번역될 수 있지만, карти́на 는 하나 하나의 그림을 의미하고, жи́вопись 는 그림의 총칭및 제작, 표현 등의 전체과정을 의미한다.

수채화, 수채화 그림물감	акваре́ль [女]
그래픽; 그래픽 화가	гра́фика; гра́фик
그림	рису́нок, -нка

> **그림** карти́на 와 рису́нок 는 모두 「그림」으로 번역될 수 있지만, карти́на 는 유화 등의 본격적인 그림이고, рису́нок 는 연필화, 펜화, 목탄화, 묵화, 수채화 등을 말 한다. 또 рису́нок 는 어린이의 「도화」라는 의미로도 사용 된다.

뎃상	эски́з
스켓치	набро́сок, -ска

초상화; 초상화가	портре́т; портрети́ст
자화상	автопортре́т
풍경화; 풍경화가	пейза́ж; пейзажи́ст
정물화	натюрмо́рт
삽화; 삽화가	иллюстра́ция; иллюстра́тор
만화; 만화가	карикату́ра; карикатури́ст
판화	гравю́ра
프레스코	фре́ска, 複生 -сок
성상화	ико́на
모자이크	моза́ика
목각	резьба́ по де́реву
석고	гипс
구도	компози́ция〔карти́ны〕
배경	фон, за́дний пла́н
색조	колори́т, тон
물감	кра́ски [複], -сок
복원	реставра́ция
붓	кисть [女], 複生 кисте́й
캔버스	холст, -а́
이즐(画架)	мольбе́рт
모델	нату́рщик, нату́рщица
아틀리에	сту́дия, мастерска́я
액자	ра́мка

영화, 연극

【입장권 예매】

극장표는 어디에서 살 수 있읍니까?	Где я могу́ купи́ть биле́т в теа́тр?
전화로 좌석을 예약할 수 있읍니까?	Мо́жно ли заказа́ть биле́ты по телефо́ну?
표를 부탁합니다.	Возьми́те, пожа́луйста, для меня́ биле́т.
예매는 언제 시작합니까?	Когда́ открыва́ется ка́сса предвари́тельной прода́жи биле́тов?

1층 표를 1장(2층표 2장) 주십시오.	Дáйте билéт в партéр [тэ] (два билéта в бельэтáж).
8열 안쪽의 좌석으로(5열 이후의 좌석으로) 주십시오.	Прошý вас не дáльше восьмóго рядá (не блúже пятого ряда).
같이 붙은 좌석으로 주십시오.	Прошý местá рядом.
며칠자 표를 가지고 있읍니까?	На какóе числó вы взяли билéты?
두 번째 지정석 입구는 어디에 있읍니까?	Где вход во вторýю лóжу?
계단(관람석의) 충계	ярус
(반) 원형의 스타티움식 관람석	амфитеáтр

【영화】

—당신은 영화(연극) 를 좋아 하십니까?	—Вы любите кинó (теáтр)?
—예, 좋아합니다.	—Да, люблю.
—영화와 연극 중에서 어느 것을 더 좋아하십니까?	—Что вы бóльше любите, кинó или теáтр?
—영화를 더 좋아합니다.	—Я предпочитáю кинó.
—당신은 영화관에 얼마나 자주 가십니까?	—Как чáсто вы хóдите в кинó?
—1주일에 1번(1개월에 1번) 갑니다.	—Раз в недéлю (два рáза в мéсяц.
당신은 한국 영화를 좋아 하십니까, 외국 영화를 좋아하십니까?	Вы любите корéйские или инострáнные фúльмы?
어느 나라 영화를 가장 좋아 하십니까?	Фúльмы какúх стран бóльше всегó вам нрáвятся?
—당신은 어떤 장르의 영화에 더 흥미가 있읍니까?	—Какúе жáнры кинó вас осóбенно интересýют?

—극영화, 기록영화, 일반 과학영화에 흥미가 있읍니다.

—Меня́ интересу́ют худо́жест-венные, документа́льные и нау́чно-популя́рные фи́льмы.

당신은 최근에 어떤 좋은 영화를 보셨읍니까?

Каки́е хоро́шие кинокарти́ны вы посмотре́ли в после́днее вре́мя?

당신은 최근에 좋은 영화를 보신게 있읍니까?

Вы смотре́ли каки́е-нибудь хоро́шие кинокарти́ны в по-сле́днее вре́мя?

지금 극장가에서 어떤 좋은 영화가 상영되고 있읍니까?

Каки́е хоро́шие карти́ны иду́т сейча́с в кинотеа́трах?

지금 극장가에서 무슨 좋은 영화라도 상영되고 있읍니까?

Иду́т ли сейча́с каки́е-нибудь хоро́шие (интере́сные) карти́ны в кинотеа́трах?

그 영화는 어느 영화관에서 상영되고 있읍니까?

В како́м кинотеа́тре демон-стри́руется (идёт, пока́зыва-ют) э́тот фильм?

곧 소련 영화가 공개될 것입니다.

Ско́ро бу́дет демонстри́ровать-ся сове́тский фильм.

—그 영화는 총천연색입니까?

—Э́то цветно́й фильм?

—예, 총천연색입니다.

—Да, цветно́й.

—아닙니다. 흑백입니다.

—Нет, чёрно-бе́лый.

그 영화는 대형 화면(와이드 스크린)입니다.

Э́тот фильм широкоэкра́нный? (Э́то широкоэкра́нное кино́?)

그 영화는 유성(무성) 영화입니다.

Э́то звуково́й (немо́й) фильм.

—그 영화는 상영 시간이 얼마나 됩니까?

—Ско́лько вре́мени идёт э́тот фильм?

—2 시간입니다.

—Два часа́.

이 영화의 주인공은 누구입니까?

Кто в э́том фи́льме игра́ет (исполня́ет) гла́вную роль?

그 영화는 한국말로 더빙되어 있읍니다.

Э́тот фильм дубли́рован на коре́йский язы́к?

그 영화는 한국말 자막이 있읍니까?

В э́том фи́льме есть субти́тры на коре́йском языке́?

이 영화의 감독(시나리오 작가)은 누구입니까?

음악은 누가 만들었읍니까?

그 영화는 언제 개봉되었 읍니까(됩니까)?

이 영화는 어느 영화사에 서 제작되었읍니까?

—오늘 저녁에 나와 함께 영화 보러 가시지 않 겠어요?

—기꺼이 가지요.

주간(야간) 상영은 몇 시에 시작됩니까?

한국 영화 중에서 어떤 것 을 좋은 영화로 꼽으십 니까?

당신이 좋아하는 영화배우 (여배우)는 누구입니까?

모스필름, 고리끼촬영소, 렌필름 그리고 도브젠꼬 기념 끼예프촬영소들은 소련의 최대 영화 촬영 소입니다.

영화「고요한 돈강」은 숄 로호프의 소설을 영화화 한 것입니다.

한국 영화제는 언제 열립 니까?

한국 영화의 어느 작품이 국제 영화제에서 대상을 수상했읍니까?

우리는 영화 촬영하는 것 을 견학하고 싶습니다.

나는 영화 배우들의 사진 을 구입했으면 합니다.

Кто режиссёр (а́втор сцена́рия) э́того фи́льма?

Кто написа́л му́зыку?

Когда́ вы́пущен (бу́дет вы́пущен) э́тот фильм?

Како́й киносту́дией вы́пущен э́тот фильм?

—Не хоти́те ли вы пойти́ со мной в кино́ сего́дня ве́чером?

—С удово́льствием.

Когда́ нача́ло дневны́х (вече́рних) сеа́нсов?

Каки́е коре́йские кинофи́льмы счита́ются лу́чшими?

Кто ва́ши люби́мые киноактёры (киноактри́сы)?

Мосфи́льм, Сту́дия и́мени Го́рького, Ленфи́льм и Ки́евская сту́дия и́мени Довже́нко э́то крупне́йшие киносту́дии в СССР.

Кинофи́льм «Ти́хий дон» со́здан по рома́ну Шо́лохова.

Когда́ бу́дет проходи́ть кинофестива́ль коре́йских фи́льмов?

Каки́е коре́йские фи́льмы удосто́ены большо́й пре́мии на междунаро́дных кинофестива́лях?

Мы хоти́м посмотре́ть киносъёмки.

Я хоте́л бы приобрести́ фотогра́фии арти́стов.

기념으로 당신의 　싸인을 받았으면 합니다.	Я хоте́л бы получи́ть ваш авто́граф на па́мять.

영화예술	киноиску́сство
탐정영화	детекти́вный[дэтэ] фильм
모험영화	приключе́нческий фильм
만화영화	мультипликацио́нный фильм, мультфи́льм
서부극	ковбо́йский фильм
공상과학영화	нау́чно-фантасти́ческий фильм
뮤지컬영화	музыка́льный фильм
희극영화	кинокоме́дия
뉴스영화	киножурна́л, кинохо́ника

뉴스영화 кинохро́ника 와 киножурна́л 은 모두 「뉴스영화」로 번역될 수 있지만, кинохро́ника 는 사건을 곧바로 영화화한 뉴스를 말하고, киножурна́л 은 뉴스적인 가치가 그다지 높지는 않아도, 하나의 테마로 시사, 세상물정, 에피소드 등을 단막극 식으로 편성한 것을 말한다.

단편(장편) 영화	короткометра́жный (полнометра́жный) фильм
(영화의) 제 1 (2) 부	пе́рвая (втора́я) се́рия кинофи́льма
시나리오작가	сценари́ст
영화제작자	постано́вщик фи́льма
영화감독	кинорежиссёр
촬영기사, 카메라맨	кинооперáтор
스타, 영화배우	кинозвезда́
영화대본	киносценáрий
트릭	трюк
예고편	ано́нс
영화평론가	кинокри́тик
영사기사	киномехáник

영화 кинокарти́на 와 кинофи́льм 은 모두 같은 뜻으로 「영화」라는 의미이지만, 줄여서 карти́на 「그림」, фильм

「필름」이라고 하며, 전후관계로 보아 「영화」란 의미로 사용된다. кино́도 「영화」라고 번역되는데, 필름 하나 하나를 뜻하는 것이 아니라, 시나리오, 연출, 연기, 촬영 등 영화의 전과정을 말한다. 따라서 「영화『…』를 보다」는 смотре́ть карти́ну (фи́льм)『…』이며, смотре́ть кино́『…』라는 식의 표현은 하지 않는다. 또 кино́는 кинотеа́тр 「영화관」이란 뜻으로도 된다.

소련 영화관에서의 1회 상연시간은 대개 두 시간 전후이며, 극영화는 한 편 뿐이다. 입장권은 하루 종일 유효한 것이 아니라 입장권에 표시되어 있는 상영시간 밖에 통용되지 않는다. 상영개시 전에는 종이 세 번 울리며, 그 사이에 관객석에 들어가야 한다. 세 번째의 종이 울리고 나서는, 비록 입장권을 가지고 있다 하더라도 절대로 입장할 수 없다. 따라서 그 입장권은 무효가 된다.

【연극】

—당신은 극장에 자주 다니십니까?

—Вы ча́сто быва́ете в теа́тре?

—아니오, 거의 가지 않읍니다.

—Нет, ре́дко.

나는 연극을 좋아하지만, 한가한 시간이 없어서 거의 가지 못합니다.

Я люблю́ теа́тр, но ре́дко посеща́ю его́, потому́ что у меня́ нет свобо́дного вре́менн.

당신은 어떤 희곡을 좋아하십니까?

Каки́е пье́сы вы лю́бите?

—체호프(고리끼)의 어떤 희곡을 보셨읍니까?

—Каки́е пье́сы Че́хова (Го́рького) вы ви́дели?

—나는 H·H· 배우들이 연기한 「벗꽃 동산」「세 자매」「바냐 아저씨」「밑바닥」을 보았읍니다.

—Я ви́дела «Вишнёвый сад», «Трёх сестёр», «Дя́дю Ва́ню», «На дне» в исполне́нии актёров Н.Н.

어떤 한국 작품이 미국 극장에서 상연됩니까?

Каки́е коре́йские пье́сы поста́влены в америка́нских теа́трах?

당신네 나라에서 어느 극장(극단)이 유명합니까?	Какие театры известны у вас?
당신은 어느 극단을 좋아하며 그 이유는 무엇입니까?	Какие театральные труппы вам нравятся и почему?
소련의 어느 극단이 한국에 공연하러 왔었읍니까?	Какие советские театральные труппы приезжали на гастроли в Корею?
한국의 어느 극단이 소련에서 공연했읍니까?	Какие корейские театральные труппы гастролировали в СССР?
연극철은 언제 시작됩니까?	Когда начинается театральный сезон?
—모스끄바에서는 어느 극장에 가는 것이 좋겠읍니까?	—Какие театры в Москве вы советуете мне посетить?
—볼쇼이극장, 모스끄바예술극장, 말르이극장, 따간까극장, 현대 극장에 가 보는 것이 좋겠읍니다.	—Я советую вам посетить Большой театр, МХАТ [мхат] (Московский Художественный академический театр), Малый театр, театр на Таганке, театр «Современник».
이 극단은 어떤 레퍼터리가 있읍니까?	Каков репертуар этого театра?
그 극장에서는 지금 어떤 희곡이 상연되고 있읍니까?	Какая пьеса идёт сейчас в этом театре?
이 희곡은 언제 초연됩니까?	Когда состоится премьера этой пьесы?
—그건 희극입니까?	—Это комедия?
—아니오, 비극(비희극)입니다.	—Нет, трагедия (трагикомедия).
시나리오(회곡)의 작가는 누구입니까?	Кто автор сценария (пьесы)?
연출자는 누구입니까?	Кто режиссёр спектакля?
—이 회곡은 몇 막입니까?	—Сколько действий в пьесе?
—이 회곡은 3막 5장입니다.	—Эта пьеса в трёх действиях и пяти картинах.

언제 공연이 시작 됩니까 (끝납니까)?	Когда́ начина́ется (конча́ется) представле́ние?
막간의 휴식시간은 얼마나 됩니까?	Ско́лько вре́мени [про]дли́тся антра́кт?
로비 (부페) 로 나갑시다.	Пойдёмте в фойе́ (буфе́т).
제 2막은 언제 시작합니까?	Когда́ начнётся второ́й акт (второ́е де́йствие)?

무대예술	театра́льное иску́сство
드라마	дра́ма
등장인물	де́йствующие ли́ца
대중(적) 배우	наро́дный арти́ст
명예배우	заслу́женный арти́ст
대화	диало́г
독백	моноло́г
[총] 리허설	[генера́льная] репети́ция
데뷔	дебю́т
연극전용극장	драмати́ческий теа́тр
풍자(극 전용) 극장	теа́тр сати́ры
무대	сце́на
인형(극 전용) 극장	ку́кольный теа́тр
프로그램	програ́мма
각본	либре́тто [不変・中]
오페라글라스	[театра́льный] бино́кль
관객	зри́тель [男]
박수	аплодисме́нты [複数만]
앙코오르!	бис!
분장실	артисти́ческая убо́рная
포스터	афи́ша
연극평론가	театра́льный кри́тик
흥행사, 프로모터	антрепренёр; импреса́рио [不変]

актёр (актри́са) 와 арти́ст (арти́стка) актёр(актри́са) 는 영화, 연극의 「남우 (여우)」. арти́ст (арти́стка) 는 넓게 「예술인」을 의미한다. 그러나, 한국어의 「예술인」과는 달리, 총칭보다도 오히려 개개의 예술인을 가리키는 경우가 많으므로, 전후관계를 보아, 「배우」「가수」「음악

가」라는 식으로 좀 더 구체적인 명칭을 붙여 주는 것이
옳은 번역이 된다.
    теа́тр   편의상 연극인나 인형극 등과는 별도로 오페라,
오페렛타, 발레항목을 구별하였지만, 러시아어는 **теа́тр**
「연극」란 말은 위와 같은 쟝르가 모두 포함된다.

【감상평】

이 영화(연극)에 대한 반응은 어떻습니까?	Каковы́ о́тзывы об э́том кино-фи́льме (спекта́кле)?
그 영화(연극)은 대단한 호평을 받았읍니다.	Э́тот фильм (спекта́кль) получи́л о́чень хоро́ший о́тзыв.
그 영화(연극)는 커다란 센이션을 일으켰읍니다.	Э́тот фильм(спекта́кль) вы́звал большу́ю сенса́цию.
—이 영화(연극)가 마음에 들었읍니까?	—Как вам понра́вился э́тот фильм (спекта́кль)?
—아주 좋았읍니다.	—Мне о́чень понра́вился.
—별로 재미가 없었읍니다.	—Мне не о́чень понра́вился.
—그 영화(연극)를 보신 감상은 어떻읍니까?	—Како́е впечатле́ние произвёл на вас э́тот фильм (спекта́кль)?
—강한(깊은) 감명을 받았읍니다.	—Он произвёл на меня́ си́льное (глубо́кое) впечатле́ние.
—커다란 감명을 받지는 못했읍니다.	—Он не произвёл на меня́ большо́го впечатле́ния.
이 영화(연극)는 조금 지루합니다.	Э́тот фильм (спекта́кль) не́сколько ску́чный [шн].
그 영화(연극)에 감동했읍니다.	Меня́ растро́гал э́тот фильм (спекта́кль).
이 영화(연극)는 실패작으로 생각됩니다.	Я ду́маю, э́тот фильм (спекта́кль) не уда́чный (не уда́лся)
이 영화는 너무 질질 끕니다.	Э́тот фильм сли́шком растя́нут (затя́нут).
이 영화(공연)는 한국의 현실을 반영하고 있지 않읍니다.	Э́тот фильм (спекта́кль) не отража́ет совреме́нной действи́тельности Коре́и.

—А배우(여배우)의 연기에 대하여 어떻게 생각하십니까?

—Что вы думаете об игре актёра (актри́сы) А?

—그(그녀)는 연기를 훌륭히 해 냈읍니다.

—Он (она́) сыгра́л [-а] прекра́сно.

이 여배우는 자신의 역을 훌륭히 연기하였읍니다.

Эта актри́са хорошо́ испо́лнила свою́ роль.

그녀는 여주인공 역을 훌륭히 소화했읍니다.

Она́ отли́чно спра́вилась с ро́лью герои́ни.

—누구의 연기가 특히 마음에 들었읍니까?

—Чья игра́ вам осо́бенно понра́вилась?

—А배우의 연기가 특히 마음에 들었읍니다.

—Мне осо́бенно понра́вилась игра́ актёра А.

이 여배우의 연기는 자연스럽지 못했읍니다.

Эта актри́са игра́ла неесте́ственно.

이 여배우는 개성이 강합니다.

У э́той актри́сы я́рко вы́раженная индивидуа́льность.

이 배우는 표정이 풍부합니다.

У э́того актёра о́чень вырази́тельное лицо́.

장치가 마음에 듭니다.

Мне нра́вятся декора́ции.

음향효과가 훌륭하군요.

Хоро́ший звуково́й эффе́кт!

나는 커다란 만족을 느꼈읍니다.

Я получи́л большо́е удово́льствие.

나는 연극을 구경하고 매우 흐뭇했읍니다.

Я о́чень дово́лен посеще́нием теа́тра.

—이 영화에서 어느 정도나 러시아어 대화를 이해하셨읍니까?

—В какой сте́пени вы по́няли диало́ги (разгово́р) на ру́сском языке́ в э́том фи́льме?

—거의 다 이해했읍니다.

—Я по́нял почти́ все диало́ги.

몇마디 단어만 이해할 수 있었읍니다.

Я по́нял то́лько отде́льные слова́.

—이 영화(희곡)는 무엇을 묘사하고 있읍니까?

—О чём расска́зывает э́та карти́на (пье́са)?

—농촌생활을 그리고 있읍니다.

—Она́ расска́зывает о се́льской жи́зни.

이 영화는 보통 사람들의 생활을 올바르게 (사실적

Эта кинокарти́на правди́во (реалисти́чески) расска́зы-

으로) 묘사하고 있읍니다.
그 영화(희곡)의 내용을 간
단히 이야기해 주십시오.

вает о жи́зни просты́х люде́й.
Расскажи́те, пожа́луйста, ко́-
ротко содержа́ние　этой
карти́ны (пье́сы).

음　악

【음악】

—당신은 음악을 좋아하십
니까?

—Вы лю́бите му́зыку?

—예, 좋아합니다.

—Да, люблю́.

—어떤 음악을 좋아하십니
까?

—Каку́ю му́зыку вы лю́бите?

—나는 클래식음악(현대음
악)을 좋아합니다.

—Я люблю́ класси́ческую　(со-
вре́менную) му́зыку.

당신이 좋아하는　작곡가
(음악가, 가수, 좋아하는
여가수)는 누구입니까?

Кто ваш люби́мый компози́тор
(музыка́нт, певе́ц, люби́мая
певи́ца)?

당신 나라에서는　어떤 음
악가(작곡가, 가수, 합창
단, 오케스트라)가 유명
합니까?

Каки́е музыка́нты　(компози́-
торы, певцы́, хоры́, орке́-
стры) изве́стны у вас?

—당신은 러시아와 소련의
어떤 작곡가(음악가,
가수, 지휘자)를 좋아
하십니까(알고 있읍니
까)?

—Каки́х ру́сских и сове́тских
компози́торов　(музыка́н-
тов, певцо́в, дирижёров)
вы лю́бите (зна́ете)?

—나는 무쏘르그스끼, 글
린까, 하차뚜란, 쁘로
꼬피에프를 좋아합니
다.

—Я люблю́ Му́соргского, Гли́н-
ку, Хачатуря́на, Проко́фь-
ева.

—차이꼬프스끼(쇼스따꼬
비치)의 어떤 작품을
좋아하십니까?

—Каки́е музыка́льные произ-
веде́ния П. И. Чайко́вского
(Д. Д. Шостако́вича)　вы
лю́бите?

—「비창 교향곡」(『제11교 향곡』) 을 좋아합니다.

—Я люблю «Патети́ческую [та] симфо́нию» («Оди́н- надцатую симфо́нию»).

—어떤 러시아(소련) 의 노 래를 알고 있읍니까 (좋아합니까) ?

—Каки́е ру́сские (сове́тские) пе́сни вы зна́ете (лю́бите)?

—「까츄샤」「등불」「모스끄 바 교외의 저녁」을 알 고 있읍니다(좋아합니 다).

—Я зна́ю (люблю́) «Катю́шу», «Огонёк». «Подмоско́вные вечера́».

나는 러시아 민요를 매우 좋아합니다.

Я о́чень люблю́ ру́сские на- ро́дные пе́сни.

노래 한곡 부르세요.

Про́сим вас спеть.

노래를 부릅시다.

Дава́йте споём!

이 노래는 매우 좋은 노래 군요. 제목이 무엇이지 요?

Э́то хоро́шая пе́сня. Как она́ называ́ется?

우리는 이 노래를 배우고 싶습니다.

Мы хоти́м разучи́ть э́ту пе́сню.

이 노래 가사를 적어 주 십시오.

Напиши́те нам слова́ э́той пе́сни.

당신은 목소리가 좋군요.

У вас хоро́ший го́лос.

나는 음에 대한 감각이 없 읍니다.

У меня́ плохо́й слух.

나는 음치입니다.

У меня́ нет слу́ха.

나는 음악을 별로 잘 알지 못합니다.

Я пло́хо понима́ю в му́зыке.

—당신은어떠한 것이던지 악기를 하나 다룰줄 압 니까?

—Игра́ете ли вы на како́м- нибудь музыка́льном ин- струме́нте?

—예, 바이올린을 켭니다.

—Да, я игра́ю на скри́пке.

—당신은 기타를 칠 줄 압 니까?

—Игра́ете ли вы на гита́ре?

—아니오, 칠 줄 모릅니다.

—Нет, не игра́ю.

—예, 서툴게나마 칠 수 있읍니다.

—Да, игра́ю, но пло́хо.

나는 악기는 아무것도 다룰

Я не игра́ю ни на како́м

줄 모릅니다.
나는 음악을 듣는 것은 좋
아 하지만, 할 줄은 모릅
니다.

музыка́льном инструме́нте.
Я люблю́ слу́шать му́зыку, но
сам не игра́ю (не уме́ю
игра́ть).

【음악회】

당신은 음악회에 자주 가십
니까?

우리들은 콘서트를 듣고 싶
습니다.

〔나는〕심포니(실내악)콘서
트를 듣고 싶습니다.

어디에 가면 민속음악 연
주회를 들을 수 있읍니
까?

오늘(내일) 우리와 같이 음
악회에 갑시다.

어디에 콘서트가 있읍니까?
오늘 프로그램은 무엇입니
까?

콘서트에는 누가 출연합니
까?

오늘 지휘자는 누구입니까?

—그 여자(그)는 어떤 음
성입니까?

—소프라노(메조 · 소프라노,
알토) 입니다.

—테너(바리톤, 베이스) 입
니다.

이 (여자) 가수는 유명한 민
요가수입니다.

누가 반주를 합니까?
프로그램 사회는 누가 봅니
까?

나는 이 멜로디(곡)를 매
우 좋아합니다.

Ча́сто ли вы быва́ете на кон-
це́ртах?

Мы хоте́ли бы послу́шать
конце́рт.

Я хочу́ послу́шать симфони́-
ческий (ка́мерный) конце́рт.

Где мо́жно послу́шать орке́стр
наро́дных инструме́нтов?

Идёмте с на́ми на конце́рт се-
го́дня (за́втра).

Где состои́тся конце́рт?
Что сего́дня в програ́мме?

Кто уча́ствует в конце́рте?

Кто дирижи́рует сего́дня?

—Како́й у неё (у него́) го́лос?

—Сопра́но (ме́ццо-сопра́но,
альт).

—Те́нор (барито́н, бас).

Эта арти́стка изве́стная испол-
ни́тельница наро́дных пе́сен.

Кто аккомпани́рует?
Кто ведёт програ́мму?

Мне о́чень нра́вится э́та мело́-
дия (э́та пе́сенка).

서양음악	европейская му́зыка
한국음악	коре́йская му́зыка
심포니, 교향악	симфони́ческая му́зыка
경음악	лёгкая му́зыка
대중음악	популя́рная му́зыка
실내악	ка́мерная му́зыка
오페라(음악)	о́перная му́зыка
재즈	джаз, джа́зовая му́зыка
댄스음악	танцева́льная му́зыка
기악	инструмента́льная му́зыка
성악	вока́льная му́зыка
그랜드 피아노	роя́ль [男]
피아노	пиани́но [不変・中]
피아니스트	пиани́ст, пиани́стка
오르간; ~연주자	орга́н; органи́ст
아코디언	аккордео́н
바안(버튼식 러시아 아코디언); ~연주자	бая́н; баяни́ст
하모니카	губна́я гармо́ника
바이올린; 바이올리니스트	скри́пка; скрипа́ч, скрипа́чка
비올라	вио́ла, альт, -а́
첼로; 첼리스트	виолонче́ль [女]; виолончели́ст
콘트라베이스; ~연주자	контраба́с; контрабаси́ст
기타; 기타리스트	гита́ра; гитари́ст
전기 기타	электрогита́ра
만돌린; ~연주자	мандоли́на; мандолини́ст
하프; ~의 연주자	а́рфа; арфи́ст
발랄라이카	балала́йка, 複生 *балала́ек*
클라리넷; ~연주자	кларне́т; кларнети́ст
색스폰; ~연주자	саксофо́н; саксофони́ст
트럼본	тромбо́н
파고트(바순); ~연주자	фаго́т; фаготи́ст
오보에	гобо́й
프렌치호른	валто́рна
트럼펫	труба́, 複 *тру́бы, труб, тру́бам*
플루트; ~연주자	фле́йта; флейти́ст
심벌즈; ~연주자	цимба́лы [複] (таре́лки); цимба-ли́ст

실로폰	ксилофо́н
북, 드럼	бараба́н
반주	аккомпанеме́нт
······의 반주로	под аккомпанеме́нт... [生格]
반주자	аккомпаниа́тор
오케스트라, 악단	орке́стр
교향(현악, 취주악) 악단	симфони́ческий (стру́нный, духово́й) орке́стр
합창(단)	хор
음악회장(연주회장)	конце́ртный зал
〔콘서트의〕제 1 부 (제 2 부	пе́рвое (второ́е) отделе́ние 〔конце́рта〕
솔로	со́ло [不変·中]
독주	инструмента́льное со́ло
독창	вока́льное со́ло
솔리스트, 독주(창) 가	соли́ст, соли́стка
듀엣, 이중주(창)	дуэ́т
트리오, 삼중주(창)	три́о [不変·中]
사중주(창)	кварте́т
오중주(창)	квинте́т
교향곡	симфо́ния
협주곡	конце́рт
조곡(組曲)	сюи́та
소나타	сона́та
서곡	увертю́ра
전주곡	прелю́дия
환상곡, 판타지아	фанта́зия
미사곡	ме́сса
연습곡	этю́д
행진곡	марш
자장가	колыбе́льная пе́сня
국가	госуда́рственный гимн
작사하다	сочиня́ть стихи́
작곡하다	сочиня́ть му́зыку
가사	слова́
악보	но́та, 複 *но́ты*

오페라, 발레, 서커스 등

당신이 좋아하는 오페라 가수(발레리나)는 누구입니까?

Кто ва́ши люби́мые арти́сты о́перы (ва́ша люби́мая бале-ри́на)?

오페라를 보고 싶습니다.

Я хочу́ послу́шать о́перу.

오페라를 보다 한국어에서는 「오페라를 본다」라고도 말할 수 있지만, 러시아어로는 반드시 слу́шать 「듣는다」를 사용한다.

누가 오네긴을 노래합니까

Кто поёт па́ртию Оне́гина?

오페라 작곡가는 누구입니까?

Кто написа́л э́ту о́перу?

발레〔아이스 댄싱〕를 보고 싶습니다.

Я хочу́ посмотре́ть бале́т 〔на льду́〕.

〔소련〕볼쇼이 극장의 발레를 본 적이 있읍니까?

Ви́дели ли вы бале́т Большо́го теа́тра Сою́за ССР?

—어떤 러시아 발레를 보셨읍니까?

—Каки́е ру́сские бале́ты вы ви́дели?

—「백조의 호수」「잠자는 숲속의 미녀」「호두까기 인형」을 보았읍니다.

—Я ви́дела «Лебеди́ное о́зеро», «Спя́щую краса́вицу» и «Щелку́нчика».

영국의 어떤 발레단이 한국에 공연하러 왔읍니까?

Каки́е англи́йские бале́тные тру́ппы приезжа́ли в Коре́ю на гастро́ли?

지금 어떤 발레가 공연되고 있읍니까?

Како́й сейча́с идёт бале́т?

—그 발레는 아직도 공연되고 있읍니까?

—Э́тот бале́т ещё идёт?

—아니오, 벌써 레파토리에서 빠졌읍니다.

—Нет, он уже́ снят с реперту-а́ра.

주역은 누구입니까?	Кто исполня́ет гла́вные па́ртии?
발레「백조의 호수」는 누가 작곡했읍니까?	Кто написа́л му́зыку к бале́ту «Лебеди́ное о́зеро»?
이 발레의 주인공은 누구입니까?	Кто при́ма-балери́на?
프리마 발레리나는 누구입니까?	Кто танцу́ет (исполня́ет) гла́вную роль в э́том бале́те?
오늘은 누가 춤을 춥니까?	Кто сего́дня танцу́ет?
누가 지젤리의 역을 추었읍니까?	Кто танцу́ет па́ртию Жизе́ли?
나는 이 발레 음악을 좋아합니다.	Мне нра́вится му́зыка э́того бале́та.
울라노바, 레뻬쉰스까야, 쁠리세쯔까야는 소련의 탁월한 발레리나입니다.	Ула́нова, Лепеши́нская и Плисе́цкая — замеча́тельные сове́тские балери́ны.
러시아 민속무용을 보셨읍니까?	Вы ви́дели ру́сские наро́дные та́нцы?
어떤 한국〔민속〕무용을 보면 좋을까요?	Каки́е коре́йские 〔национа́льные〕 та́нцы вы сове́туете мне посмотре́ть?
모스끄바 서커스 공연을 보러 가셨읍니까?	Вы бы́ли на гастро́лях арти́стов Моско́вского ци́рка?
서커스의 공연시간은 언제입니까?	Когда́ нача́ло представле́ний в ци́рке?
이번 순서는 매우 재미있읍니다.	Э́то о́чень интере́сный но́мер.
—몇번째 순서가 특히 좋았읍니까?	—Каки́е номера́ вам осо́бенно понра́вились?
—곡예 순서가 좋았읍니다.	—Мне понра́вился акробати́ческий но́мер.
—나는 길들어진 맹수들이 좋았다고 생각합니다.	—Мне понра́вились дрессиро́ванные хи́щники.
—우리들은 광대의 마술(익살)이 매우 좋았읍니다.	—Нам о́чень понра́вились фо́кусы (шу́тки) кло́уна.
오페라 극장	о́перный теа́тр
오페라 가수(여 가수)	о́перный певе́ц, о́перная певи́ца

오페라 독창가수	соли́ст (соли́стка) о́перы
아리아	а́рия
고전발레	класси́ческий бале́т
현대발레	совреме́нный бале́т
무용 (발레) 학교	хореографи́ческое учи́лище
발레 안무가	балетме́йстер
오페레타	опере́тта
원무	хорово́д
노래와 춤의 앙상블	анса́мбль пе́сни и пля́ски
레뷔	ревю́ [不変・中]
순회 서커스	передвижно́й цирк
곡예장, 서커스장	[цирково́й] мане́ж
서커스단원	цирково́й арти́ст
광대놀음; 광대	клоуна́да; кло́ун
광대놀음; 광대	эксцентриа́да (эксце́нтрика); эксце́нтрик
마술; 마술사	фо́кус; фо́кусник
요술; 요술사	иллюзиони́зм; иллюзиони́ст
곡예; 곡예사	жонгли́рование; жонглёр
곡예사	эквилибри́стика; эквилибри́ст
줄타기; ~곡예사	хожде́ние по кана́ту; канатохо́дец
공중곡예사	возду́шная гимна́стика; возду́шный гимна́ст
아크로바트	акроба́тика; акроба́т
곡마사	цирково́й нае́здник
맹수를 부리는 사람	укроти́тель, укроти́тельница
무언극	пантоми́ма
경연극	эстра́да

스포츠

【스포츠】
—당신은 스포츠에 흥미가 있읍니까?

—Вы интересу́етесь спо́ртом?

—예, 흥미를 가지고 있읍니다.

—Да, интересу́юсь.

—어떤 스포츠에 흥미를 가지고 있읍니까?

—Каки́м ви́дом спо́рта вы интересу́етесь?

—나는 축구에 흥미를 가지고 있읍니다.

—Я интересу́юсь футбо́лом.

—당신은 운동(체육)을 하고 계십니까?

—Вы занима́етесь спо́ртом (физкульту́рой)?

—예, 하고 있읍니다.

—Да, занима́юсь.

—어떤 운동을 하고 계십니까?

—Каки́м ви́дом спо́рта вы занима́етесь?

—여름에는 테니스와 조정을 하고, 겨울에는 스키이를 합니다.

—Ле́том я игра́ю в те́ннис[тэ] и занима́юсь гре́блей, а зимо́й занима́юсь лы́жным спо́ртом.

학업과 스포츠를 어떻게 동시에 하고 계십니까?

Как вы совмеща́ете учёбу со спо́ртом?

당신 나라에서는 어떤 스포츠가 인기가 있읍니까?

Каки́е ви́ды спо́рта популя́рны в ва́шей стране́?

소련의 스포츠(소련의 스포츠 성과)에 대해서 말씀해 주십시오.

Расскажи́те, пожа́луйста, о сове́тском спо́рте (о достиже́ниях сове́тского спо́рта).

당신은 프로선수입니까, 아니면 아마추어입니까?

Вы спортсме́н-профессиона́л и́ли люби́тель?

당신은 어떤 스포츠 단체(클럽)에 가입해 있읍니까?

В како́м спорти́вном о́бществе (клу́бе) вы состои́те?

운동선수(스포츠맨)

спортсме́н, спортсме́нка

소련 스포츠 마스터

ма́стер спо́рта СССР

소련 스포츠 마스터

заслу́женный ма́стер спо́рта СССР

【경기장】

이 경기장에는 관객이 몇 명이나 들어 갈 수 있읍니까?	Ско́лько зри́телей вмеща́ет э́тот стадио́н?
이 경기장의 관객석은 몇 개나 됩니까?	Ско́лько мест на стадио́не?
이 경기장은 설비가 잘 갖추어져 있읍니다.	Э́тот стадио́н хорошо́ обору́дован.
스포츠시설	спорти́вные сооруже́ния
운동장, 그라운드	спорти́вная площа́дка
실내체육관	спорти́вный зал
메인스타디움	центра́льный стадио́н

【팀, 선수】

팀의 주장(트레이너)은 누구입니까?	Кто капита́н (тре́нер) кома́нды?
팀의 멤버는 누구입니까?	Кто вхо́дит в соста́в кома́нды?
당신(그)은 어느 팀 선수입니까?	Из како́й вы (он) кома́нды?
A팀과 B팀 중 어느 쪽이 더 강하다고 생각하십니까?	Кака́я кома́нда, по-ва́шему, сильне́е, кома́нда А и́ли кома́нда Б?
우리 선수들은 컨디션이 좋습니다.	На́ши спортсме́ны в отли́чной [спорти́вной] фо́рме.
청(붉은)색 러닝샤쓰를 입은 팀은 어떤 팀입니까?	Кака́я кома́нда в си́них (кра́сных) ма́йках?
검은(흰) 팬츠는 누구입니까?	Кто в чёрных (бе́лых) труса́х?
8번 선수는 누구입니까?	Кто под но́мером во́семь?
현재 시합을 하고 있는 팀은 어떤 팀입니까?	Каки́е кома́нды игра́ют?
당신은 어느 축구(야구)팀 팬입니까?	За каку́ю футбо́льную (бейсбо́льную) кома́нду вы «боле́ете»?
나는 디나모의 팬입니다.	Я «боле́ю» за «Дина́мо».
훈련, 연습, 트레이닝	трениро́вка
남자(여자) 팀	мужска́я (же́нская) кома́нда

선발팀	сбо́рная кома́нда
〔후보〕선수	〔запасно́й〕 игро́к
소련 명예트레이너	заслу́женный тре́нер СССР

【경기】

친선(국제)시합은 어디에서 열립니까?	Где бу́дут проходи́ть това́рищеские (междунаро́дные) встре́чи (и́гры)?
결승전(예선, 선발시합) 은 언제입니까?	Когда́ фина́льная (предвари́тельная, отбо́рочная) встре́ча (игра́)?
결승(준결승) 전은 언제입니까?	Когда́ фина́л (полуфина́л) соревнова́ний?
시합 프로그램을 보여 주십시오.	Покажи́те мне програ́мму соревнова́ний.
시합에 누가 나옵니까?	Кто уча́ствует в соревнова́ниях?
지금 몇 회전 입니까?	Како́й идёт пери́од?
다음 올림픽대회는 언제, 어디에서 개최됩니까?	Когда́ и где состоя́тся (бу́дут проходи́ть) сле́дующие олимпи́йские и́гры?
전회 올림픽은 어디에서 열렸었읍니까?	Где состоя́лась предыду́щая олимпиа́да?
전회 올림픽대회에서 한국〔의 스포츠선수〕은 금메달을 몇개 획득했읍니까?	Ско́лько золоты́х меда́лей завоева́ли коре́йские спортсме́ны на предыду́щих олимпи́йских и́грах?
다음 올림픽대회에서 한국〔의 스포츠선수〕은 어떤 종목에서 금메달을 딸 것 같읍니까?	Как вы ду́маете, в каки́х ви́дах спо́рта коре́йские спортсме́ны завою́ют золоты́е меда́ли на предстоя́щих олимпи́йских и́грах?

심판단	суде́йская колле́гия
심판, 레퍼리	судья́, 複 су́дьи, суде́й, су́дьям
주심	гла́вный судья́
경기규칙	пра́вила соревнова́ния (игры́)
반칙	наруше́ние пра́вил

금(은, 동)메달	золота́я (сере́бряная, бро́нзо-вая) меда́ль
시상대	пьедеста́л почёта
입상자	призёр
토너먼트	турни́р
소련국민체육대회	спартакиа́да наро́дов СССР
하계(동계) 올림픽	ле́тняя (зи́мняя) олимпиа́да
[올림픽] 선수촌	олимпи́йская дере́вня
올림픽 개(폐)회식	церемо́ния откры́тия (закры́тия) Олимпи́йских игр
유니버시아드	универсиа́да (междунаро́дная спартакиа́да сутде́нтов)
2종(3종, 5종, 10종, 다종) 경기	двоебо́рье (троебо́рье, пяти-бо́рье, десятибо́рье, много-бо́рье)
근대 5종경기	совреме́нное пятибо́рье

「…경기」는 세 가지의 표현이 가능하다.
(1) соревнова́ние (состяза́ние) по… (스포츠종목 · 여격)
(2) 스포츠종목을 나타내는 형용사＋соревнова́ние (со-стяза́ние)
(3) соревнова́ние＋각종목선수(복수생격)
육상경기 соревнова́ние по лёгкой атле́тике (лег-коатлети́ческое соревнова́ние, соревнова́ние лег-коатле́тов)

【타임, 경기결과】

—그 사람 타임은 얼마나 됩니까?(그는 어떤 타임을 불렀읍니까?)	—Како́е его́ (у него́) вре́мя? (Како́е вре́мя он показа́л?)
—그의 타임은 10초입니다. (그는 10초 타임을 불렀읍니다.)	—Его́ вре́мя 10 секу́нд. (Он показа́л вре́мя 10 секу́нд.)
가장 적절한 타임을 부른 사람은 누구입니까?	Кто показа́л лу́чшее вре́мя?

그 사람 성적은 어떻습니 까? | Какóй у негó результáт?

 (그는 어떤 성적을 올렸 읍니까?) | (Какóй результáт он пока- зáл?)

그(그 여자)는 몇 점을 땄 읍니까? | Скóлько бáллов (очкóв) он набрáл (онá набралá)?

종합 점수는 몇 점입니까? | Каковá óбщая сýмма очкóв?

—스코어는 어떻게 됐읍니 까? | —Какóй счёт?

—4 : 2로 A팀이 이기고 있읍니다(리드하고 있 읍니다). | —4 : 2 (четы́ре, два) в пóльзу команды А.

어느 쪽이 이기고 있읍니 까? | В чью пóльзу?

높이뛰기 경기에서 누가 우승했읍니까(이겼읍니까) ? | Кто победи́л в соревновáнии по прыжкáм в высотý?

어느 쪽 팀이 이겼읍니까? | Чья комáнда вы́играла?

A팀은 B팀에 이겼읍니다. | Комáнда А вы́играла у комáн- ды В.

A팀은 B팀에 이겼읍니다. | Комáнда А победи́ла комáнду В.

B팀은 A팀에게 졌읍니다. | Комáнда В проигрáла комáнде А.

A팀은 4 : 2로 이겼읍니 다. | Комáнда А вы́играла со счётом 4 : 2 (четы́ре, два).

시합은 1 : 1로 끝났읍니 다. | Игрá закóнчилась вничью— 1 : 1 (оди́н, оди́н).

1 (2, 3) 위는 누가 했읍 니까? | Кто зáнял пéрвое (вторóе, трéтье) мéсто?

당신 팀은 몇 위를 했읍니 다. | Какóе мéсто занялá вáша ко- мáнда?

누가 우승컵을 차지했읍니 까? | Кто завоевáл кýбок?

단체전(개인전)에서 어디 가[누가]우승했읍니까? | Кто завоевáл комáндное (ли́ч- ное) пéрвенство?

【챔피언】

그는(그녀는) 세계기록 보유자입니다.

Он рекордсме́н (она́ рекордсме́нка) ми́ра.

100m경주의 세계(올림픽) 기록 보유자는 누구입니까?

Кто мирово́й (олимпи́йский) рекордсме́н в бе́ге на сто ме́тров?

남자(여자)100m경주의 세계(올림픽)기록은 누가 가지고 있읍니까?

Кому́ принадлежи́т мирово́й (олимпи́йский) реко́рд в бе́ге на сто ме́тров для мужчи́н (для же́нщин)?

남자(여자)400m경주의 세계(올림픽)기록은 어떻게 됩니까?

Како́в мирово́й (олимпи́йский) реко́рд в бе́ге на четы́реста ме́тров для мужчи́н (для же́нщин)?

그녀는 400m경주에서 세계 신기록을 수립했읍니다.

Она́ установи́ла но́вый мирово́й реко́рд в бе́ге на четы́реста ме́тров.

그는 세계기록을 깨뜨렸읍니다.

Он поби́л мирово́й реко́рд.

그녀는 자신의 기록을 얼마나 갱신했읍니까?

На ско́лько она́ улу́чшила свой реко́рд?

그는 20km경보에서 올림픽(세계) 챔피언이 됐읍니다.

Он стал олимпи́йским чемпио́ном (чемпио́ном ми́ра) в спорти́вной ходьбе́ на два́дцать киломе́тров.

누가(장대높이뛰기) 세계(올림픽) 챔피언입니까?

Кто мирово́й (олимпи́йский) чемпио́н по прыжка́м с шесто́м?

누가 복싱 플라이급 한국 챔피언입니까?

Кто чемпио́н Коре́й по бо́ксу во второ́м наилегча́йшем ве́се?

어제 A시에서 피겨 스케이팅 전국 선수권 대회가 열렸읍니다(막을 내렸읍니다).

Вчера́ в го́роде А начался́(зако́нчился) чемпиона́т страны́ по фигу́рному ката́нию.

어제 A시에서 유럽 농구

Вчера́ в го́роде А начался́

선수권 대회가 열렸읍니다.	баскетбо́льный чемпиона́т Евро́пы.

【육상경기】

우리는 육상경기를 관전했으면 합니다.	Мы хоте́ли бы посмотре́ть легкоатлети́ческие соревнова́ния.
당신은 100m를 몇 초에 뛸 수 있읍니까?	За ско́лько секу́нд вы мо́жете пробежа́ть сто ме́тров (стометро́вку)?
당신은 높이뛰기(넓이뛰기)를 몇m나 뛸 수 있읍니까?	На ско́лько вы мо́жете пры́гнуть в высоту́ (в длину́)?
육상선수	легкоатле́т, легкоатле́тка
트랙	трек, бегова́я доро́жка
경주, 달리기	бег
단거리경주	спри́нтерский бег
주자	бегу́н, бегу́нья
단거리(중거리, 장거리)주자	бегу́н на коро́ткие (сре́дние, дли́нные) диста́нции
허들경주	барье́рный бег
허들선수	барьери́ст, барьери́стка
장애물경주	бег с препя́тствиями
릴레이, 릴레이경주	эстафе́та; эстафе́тный бег
마지막 주자	замыка́ющий бегу́н
마라톤	марафо́нский бег
마라톤 선수, 마라토너	марафо́нец, -нца
스타트; 스타트하다.	старт; стартова́ть
결승점; 결승점에 들어오다	фи́ниш; финиши́ровать
높이(넓이) 뛰기(선수)	прыжо́к (прыгу́н, прыгу́нья) в высоту́ (в длину́) [с разбе́га]
삼단뛰기	тройно́й прыжо́к
투포환(선수)	толка́ние (толка́тель) ядра́
원반(창, 해머) 던지기(선수)	мета́ние (мета́тель) ди́ска (копья́, мо́лота)

【체조 경기】

나는 아침 저녁으로 체조를 합니다.	Я занима́юсь гимна́стикой у́тром и ве́чером.
당신은 아침 라디오 체조를 합니까?	Де́лаете ли вы у́треннюю заря́дку по ра́дио?
나는 체조 선수의 연기를 관람했으면 합니다.	Я хоте́л [-a] бы посмотре́ть выступле́ния гимна́стов.
체조 시합은 어디서 합니까?	Где состои́тся соревнова́ние по гимна́стике?
체조선수	гимна́ст, гимна́стка
철봉 (종목)	упражне́ния на перекла́дине
평행봉 (다단평행봉) (종목)	упражне́ния на паралле́льных (разновысо́ких) бру́сьях
링 (종목)	упражне́ния на ко́льцах
안마 (종목)	упражне́ния на коне́
마루운동	во́льные упражне́ния
뜀틀넘기	опо́рный прыжо́к
평균대 (종목)	упражне́ния на бревне́
규정 (자유) 종목	обяза́тельная (произво́льная) програ́мма

【구기종목】

소련에서는 축구가 매우 인기 있읍니다.	В СССР футбо́л о́чень популя́рен.
우리는 축구 (농구, 배구) 시합을 관전하러 갔으면 합니다.	Мы хоте́ли бы побыва́ть на состяза́ниях по футбо́лу (по баскетбо́лу, по волейбо́лу).
나는 테니스 (탁구)를 합니다.	Я игра́ю в те́ннис (в насто́льный те́ннис).
—당신은 테니스를 잘 치십니까?	—Как вы игра́ете в те́ннис?
—아주 잘 치지는 못합니다.	—Не о́чень хорошо́.
테니스 치러 갑시다.	Пойдёмте игра́ть в те́ннис.
[테니스] 1 게임 합시다.	Сыгра́ем па́ртию в те́ннис.
축구	футбо́л
축구선수	футболи́ст

골키퍼	вратáрь, -я́
풀백	защи́тник
하프 백	полузащи́тник
공격진	нападáющий
프리 킥(코너 킥, 페널티 킥)	свобóдный (угловóй, штрафнóй, одиннадцатиметрóвыи) удáр
골을 넣다	забúть гол
배구	волейбóл
배구선수	волейболúст, волейболúстка
서브; 서브하다.	подáча; подавáть мяч
패스; 패스하다.	передáча; передавáть мяч
리시브; 리시브하다.	приём; принимáть мяч
블로킹; 블로킹하다	блокирóвка; блокúровать
스파이크	удáр
세트	пáртия, сет
네트	сéтка
농구	баскетбóл
농구선수	баскетболúст, баскетболúстка
송구, 핸드볼	ручнóй мяч, гандбóл
배드민턴	бадминтóн
단식경기	одинóчная игрá
복식경기	пáрная игра́
[아이스]하키	хоккéй [на льдý]
하키선수	хоккеúст
수구	вóдное пóло [不変・中]
야구	бейсбóл

【체급경기】

| 씨름은 한국의 고유 경기입니다. | «Сирым»—э́то корéйская национáльная борьбá. |
| 누가 천하(당신이 좋아하는) 장사입니까? | Кто сильпéйший (ваш любúмый) борéц «Сирым»? |

역도, 웨이트 리프팅	тяжёлая атлéтика
역도선수	штангúст
용상	жим
인상	толчóк, -чкá

추상	рыво́к, -вка́
구간	шта́нга
(자유형) 프리스타일 (그레 코로망 스타일)레스링	во́льная (класси́ческая) борьба́
레스링선수	боре́ц, -рца́
폴승	чи́стая побе́да
권투, 복싱	бокс
권투선수, 복서	боксёр
회 (전), 라운드	ра́унд
녹 다운	нокда́ун
KO	нока́ут
KO (판정) 승 (하다)	побе́да (победи́ть) нока́утом (по- очкам)
체급	весова́я катего́рия
라이트 플라이급	пе́рвый наилегча́йший вес
플라이급	второ́й наилегча́йший вес
밴텀급	легла́йший вес
페더급	полулёгкий вес
라이트급	лёгкий вес
라이트 웰터급	пе́рвый полусре́дний вес
웰터급	второ́й полусре́дний вес
라이트 미들급	пе́рвый сре́дний вес
미들급	второ́й сре́дний вес
라이트 헤비급	полутяжёлый вес
헤비급	тяжёлый вес

> 최근 점진적으로 알려지기 시작한 **са́мбо** 「삼보」는 소련의 국기이며, 유도와 비슷하다. **са́мбо**는 **самозащи́та без ору́жия** (직역하면 「무기를 소지하지 않은 자기방위」) 의 약자로, 소련의 그루지아, 아제르바이잔, 까자흐, 따따르 등의 여러 민족 투기 중에서 가장 합리적인 기술을 모아 재구성한 것이다.

【펜싱, 사격, 마술】

당신은 말을 타 본 적이 있읍니까 ?	Вы е́здили когда́-нибудь вер- хо́м ?

펜싱	фехтова́ние
펜싱선수	фехтова́льщик, фехтова́льщица
사격	стрельба́
양궁, 궁술	стрельба́ из лу́ка
활을 쏘다.	стреля́ть из… [生格]
라이플(총)	винто́вка
피스톨	пистоле́т
마술(승마) 경기	ко́нный спорт
기수	нае́здник
경마	бега́ [複数만]
경마장	ипподро́м

【자전거, 오토바이, 글라이더】

당신 나라에서는 활공운동 (모형 비행기, 파라슈트 운동) 이 발달했읍니까 ?	У вас ра́звит планёрный спорт (авиамодели́зм, парашю́тный спорт)?
당신은 자전거(오토바이) 를 타십니까 ?	Ката́етесь ли вы на велосипе́де (на мотоци́кле)?
—자전거 타는 법을 언제 배웠읍니까 ?	—Когда́ вы научи́лись ката́ться на велосипе́де?
—나는 자전거 타는 법을 8세 때 배웠읍니다.	—Я научи́лся ката́ться на в велосипе́де, когда́ мне бы́ло во́семь лет.
당신은 오토바이 (자동차) 운전을 하십니까 ?	Вы во́дите мотоци́кл (автомоби́ль)?

자전거, 사이클	велоспо́рт
자전거(사이클) 타는 사람	велосипеди́ст, велосипеди́стка
자전거(사이클) 경기	велого́нка
자전거(사이클) 선수	велого́нщик
(사이클·자동차) 경주장, 벨로드롬	велодро́м
스쿠터	ску́тер [тэ]
오토바이선수	мотоцикли́ст
오토바이경주	мотого́нки [複]
오토바이 경주장	мотодро́м

크로스 컨트리	кросс
글라이더	планёр
글라이더 조종자	планери́ст, лпанери́стка

【수상경기】

—당신은 여름 스포츠로 어떤 것을 합니까?
—Каки́ми ви́дами ле́тнего спо́рта вы занима́етесь?

—수영과 보트를 합니다.
—Я занима́юсь пла́ванием и гре́блеи.

—당신은 수영할 줄 압니까?
—Уме́ете ли вы пла́вать?

—아니오, 수영할 줄 모릅니다.
—Нет, я не уме́ю пла́вать.

—당신은 보통 어디서 수영합니까?
—Где вы обы́чно пла́ваете?

—보통 바다(강, 수영장)에서 수영합니다.
—Я обы́чно пла́ваю в мо́ре (в реке́. в бассе́йне)

당신은 수영을 잘 합니까?
Вы хорошо́ пла́ваете?

당신은 수영을 몇 m나 할 수 있읍니까?
Ско́лько ме́тров вы мо́жете проплы́ть?

—당신은 어떠한 영법으로 수영합니까?
—Каки́м сти́лем (спо́собом) вы пла́ваете?

—나는 자유형(평영, 크롤, 배영) 으로 합니다.
—Я пла́ваю во́льным сти́лем (бра́ссом, кро́лем, на спине́).

당신은 접영을 합니까?
Пла́ваете ли вы сти́лем баттерфля́й [тэ]?

수영합시다.
Дава́йте искупа́емся!

수영장에 수영하러 갑시다.
Пойдёмте в бассе́йн для пла́вания.

이곳 탈의실은 어디에 있읍니까?
Где здесь раздева́лка?

물에 들어 갑시다.
Идёмте в во́ду.

—이곳은 깊읍니까?
—Здесь глубоко́?

—아니오, 얕읍니다.
—Нет, ме́лко.

나는 하마터면 익사할 뻔 했읍니다.
Я чуть не утону́л.

보트(요트) 타러 갑시다.	Поéдем катáться на лóдке (на яхте).
당신은 요트를 탈 줄 아십니까?	Вы умéете управля́ть я́хтой?
수상 스포오츠	вóдный спорт
수영선수	пловéц, -вцá, пловчи́ха
다이빙	прыжки́ в вóду
스프링 보드(고공) 다이빙	прыжки́ с трамплина (с вы́шки)
혼영	комбини́рованное плáвание
〔혼영〕릴레이 경주	〔комбини́рованная〕 эстафéта по плáванию
옥외(실내) 수영장	откры́тый (закры́тый) бассéйн
해수욕장	пляж
수영팬츠	плáвки 〔複数만〕
수영복	купáльный костю́м
부낭	плáвательный пузы́рь
조정, 보트경기	академи́ческая грéбля
노잡이	гребéц, 複 гребцы́
키잡이	рулевóй
카누	канóэ 〔不変·中〕
카야크	байдáрка
요트(경기)	пáрусный спорт
모터보트	мотолóдка, мотóрная лóдка
노	веслó, 複 вёсла, -сел, -слам
노젓다	грести́

【스키, 스케이트】

—당신은 겨울 스포츠로 어떤 것을 합니까?	—Каки́ми ви́дами зи́мнего спóрса вы занимáетесь?
—스키(스케이트)를 합니다.	—Я занимáюсь лы́жным (конькобéжным) спóртом.
당신은 스키를 탑니까?	Вы хóдите на лы́жах?
—당신은 스케이트(스키)를 탑니까?	—Вы катáетесь на конькáх (на лы́жах)?

—예, 스케이트(스키)를 탑
　니다.

—Да, я ката́юсь на конька́х
　(на лы́жах).

스키이	лы́жник, лы́жница
활강	скоростно́й спуск
(대) 회전	сла́лом [-гига́нт]
점프	прыжки́ с трампли́на
점프대	[лы́жный] трампли́н
바이애들론	биатло́н
스케이트	конькобе́жец
스피이드 스케이트	скоростно́й бег на конька́х
피겨 스케이트	фигу́рное ката́ние [на конька́х]
피겨 스케이트선수	фигури́ст, фигури́стка
페어 (스케이팅)	па́рное ката́ние
싱글	одино́чное ката́ние
스케이트장	като́к, -тка́
롤러 스케이트	ро́ликн [複]
봅슬레이	бо́бслей
썰매경기	са́нный спорт
썰매	са́ни [複]

【등산】

당신은 등산을 하십니까?	Вы занима́етесь альпини́змом?
최근 당신은 어느 산에 오르셨읍니까?	На верши́ну како́й горы́ вы поднима́лиськ в после́днее вре́мя?
당신이 오른 산 중에서 가장 높았던 산은 어느 산이었읍니까?	Кака́я была́ са́мая высо́кая гора́, на кото́рую вы подня́лись?
이 산의 높이는 얼마나 됩니까?	Кака́я высота́ э́той горы́?
당신은 설악산 정상에 오르셨읍니까?	Поднима́лись ли вы на верши́ну горы́ Солаксан?
우리는 백두산에 올랐읍니다.	Мы соверши́ли восхожде́ние на го́ру Пэктусан.
우리나라에서는 등산이 대중직인 스포츠입니다.	У нас альпини́зм — ма́ссовый спорт.

> **на гору**의 역점 「산에 오르다」는 подниматься (по-
> дняться) на́ гору인데, 산의 명칭을 넣어 「……산에 오
> 르다」라고 할 경우에는 подниматься на го́ру... 가 된다.

【사냥, 낚시】

당신은 사냥을 좋아하십니까?

Лю́бите ли вы охо́ту (охо́титься)?

당신은 낚시를 좋아하십니까?

Лю́бите ли вы уди́ть (лови́ть) ры́бу?

당신은 보통 어디로 사냥(낚시)하러 가십니까?

Куда́ вы обы́чно е́здите (хо́дите) на охо́ту (на ры́бную ло́влю, на рыба́лку)?

이 곳에서는 무엇이 잡힙니까?

Кака́я здесь охо́та?

그 곳에서는 어떤 물고기가 잡힙니까?

Кака́я ры́ба ло́вится там?

이 물고기를 잡는 데는 어떤 미끼를 사용합니까?

На каку́ю прима́нку ло́вится э́та ры́ба?

(Кака́я прима́нка употребля́ется для уже́ния э́той ры́бы?)

사냥꾼	охо́тник
……을 사냥하다.	охо́титься на... [対格]
사냥총	охо́тничье ружьё
사냥개	охо́тничья соба́ка
낚싯꾼	рыболо́в
낚시도구	рыболо́вные принадле́жности
낚싯대	уди́лище, у́дочка, 複生, -чек
낚싯줄	ле́ска, 複生 -сок
낚시바늘	крючо́к, 複 крючки́
낚시찌	поплаво́к, 複 поплавки́
낚싯봉	грузи́ло

> **낚싯대** **уди́лище** 는 낚싯대 만을 의미하며, **удо́чка**
> 는 낚싯줄이나 낚시바늘까지 달린 낚싯대를 말한다.

【당구, 서양장기, 기타】

당구 한 게임 치시지 않겠읍니까?	Не хоти́те ли сыгра́ть па́ртию на билья́рде (в билья́рд)?
—당신은 서양장기(도미노, 마작)를 하십니까?	—Игра́ете ли вы в ша́хматы (в домино́, в маджа́н)?
—아니오, 안 합니다.	—Нет, я не игра́ю.
이 게임을 어떻게 하는지 모릅니다.	Я не зна́ю, как игра́ть в э́ту игру́.
당신은 어떤 게임을 할 줄 압니까?	В каки́е и́гры вы игра́ете?
서양장기선수, 체스선수	шахмати́ст, шахмати́стка
체스의 명인	гроссме́йстер
국제 체스 토너먼트	междунаро́дный ша́хматный турни́р
트럼프를 치다.	игра́ть в ка́рты
크로스 워드	кроссво́рд
도박	аза́ртная игра́
아이들 놀이	де́тские и́гры
숨박꼭질(술래 잡기, 병정 놀이, 눈싸움)	игра́ в пря́тки (в жму́рки, солда́тики, в снежки́)
연을 날리다	[за]пуска́ть зме́я
그네를 타다	кача́ться на каче́лях

정치, 사회

【정치사상, 이념】

사상 ; 사상적	идеоло́гия ; идеологи́ческий
봉건주의 ; 봉건적	феодали́зм ; феода́льный
자본주의 ; 자본주의적, 자본주의의 ; 자본가	капитали́зм ; капиталисти́ческий ; капитали́ст
제국주의 ; 제국주의적 ; 제국주의자	империали́зм ; империалисти́ческий ; империали́ст
군국주의 ; 군국주의적 ; 군국주의자	милитари́зм ; милитари́стский ; милитари́ст
파시즘 ; 파시즘의 ; 파시스트	фаши́зм ; фаши́стский [ссκ] ; фаши́ст
사회주의 ; 사회주의적 ; 사회주의자	социали́зм ; социалисти́ческий ; социали́ст
공산주의 ; 공산주의적 ; 공산주의자	коммуни́зм ; коммунисти́ческий ; коммуни́ст
막시즘 ; 막스주의적 ; 막스주의자	маркси́зм ; маркси́стский [ссκ] ; маркси́ст
무정부주의 ; 무정부주의적 ; 무정부주의자	анархи́зм ; анархи́стский [ссκ] ; анархи́ст
민주주의 ; 민주적 ; 민주주의자	демокра́тия ; демократи́ческий ; демокра́т
진보 ; 진보적	прогре́сс ; прогресси́вный
자유주의 ; 자유주의적 ; 자유주의자	либерали́зм ; либера́льный ; либера́л
보수주의 ; 보수적 ; 보수주의자	консервати́зм ; консервати́вный ; консерва́тор
반동 ; 반동적 ; 반동주의자	реа́кция ; реакцио́нный ; реакционе́р
민족주의 ; 민족주의적 ; 민족주의자	национали́зм ; националисти́ческий ; национали́ст
애국주의 ; 애국주의적 ; 애국자	патриоти́зм ; патриоти́ческий ; патрио́т
기회주의 ; 기회주의적 ; 기회주의자	оппортуни́зм ; оппортунисти́ческий ; оппортуни́ст

【국가체제】

소련에서는 사회주의가 건설되었읍니다.	В СССР постро́ен социали́зм.
소련은 사회주의 국가입니다.	СССР — социалисти́ческое госуда́рство.
한국국민은 순조롭게 민주주의를 건설하고 있읍니다.	Коре́йский наро́д успе́шно стро́ит демокра́цию
기구, 체제, 제도	строй
국가기구(정치체제, 정체)	госуда́рственный (полити́ческий) строй
사회	о́бщество
헌법	конститу́ция
인민민주주의제국(諸國)	стра́ны наро́дной демокра́тии
공화국	респу́блика
군주제	мона́рхия
열강	[вели́кая] держа́ва
제국	импе́рия
황제, 여제, 황후	импера́тор; императри́ца
국왕, 여왕	коро́ль, короле́ва
왕자, 공주	принц, принце́сса
황태자	насле́дный принц
대통령	президе́нт
부통령	ви́це-президе́нт
민족	на́ция

【국회】

현재 국회의장은 누구입니까?	Кто тепе́рь председа́тель парла́мента?
다음 국회의 회기는 언제 시작됩니까?	Когда́ откро́ется сле́дующая се́ссия парла́мента?
신문은 내일 국회가 열린다고 보도하고 있읍니다.	Газе́та сообща́ет, что за́втра откро́ется се́ссия парла́мента.
차기 국회의 일정에 주된 의제는 무엇입니까?	Каки́е основны́е вопро́сы стоя́т на пове́стке дня сле́дующей се́ссии парла́мента?

우리는 국회의 심의를 방청하고 싶습니다.	Мы хотéли бы присýтствовать на заседáнии парлáмента.
당신(그) 당은 국회에서 몇 개의 의석을 차지하고 있읍니까?	Скóлько мест (мандáтов) в парлáменте имéет вáша (эта) пáртия?
해산	рóспуск
법률	закóн
법률안	законопроéкт

최고회의 Верхóвный Совéт СССР 「소연방최고회의」는 소련 최고의 законодáтельный óрган 「입법기관」이며, 한국의 парлáмент 「국회」에 해당된다. 최고회의의 지도기관은 Президиум Верхóвного Совéта СССР 「소연방최고회의 간부회」(председáтель Президиума Верхóвного Совéта СССР 「소연방최고회의간부회의장」)이다. 최고회의는 2원제이며, Совéт Сою́за 「연방회의」(председáтель Совéта Сою́за 「연방회의의장」)과 Совéт Национáльностей 「민족회의」(председáтель Совéта Национáльностей)「민족회의의장」) 이 있다.

민족회의는 소련에 사는 모든 민족(нáции и нарóдности) 의 이익을 대표한다. 양원에는 각각 여러 개의 комиссия 「위원회」가 있다.

【내각】

신문보도에 의하면, 오늘 아침 신내각이 조각되었읍니다.	По сообщéнию газéты, сегóдня ýтром сформирóван нóвый кабинéт минúстров.
어제 정기(임시) 각의가 열렸읍니다.	Вчерá состоя́лось очереднóе (внеочереднóе) заседáние кабинéта минúстров.
A 내각이 총사퇴했읍니다.	Кабинéт минúстров A ушёл в отстáвку.
정부	правúтельство
장관, 각료	минúстр

국무총리, 수상	премье́р- мини́стр
경제기획원장관	мини́стр экономи́ческого плани́рования
법무부장관	мини́стр юсти́ции
외무부장관	мини́стр иностра́нных дел
재무부장관	мини́стр фина́нсов
문교부장관	мини́стр просвеще́ния
보건사회부장관	мини́стр здравоохране́ния и социа́льного обеспе́чения
내무부장관	мини́стр вну́тренних дел.
농수산부장관	мини́стр се́льского, лесно́го и ры́бного (во́дного) хозя́йства
상공부장관	мини́стр торго́вли и промы́шленности
체육부장관	мини́стр физкульту́ры.
교통부장관	мини́стр тра́нспорта (путе́й сообще́ния)
체신부장관	мини́стр свя́зи
노동부장관	мини́стр труда́
건설부장관	мини́стр стро́ительства

> 「…부장관」을 「…부」로 바꾸기 위해서는 мини́стр를 министе́рство로 바꾸는 것만으로 충분하다. 예를들어 мини́стр иностра́нных дел 「외무부장관」→ министе́рство иностра́нных дел 「외무부(성)」. 「…차관」 замести́тель을 사용한다. замести́тель мини́стра иностра́нных дел 「외무차관」.

소연방각료회의	Сове́т Мини́стров СССР
대외무역상	мини́стр вне́шней торго́вли
고등학교·중등전문교육상	мини́стр вы́сшего и сре́днего специа́льного образова́ния
민간항공상	мини́стр гражда́нской авиа́ции
보건상	мини́стр здравоохране́ния
문화상	мемни́стр культу́ры
경공업상	мини́стр лёгкой промы́шленности

국방상	мини́стр оборо́ны
해운상	мини́стр морско́го фло́та
어업상	мини́стр ры́бного хозя́йства
농업상	мини́стр се́льского хозя́йства
상업상	мини́стр троѓо́вли
재무상	мини́стр фина́нсов

> **Сове́т мини́стров СССР** 「소연방각료회의」는 한국의 국무회의(내각)에, 그 **председа́тель** 「의장」은 한국의 국무총리(수상)에 해당된다. **пе́рвый замести́тель председа́теля** 「제 1 부의장」은 두 명이며, **замести́тель председа́теля** 「부의장」은 여러명이다. (전(全)소적인 각료회의 외에, 소련을 구성하는 15공화국에도 각각 각료회의가 있다.)
>
> 각각의 성(부)에는 제 1 차관 또는 차관이 있다. 예를들면 〔**пе́рвый**〕 **замести́тель мини́стра иностра́нных дел** 「〔제 1〕외무차관」.
>
> **госуда́рственный комите́т** 「국가위원회」는 성(부)에 준하는 권한을 가지고 있다.

미국무장관	госуда́рственный секрета́рь США [*сша*]
국, 청	департа́мент, управле́ние
국가공무원, 관리청직원	госуда́рственный слу́жащий
관리	чино́вник
관료주의 ; 관료	бюрократи́зм ; бюрокра́т

【지방행정기관】

도청	префектура́льное управле́ние
시청	городско́е управле́ние
도지사	губерна́тор
시장 ; 읍장	мэр ; ста́роста посёлка
주(도) 의회	префектура́льное собра́ние
시(읍) 의회	городско́е (поселко́вое) собра́ние
… 의회의장	председа́тель…собра́ния
… 의회의원	чнен…собра́ния

소련의 지방행정기관

인민대표소비에트	Сове́ты наро́дных депута́тов
지방소비에트	краево́й сове́т
주소비에트	областно́й сове́т
자치주소비에트	сове́т автоно́мной о́бласти
관구소비에트	окружно́й сове́т
지구소비에트	райо́нный сове́т (райсове́т)
시소비에트	городско́й сове́т (горсове́т)
읍소비에트	се́льский сове́т (сельсове́т)

각 인민대표소비에트의 대의원은 선거에 의하여 선출되며 임기는 2년이다.

【정당】

당신은 어느 당에 입당해 있읍니까?	К како́й па́ртии вы принадлежи́те?
나는 민주당원입니다.	Я член демократи́цеской па́ртии
나(그, 그녀)는 자유당원 후보입니다.	Я (он, она́) кандида́т в чле́ны Либера́льной па́ртии.
나는 비당원입니다(당원이 아닙니다).	Я беспарти́йный (беспарти́йная).
현재 한국 민정당 (신민당) 총재는 누구입니까?	Кто тепе́рь председа́тель Демократи́чно-правди́вой (Но́водемократи́ческой) па́ртии Коре́и?
현재 일본 자민당 간사장 (일본 사회당 세기장)은 누구입니까?	Кто тепе́рь генера́льный секрета́рь Либера́лно-демократи́ческой (Социалисти́ческой) па́ртии Япо́нии?
소련 공산당 중앙위원회 의장(간부회 위원장, 서기국장)은 누구입니까?	Кто председа́тель ЦК (Прези́диума ЦК, Секретариа́та ЦК) КПСС [ка-пэ-эс-эс]
당신은 어느 당을 지지하고 있읍니까?	Каку́ю па́ртию вы подде́рживаете?
왜 그 당을 지지합니까?	Почему́ вы подде́рживаете э́ту

	пáртию?
이 당의 정책에 관해서 어떻게 생각하십니까?	Каковó вáше мнéние о полúтике этой пáртии?
오늘 신문은 소련공산당 중앙위원회의 개회를 보도하고 있읍니다.	Сегóдняшняя газéта сообщáет об откры́тии (о начáле рабóты) плéнума ЦК КПСС.
여당	правúтельственная (прáвящая) пáртия
야당	оппозициóнная пáртия
민주사회당	пáртия демократúческого социалúзма
공화당	Республикáнская пáртия
소련공산당	Коммунистúческая пáртия Совéтского Союза (КПСС [ка-пэ-эс-эс])
소련공산당중앙위원회	Центрáльный Комитéт (ЦК [це-кá]) КПСС
소련공산당중앙〔위원회〕위원	член ЦК КПСС
〔소련공산당중앙위〕정치국	Политбюрó 〔ЦК КПСС〕
〔소련공산당중앙위〕정치국원	член Политбюрó 〔ЦК КПСС〕
〔소련공산당중앙위〕서기장	генерáльный секретáрь 〔ЦК КПСС〕
〔소련공산당중앙위〕서기	секретáрь, 複 -тарú 〔ЦК КПСС〕

　　소련공산당은 소련내의 유일한 정당이다.　최고기관은 съезд пáртии 「당대회」이며, 대회와 대회 사이에는,　대회에 의해 선출된 공산당중앙위원회가 당의 활동을 지도한다. 더우기 중앙위원회의 활동을 지도하기 위해서 정치국(1966년 4월 8일의 плéнум ЦК КПСС 「소련공산당 중앙위원회총회」, 전에는 Президиум 「간부회」라고 불렀다)이 설치되어 있고, 당의 결정의 수행여부를 조사하기 위해서 Секретариáт 「서기국」이 설치되어 있다.

【선거】

당신이 계신 곳에서 선거는 무기명투표입니까, 아니면 기명투표입니까?

У вас та́йное и́ли откры́тое голосова́ние на вы́борах?

선거권은 어떤 사람이 가지고 있읍니까?

Кто име́ет пра́во го́лоса?

18세에 달한 시민은 누구나 선거권을 갖읍니다.

Избира́тельным пра́вом по́льзуется ка́ждый граждани́н, дости́гший восемна́дцати лет.

한국에서는 몇 살부터 선거권(피선거권)이 주어집니까?

С како́го во́зраста гра́ждане Коре́и получа́ют пра́во избира́ть (быть и́збранными)?

민(참)의원 선거는 언제 실시됩니까(있읍니까)?

Когда́ прово́дятся (бу́дут) вы́боры в пала́ту представи́телей (в пала́ту сове́тников)?

이번 선거에서는 누구에게 투표를 하실 생각이십니까?

За кого́ вы наме́рены голосова́ть на предстоя́щих вы́борах.

이 당의 입후보자는 몇 명입니까?

Ско́лько кандида́тов вы́двинула э́та па́ртия?

이번 선거에서 누가 당선될 것 같읍니까?

Как вы ду́маете (предполага́ете), кто бу́дет и́збран ·на предстоя́щих вы́борах?

오늘 신문에는 선거결과에 관한 보도가 실려 있읍니다.

В сего́дняшней газе́те есть сообще́ние о результа́тах вы́боров.

그 당(A후보)은 이번 선거에서 몇 표를 얻었읍니까?

Ско́лько голосо́в получи́ла э́та па́ртия (получи́л кандида́т A) на э́тих вы́борах?

선거운동

предвы́борная кампа́ния

【외교】

우리 나라의 외교정책은 여러 국민들 간의 평화와 우호의 정책입니다.

На́ша вне́шняя поли́тика— поли́тика ми́ра и дру́жбы ме́жду наро́дами.

어제 한국정부와 일본정부 대표 간에 어업문제에

Вчера́ начали́сь перегово́ры ме́жду представи́телями ко-

관한 협상이 시작되었읍 니다. — рейского и японского правительств по вопросу (по вопросам) о рыболовстве.

현재 한일양정부대표 간에 무엇에 관한 (어떤 문제 에 관한) 교섭이 이루어 지고 있읍니까? — О чём (по каким вопросам) сейчас ведутся переговоры между представителями корейского и японского правительств?

미국대사관은 어디에 있읍 니까? — Где американское посольство?

나는 한국대사관원입니다. — Я сотрудник корейского посо́льства.

주한미합중국대사관 (주한 미대사관) — Посольство Соединённых Штатов Америки в Корее

주미한국대사관 — Посольство Корея в США

대사 — посол, -сла́

특명전권대사 — чрезвычайный и полномочный посол

[임시] 대리대사 — [временный] поверенный в делах

공사 — посланник

참사관 — советник

1등 (2등, 3등) 서기관 — первый (второй, третий) секретарь

무관 — атташе [不変·男]

대사관 육군 (해군) 무관 — военный (морской) атташе

[총] 영사관 — [генеральное] консульство

[총] 영사 — [генеральный] консул

대사관 (영사관) 원 — сотрудник посольства (консульства)

외교관 — дипломат

외교대표 — дипломатический представитель

외교단 — дипломатический корпус

외교 — дипломатия

평화(우호)정책	мирная (миролюбивая) политика
평화공존정책	политика мирного сосуществования
미국통상대표부	Торговое представительство (Торгпредство) США
미국통상대표부대표	торговый представитель США
조약	договор
평화조약	мирный договор
체결하다, 맺다	заключить [完], заключать
…년 한미공동선언	Корейско-американская совместная декларация…года
한일어업협정	соглашение о рыболовстве между Кореей и Японией
한일장기무역협정	долгосрочное торговое соглашение между Кореей и Японией
한일무역지불협정	соглашение о товарообороте и платежах между Кореей и Японией

【국제기구】

현재 국제연합의 사무총장은 누구입니까?	Кто теперь генеральный секретарь ООН [оóн] (Организации Объединённых Наций)?
오늘 라디오(텔레비전)는 어제 국제연합 총회가 열렸다고 방송했읍니다.	Сегодня радио (телевидение) передавало, что вчера состоялось заседание Генеральной Ассамблеи ООН.
국제연합헌장	Устав ООН
국제연합사무국	Секретариат ООН
안전보장이사회	Совет Безопасности
경제사회이사회	Экономический и социальный совет (ЭКОСОС [экосóс])
국제연합군축위원회	Комиссия ООН по разоружению

국제연합과학교육문화기관 (유네스코)	Организа́ция Объединённых На́ций по вопро́сам образова́ния, нау́ки и культу́ры (ЮНЕСКО [юнэско])
국제노동기구 (ILO)	Междунаро́дная организа́ция труда́ (МОТ [мот])
북대서양조약기구 (NATO)	Североатланти́ческий сою́з (Организа́ция Североатланти́ческого догово́ра, НАТО [нато])
동남아시아조약기구 (ASEAN)	Ассоциа́ция госуда́рств Юго-Восто́чной А́зии (АСЕАН)
바르샤바조약기구	Организа́ция стран Варша́вского догово́ра (ОВД [овэдэ])
경제상호원조회의 (COMECON 또는 СЭВ)	Сове́т экономи́ческой взаимопо́мощи (СЭВ [сэв])
유럽공동체 (EC, 「공동시장」)	Европе́йское экономи́ческое соо́бщество (ЕЭС [еэс], «о́бщий ры́нок»)

【정치・경제쟁의】

우리들은 이 일에 반대해서 단호하게 투쟁하지 않으면 안됩니다.	Мы должны́ повести́ про́тив э́того реши́тельную борьбу́.
근로자들은 해고에 항의해서 시위를 했읍니다.	Рабо́чие устро́или (организова́ли) демонстра́цию в знак проте́ста про́тив увольне́ния.
시민들은 「핵무장 반대!」라는 슬로건을 들고 시위를 했읍니다.	Гра́ждане устро́или демонстра́цию под ло́зунгом «Про́тив я́дерного вооруже́ния!»
시위 행진에서 경찰과 충돌이 있었읍니다 (시위대와 경찰사이에 충돌이 있었읍니다).	Во вре́мя демонстра́ции произошло́ столкнове́ние с поли́цией (столкнове́ние ме́жду демонстра́нтами и поли́цией).
당신 나라에서는 집회 (언론)의 자유가 있읍니까?	Есть ли у вас свобо́да собра́ний (сло́ва)?
당신 나라에서는 남녀평등	Есть ли у вас равнопра́вие

권이 있읍니까?	же́нщин?
한국에서 남성과 여성은 동등한 권리를 가지고 있읍니다.	В Коре́е мужчи́ны и же́нщины по́льзуются одина́ковыми права́ми.
기미년 독립운동은 1919년 3월 1일에 일어났읍니다.	Самосостоя́тельное движе́ние "Кими" соверши́лось пе́рвого ма́рта ты́сяча девятьсо́т девятна́дцатого го́да.
1945년 8월 15일에 한국은 일제의 착취로 부터 해방되었읍니다.	Пятна́дцатого а́вгуста ты́сяча девятьсо́т со́рок пя́того го́да Коре́я освободи́лась от эксплуата́ции япо́нского империали́зма.
신문의 보도에 따르면, 어제 A에서 혁명이 일어났읍니다.	По сообще́нию газе́ты, вчера́ но́чью в А произошёл госуда́рственный переворо́т.

[사회] 계급	[обще́ственный] класс
부르조아지 (사람)	буржуази́я
부르조아의	буржуа́зный
프롤레타리아	пролета́рий
프롤레타리아트 (사람)	пролетариа́т
프롤레타리아의	пролета́рский
노동자계급	рабо́чий класс
농민	крестья́нство
인텔리겐씨아	интеллиге́нция
소(小) 부르조아지	ме́лкая буржуази́я
착취하다	эксплуати́ровать
착취자	эксплуата́тор
억압	угнете́ние
억압, 박해	гнёт
억압하다, 박해하다	угнета́ть
계급투쟁	кла́ссовая борьба́
식민지주의	колониали́зм
신식민지주의	неоколониали́зм
식민지주의자	колониза́тор
해방	освобожде́ние

해방하다	освобожда́ть, освободи́ть 〔完〕
자유롭게 되다, 해방되다	освобожда́ться, освободи́ться 〔完〕
자유스런, 자유의	свобо́дный
평등	ра́венство
불평등	нера́венство
인종차별주의	раси́зм
차별대우	дискримина́ция
통일	еди́нство
단결	сплоче́ние
연대	солида́рность 〔女〕
탄압	репре́ссия
테러	терро́р
혁명의, 혁명적	революцио́нный
혁명가	революционе́р
반혁명의	контрреволюцио́нный
선전	пропага́нда
선동	агита́ция
〔프롤레타리아〕독재	диктату́ра 〔пролетариа́та〕
…서명운동	кампа́ния по сбо́ру по́дписей под… 〔造〕

【노동운동】

—당신은 노동조합원입니까?	—Вы член профсою́за?
—예, 노동조합원입니다.	—Да, я член профсою́за.
—당신은 어떤 노동조합에 소속되어 있읍니까?	—В како́м профсою́зе вы состои́те? (К како́му профсою́зу вы принадлежи́те?)
—교원노조에 속해 있읍니다.	—Я состою́ в профсою́зе учителе́й.
누가 당신네 노조의 위원장(사무국장)입니까?	Кто председа́тель (генера́льный секрета́рь) ва́шего профсою́за?
당신네 노동조합의 조합원은 몇 명입니까?	Ско́лько чле́нов в ва́шем профсою́зе?

당신네 노조는 어떤 연합 체에 가맹되어 있읍니까?	В како́е объедине́ние вхо́дит ваш профсою́з?
한국노총 산하의 조합원은 몇 명이나 됩니까?	Ско́лько чле́нов объединя́ет Генсове́т (Генера́льный сове́т) профсою́зов Коре́и?
지금 누가 한국 노총 위원 회(사무국장) 입니까?	Кто сейча́с председа́тель (генера́льный секрета́рь) Генсове́та профсою́зов Коре́и?
조합비는 얼마나 냅니까?	В како́м разме́ре вы пла́тите профсою́зный чле́нский взно́с?
매년 노동운동이 번성(강 화)해 가고 있읍니다.	Рабо́чее движе́ние развива́ется (кре́пнет, уси́ливается) с ка́ждым го́дом.
노조는 노동조건의 개선을 요구하고 있읍니다(요구 했읍니다).	Профсою́з тре́бует (потре́бовал) улучше́ния усло́вий труда́.
공장(기업주) 측은 조합의 요구를 들어 주었읍니다.	Дире́кция заво́да (предприни́матель) удовлетвори́ла (удовлетвори́л) тре́бования профсою́за.
기업주 측은 조합의 요구 를 거부했읍니다.	Предпринима́тель отказа́л профсою́зу в его́ тре́бованиях.
최근에 커다란 파업은 어 떠한 것이 있었읍니까?	Каки́е кру́пные забасто́вки бы́ли в после́днее вре́мя (в после́дние го́ды)?
노동자와 근로자들은 결코 맹목적으로 파업을 일으 키지 않읍니다.	Рабо́чие и слу́жащие никогда́ не устра́ивают забасто́вок сле́по.
노조는 24시간 파업을 선 언했읍니다.	Профсою́з объяви́л двадцатичетырёхчасову́ю забасто́вку.
노동자들이 왜 파업을 일 으킵니까?	Почему́ басту́ют рабо́чие?
노동자들은 임금 인상 요 구로 파업을 일으킵니다	Рабо́чие басту́ют(забастова́ли), тре́буя повыше́ния за́работ-

(파업에 돌입했읍니다).

노조는 해고에 대한 항의
로 파업을 선언했읍니다.

그들은 10%의 임금인상
을 관철하려고 노력하고
있읍니다.

노동자들은 임금인상(노동
시간 단축)을 위하여 분
투하고 있읍니다.

노동자들은 임금삭감(노
동시간 연장)에 반대하
여 분투하고 있읍니다.

노동자들은 소위 생산의
「합리화」와 노동강화에
항의하고 있읍니다.

노조는 요구를 관철했읍니
다.

파업의 결과 노동자들은
임금 인상을 관철했읍니
다.

전한국노총연합

ной пла́ты (с тре́бованием о
повыше́нии за́работной пла́-
ты).

Профсою́з объяви́л забасто́вку
в знак проте́ста про́тив
увольне́ния.

Они́ добива́ются повыше́ния
(увеличе́ния) за́работной
пла́ты на де́сять проце́нтов.

Рабо́чие бо́рются за повыше́-
ние за́работной пла́ты (за
сокраще́ние рабо́чего дня).

Рабо́чие бо́рются про́тив сни-
же́ния за́работной пла́ты
(про́тив удлине́ния рабо́чего
дня).

Рабо́чие протесту́ют про́тив
так называ́емой «рационали-
за́ции» произво́дства и ин-
тенсифика́ции [тэ] труда́.

Профсою́з доби́лся удовле-
творе́ния своего́ тре́бования
(свои́х тре́бований).

В результа́те забасто́вки ра-
бо́чие доби́лись повыше́ния
за́работной пла́ты.

Всекоре́йская конфедера́ция
труда́

소련의 노동조합　각 노동조합의 최고기관은 съезд
「대회」이며, 이 대회에 의해 ЦК профспю́за「노동조합중
앙위원회」가 선출된다.　모든 노동조합의 최고지도기관은
Всесою́зный съезд профессиона́льных сою́зов СССР
「소련방노동조합대회」이며, 대회와 대회기간에는 Всесо-
ю́зный Центра́льный Сове́т Профессиона́льных Сою-

зов (ВЦСПС [*вэ-цэ-эс-пэ-эс*]) 「소연방노동조합중앙평의회」가 지도한다. 중앙평의회의 최고책임자는 председа́тель ВЦСПС 「전(全)소노동조합중앙평의회의장」이다.

세계노동조합연맹	Всеми́рная федера́ция проф- сою́зов (ВФП [*вэ-эф-пэ*])
국제자유노동조합연맹	Междунаро́дная конфедера́- ция свобо́дных профсою́зов (МКСП [*эм-ка-эс-пэ*])
연좌 파업	сидя́чая забасто́вка

【평화 · 우호운동】

우리는 평화와 우호를 지 지합니다.	Мы за мир и дру́жбу!
우리는 전쟁에 반대합니다.	Мы про́тив войны́!
우리는 평화를 갈망합니다.	Мы хоти́м ми́ра.
전쟁은 모두에게 불행을 몰고 옵니다.	Война́ прино́сит несча́стье всем
한국 국민은 세계 모든 국 민과 마찬가지로 이웃 나라 국민들과 평화 · 우 호적으로 지내기를 원하 며, 전쟁을 증오합니다.	Коре́йский наро́д, как и все наро́ды ми́ра, хо́чет жить в ми́ре и дру́жбе с наро́дами сосе́дних стран и ненави́дит войну́.
우리는 핵무기 금지와 전 면 군축을 지지합니다.	Мы за запреще́ние я́дерного ору́жия и по́лное разоруже́-ние.
우리는 〔열〕핵무기와 그 실험에 반대합니다.	Мы про́тив 〔термо〕я́дерного ору́жия и его́ испыта́нии.
우리는 군비확장 경쟁 정 책에 반대합니다.	Мы про́тив поли́тики го́нки вооруже́нии.
우리는 핵무기 실험 중지 를 요구합니다.	Мы тре́буем прекраще́ния ис-пыта́ний я́дерного ору́жия.
모든 나라의 국민들은 평 화수호라는 막중한 과제 를 안고 있읍니다.	Пе́ред наро́дами всех стран стои́т вели́кая зада́ча — отстоя́ть мир.
우리는 평화가 전쟁을 이	Мы уве́рены, что мир победи́т

긴다고 확신합니다.　　войну́.

우리 국민은 평화를 사랑하는 국민입니다.　　Наш наро́д — миролюби́вый наро́д.

우리는 양국민간의 우호가 강화되고 있는데 대해 기쁘게 생각합니다.　　Мы ра́ды, что кре́пнет дру́жба ме́жду на́шими наро́дами.

우리는 경제·문화 협력이 필요합니다.　　Нам необходи́мо экономи́ческое и культу́рное сотру́дничество.

우리 국민은 미국에 대하여 더 많이 알기를 원하고 있읍니다.　　Наш наро́д хо́чет лу́чше узна́ть США.

한·미 문화 교류는 양국민간의 상호이해와 우호를 깊게 하는데 기여합니다.　　Коре́йско-америка́нские культу́рные свя́зи спосо́бствуют ро́сту взаимопонима́ния и дру́жбы ме́жду на́шими наро́дами.

자매도시　　го́род-побрати́м, породнённые города́

항구적 평화　　про́чный мир

지상의 평화　　Мир во всём ми́ре (на земле́)

세계평화를 !　　Ми́ру мир !

평화에의 위협　　угро́за ми́ру

소련평화위원회　　Сове́тский комите́т защи́ты ми́ра (СКЗМ [эс-ка-зэ-эм])

세계평화평의회　　Всеми́рный Сове́т Ми́ра (ВСМ [вэ-эс-эм])

소련대외우호·문화교류단체협의회　　Сою́з Сове́тских о́бществ дру́жбы и культу́рной свя́зи с зарубе́жными стра́нами (СОД [сод])

한·미협회　　О́бщество «Коре́я-США»

【청소년·기타단체】

나는 꼼쏘몰의 일원입니다.　　Я комсомо́лец (комсомо́лка).

당신은 언제 꼼쏘몰에 가입하셨읍니까?

Когда́ вы вступи́ли в комсомо́л?

소련방 공산청년동맹은 소련최대의 청년단체입니다. 약칭은 베·엘·까에스·엠 혹은 콤쏘몰이라고 합니다.

Всесою́зный Ле́нинский Коммунисти́ческий Сою́з Молодёжи — э́то крупне́йшая в СССР молодёжная организа́ция. Его́ сокращённо называ́ют ВЛКСМ [вэ-эл-ка-эс-эм] и́ли комсомо́л.

콤쏘몰에는 어떤 사람이 들어 갑니까?

Кого́ принима́ют в комсомо́л?

꼼쏘몰의 인원은 몇 명이나 됩니까?

Ско́лько челове́к насчи́тывает комсомо́л? (Ско́лько челове́к состои́т в комсомо́ле?)

당신네 나라에는 청년(학생, 여성)단체로 어떠한 것이 있읍니까?

Каки́е молодёжные (студе́нческие, же́нские) организа́ции есть у вас?

당신은 어떠한 청년단체에 속해 있읍니까?

В како́й молодёжной организа́ции вы состои́те?

당신은 어떠한 사회단체든지 가입돼 있읍니까?

Состои́те ли вы в како́й-нибудь обще́ственной организа́ции?

소련청년단체위원회

Комите́т молодёжных организа́ций СССР (КМО [кмо])

소비에뜨여성위원회

Комите́т сове́тских же́нщин (КСЖ [ка-эс-жэ])

국제민주여성연맹

Междунаро́дная демократи́ческая федера́ция же́нщин (МДФЖ [эм-дэ-эф-же́])

Всесою́зная пионе́рская организа́ция и́мени В. И. Ле́нина 「소련방 레닌기념삐오네르조직」-소련최대의 소년소녀 단체이며, 품행과 학업성적이 우수한 10세에서 15세까지의 소년·소녀가 입단하게 된다. 삐오네르조직의 지도기관은 Центра́льный сове́т пионе́рской организа́-

ции имени В. И. Ленина 「레닌기념 삐오네르조직중앙평의회」이며, ЦК ВЛКСМ 의 지도하에 활동한다. 일반적으로 ВЛКСМ 은 삐오네르에 대해 부단한 원조와 지도를 하고 있다. 예를들면 여름철의 пионе́рский ла́герь 「삐오네르 캠프」 등에는 пионервожа́тый, пионервожа́тая 「삐오네르지도원」을 파견하여 그 지도를 맡게 한다.

【상, 명예칭호, 훈장】

당신은 언제 그 상을 받으셨읍니까?	Когда́ вам присуждена́ э́та пре́мия?
당신은 언제 그 명예 칭호를 받으셨읍니까?	Когда́ вам присво́ено э́то почётное зва́ние?
—이것은 무슨 훈장입니까?	— Что э́то за о́рден?
—이것은…훈장입니다.	— Это о́рден…
무슨 공로로(언제) 그 훈장을 받았읍니까?	За что (когда́) вы награждены́ (вас награди́ли) э́тим о́рденом?

국제평화상	Междунаро́дная пре́мия «За укрепле́ние ми́ра ме́жду наро́дами»
노벨상	Но́белевская пре́мия
수상자	лауреа́т
인민배우	наро́дный арти́ст
인민화가	наро́дный худо́жник
공로배우	заслу́женный арти́ст
공로예술가	заслу́женный де́ятель иску́сства
공로과학기술자	заслу́женный де́ятель нау́ки и те́хники
공로의사 (교사)	заслу́женный врач (учи́тель)
공로스포츠 마스터	засчу́женный ма́стер спо́рта
어머니영웅	Мать-герои́ня

「소련방영웅」은 소련최고의 명예칭호로, 국가를 위해

영웅적인 공적을 세운 자 또는 영웅적인 공훈을 세운 자에게 주어지며, 「사회주의노동의 영웅」이란 칭호는 경제·문화·과학의 발전에 특히 공적이 있는 사람에게 주어진다.

명예칭호인 「어머니영웅」은 10명이상의 아기를 낳아 기른 어머니에게 주어지며 동시에, 동명의 훈장이 수여된다.

【경축일】

소련(한국)에는 명절이 얼마나 됩니까?	Сколько национáльных прáздников в СССР (в Корéе)?
오늘은 무슨 명절입니까?	Какóй сегóдня прáздник?
당신은 신년을 어떻게 맞이할 것입니까?	Как вы собирáетесь встрéтить Нóвый год?
당신은 신년 연후에 무엇을 할 것입니까?	Что вы бýдете дéлать на (в) Новогóдние прáздники?
3월 8일은 세계 여성의 날입니다.	Восьмóе мáрта — Междунарóдный жéнский день.
5월 9일은 전승기념일입니다.	Девя́тое мáя — День Побéды.
7월 17일은 제헌절입니다.	Семнáдцатое ию́ля — День Конститýции Корéя.
8월 15일에 한국국민은 해방 기념일을 축하합니다.	Пятнáдцатого áвгуста корéйский нарóд прáзднует годовщи́ну дня Освобождéния.
메이데이 집회에 몇 명이나 참가했읍니까?	Скóлько человéк учáствовало в первомáйском ми́тинге?
당신은 부활제에 참가 했읍니까?	Вы принимáли учáстие в прáзднике пáсхи
이 시위는 어떠한 슬로건 아래 진행됐읍니까?	Под каки́ми лóзунгами проходи́ла (шла) эта демонстрáция?
당신네는 석가탄생 축제일을 어떻게 경축합니까?	Как у вас отмечáют прáздничный день рождéния Бýдды?
성인(成人)의 날(1월 15	День совершеннолéтия (15

일)　　　　　　　　　　января)

성인의 날(1월 15일)　　　День совершенноле́тия(15 янва-
　　　　　　　　　　　ря́)

춘분(3월 21일)　　　　　Пра́здник весе́ннего равно-
　　　　　　　　　　　де́нствия (21 ма́рта)

어린이 날(5월 5일)　　　День дете́й (5 ма́я)

노인의 날(9월 15일)　　　День престаре́лых (15
　　　　　　　　　　　сентября́)

추분(9월 23일)　　　　　Пра́здник осе́ннего равно-
　　　　　　　　　　　де́нствия (23 сентября́)

체육의 날(10월 10일)　　День спо́рта (физкульту́ры)
　　　　　　　　　　　(10 октября́)

문화의 날(11월 3일)　　　День культу́ры (3 ноября́)

경제, 산업

5 개년계획에 대해서 말씀해 주십시오.
Расскажи́те, пожа́луйста, о пятиле́тнем пла́не.

5 개년계획의 진척 상황은 어떻읍니까?
Как выполня́ется пятиле́тка?

5 개년계획은 기한 전에 수행 (초과수행) 되었읍니다.
Пятиле́тний план вы́полнен досро́чно (перевы́полнен).

당신 나라의 경제성장율은 얼마나 됩니까?
Како́в у вас рост эконо́мики?

올해의 국가예산은 얼마나 됩니까?
Ско́лько составля́ет госуда́рственный бюдже́т на э́тот год?

1인당 국민소득은 얼마나 됩니까?
Како́в национа́льный дохо́д на ду́шу населе́ния?

우리나라는 현재 인플레이션 (디플레이션, 경제공황) 입니다.
У нас сейча́с инфля́ция (дефля́ция, экономи́ческий кри́зис).

사회주의경제 소련에서는 토지·천연자원·공장·철도 등이 모두 국민의 것이며 이것을 социалисти́ческая со́бственность на сре́дства произво́дства 「생산수단의 사회주의적 소유제」라고 한다.

국민경제발전계획 국민경제는 전소적인 하나의 커다란 계획—план разви́тия наро́дного хозя́йства 「국민경제발전계획」—에 기인하여 운영된다. 유명한 소련의 пятиле́тнии план (약자로 пятиле́тка) 「5개년계획」 등등이 그것이다. 국민경제발전계획은 소련공산당대회에서 선택된다. 소련의 각 기업은 이 전(全)소적인 국민경제발전계획을 수행하기 위해 개개의 구체적인 계획을 세워 이 계획을 기초로 경영해 나가는 것이다. 따라서 소련경제의 큰 특징중의 하나는 пла́новое хозя́йство 「계획경제」이다.

소련의 기업형태 소련의 기업은 госуда́рственные хозя́йственные предприя́тия 「국영기업」과 коопорати́вно-колхо́зные хозя́йственные предприя́тия 「협동조합

> ·꼴호즈경영기업」의 두 가지로 구분되어 있다. 공장, 광
> 산, 발전소, 쏘프호즈 등은 전자이며, 꼴호즈는　후자에
> 속한다.

【회사, 은행】

한국의 큰 콘체른으로는 어
　떤 것이 있읍니까?

Какие крупные концерны имеются в Корее?

이 회사의 자본금은 얼마
　나 됩니까?

Каков капитал этой компании?

그 회사는 도산했읍니다.

Эта компания обанкротилась.

나는 A의 사원 (은행원) 입
　니다.

Я работник компании (банка) А.

나는　타이피스트 (경리원,
　사장비서) 입니다.

Я машинистка (бухгалтер, личный секретарь президента).

나는 사무소 (서무과, 총무
　과, 인사과,　경리과) 에
　서 일하고 있읍니다.

Я работаю в конторе (канцелярий, управлении делами, отделе кадров, бухгалтерии).

나는 A회사의 지사 (A은행
　의 지점) 에서 일하고 있
　읍니다.

Я работаю в филиале (отделении) компании (банка) А.

그는 우리 회사의 사장 (전
　무과 [부] 장) 입니다.

Он президент ([генеральный] директор, начальник отдела) нашей компании.

당신 회사 (은행) 의 이름은
　무엇입니까?

Как называется ваша компания (ваш банк)?

한국국립은행

Государственный банк Кореи

주식회사

акционерное общество

상공회의소

торгово-промышленная палата

전소상업회의소

Всесоюзная торговая палата

협동조합

кооператив

소련소비조합중앙연합

Центросоюз (Центральный союз потребительских обществ СССР)

【무역】

현재 한일 간의　무역관계

Каковы　сейчас　торговые

는 어떻습니까?

한미 간의 무역액은 매년 증가하고 있읍니다.

—한일 무역관계의 발전전 망은 어떻습니까?

—전망은 밝읍니다.

—한국은 미국에 어떤 상 품을 수출하고 있읍니 까?

—한국은 각국에 유조선, 선박, 기중기, 각종시 설(플랜트), 공작기계, 기계, 인조섬유, 레이 온, 각종 화학약품 그 리고 기타의 상품을 수 출하고 있읍니다.

—한국은 미국에서 어떤 것을 수입하고 있읍니 까?

—한국은 미국으로 부터 목재, 석유와 석유제 품, 선철, 코크스용 석탄, 크롬강, 망간강, 칼리염, 아스베스토, 석면, 화학약품과 의 약품, 각종 기계와 설 비(플랜트)를 수입하 고 있읍니다.

금년도 한일 무역액은 어 느 정도입니까?

отноше́ния ме́жду Коре́ей и Япо́нией.

Товарооборо́т ме́жду Коре́ей и США увели́чивается с ка́ждым го́дом.

—Каковы́ перспекти́вы разви́ тия коре́йско-япо́нских торго́вых отноше́ний?

—Они́ хоро́шие (благоприя́т- ные).

—Каки́е това́ры экспорти́рует (выво́зит) Коре́я в США?

—Коре́я экспорти́рует (вывó- зит) в ра́зные стра́ны та́н- керы, суда́, подъёмные кра́ны, разли́чное обору́до- вание, станки́, маши́ны, иску́сственное волокно́, пря́жу иску́сственного шёлка, разни́чные химика́- ты и други́е това́ры.

—Каќе това́ры импорти́рует (ввóзит) Коре́я из США?

—Коре́я импорти́рует (ввóзит) из США лесоматериа́лы, нефть и нефтепроду́кты, чугу́н, коксу́ющийся у́голь, хро́мовую и ма́рганцевую ру́ды, кали́йную соль, асбе́ст, химика́ты и меди- каме́нты, разли́чные ма- ши́ны и обору́дование.

Какова́ в теку́щем году́ су́мма товарооборо́та ме́жду Ко- ре́ей и Япо́нией?

―당신 (우리) 나라의 무역
　수지는 얼마나 됩니까?
―우리나라의 무역수지는
　흑자 (적자) 입니다.
지금 서울 (동경) 에서 한일
　무역협상이 진행되고 있
　읍니다.
어제 1980년도 한일무역및
　연안무역협정 조인이 있
　었읍니다.

당신은 어떤 나라들과 무
　역을 하고 있읍니까?
당신 회사는 어떤 상품을
　취급하고 있읍니까?
당신 회사는 무엇을 미국
　에 수출하고 있읍니까?
당신 회사는 무엇을 미국
　으로 부터 수입하고 있
　읍니까?
소련방목재수출 (기계수입)
　공단의 대표자를 만나
　뵐 수 있을까요?

우리는 이 상품의 거래에
　대해서 실무적인 교섭을
　시작하고 싶습니다.

【공업】
당신 나라에서는 중공업과
　경공업 (채광공업과 가공
　공업) 중에서 어느 쪽이
　발달되어 있읍니까?
―당신 나라에서는 중공업
　(경공업) 의 어떤 부문

―Како́в у вас (у нас)　торго́-
　вый бала́нс?
―У нас акти́вный (пасси́вный)
　торго́вый бала́нс.
Сейча́с　в Сеу́ле (в То́кио)
　веду́тся　коре́йско-япо́нские
　торго́вые перегово́ры.
Вчера́ состоя́лось подписа́ние
　соглаше́ния о товарооборо́те
　и　прибре́жной　торго́вле
　ме́жду Коре́ей и Япо́нией
　на 1980 год.
С каки́ми стра́нами вы торгу́е-
　те (ведёте торго́влю)?
Каки́ми　това́рами　торгу́ет
　ва́ша компа́ния?
Что ва́ша компа́ния вывóзит в
　США?
Что ва́ша компа́ния ввóзит из
　США?

Могу́ ли я ви́деть представи́-
　теля　всесою́зного объедине́-
　ния　ЭКСПОРТЛЕС (МАШИ-
　НОИМПОРТ)?
Мы хоте́ли бы нача́ть деловые
　перегово́ры　по　торго́вле
　э́тими това́рами.

Кака́я пормы́шленность у вас
　бóльше развита́. тяжёлая
　и́л и лёгкая (добыва́юшая
　и́ли обраба́тывающая)?
―Каки́е　óтрасли　тяжёлой
　(лёгкой) промы́шленности

이 가장 발달되어 있읍니까?

(индустрии) у вас наиболее развиты?

—우리나라에서는 광업(석탄산업, 석유산업, 야금공업, 전기공업, 전자산업, 자동차산업, 화학공업, 섬유공업, 식품공업)이 발달되어 있읍니다.

—У нас развита горная (угольная, нефтяная, металлургическая, электротехническая, электронная, автомобильная, химическая, текстильная, пищевая) промышленность.

당신 나라의 주요한 공업지대(석탄지대)는 어디입니까?

Где у вас основные промышленные районы(каменно угольные бассейны)?

석탄(석유, 가스, 철, 동, 아연, 주석, 알루미늄, 금, 은, 유황석회) 산지는 어디입니까?

Где находятся месторождения каменного угля(нефти, газа, железа, меди, свинца, олова, алюминия, золота, серебра, серы, извести)?

소련은 풍부한 원자재를 갖고 있읍니다.

СССР располагает огромными запасами сырья.

야금공업(기계제작, 공작기계제조, 조선)의 주요 지역은 어디 입니까?

Где основные районы металлургии (машиностроения, станкостроения, судостроения)?

가장 큰 수력발전소는 어디에 있읍니까?

Где крупнейшие гидро[-электро]станции (ГЭС [гэс])?

이 [화력, 원자력]발전소의 출력은 어느 정도나 됩니까?

Какова мощность этой [тепловой, атомной] электростанции?

원자력에너지는 평화적인 목적으로만 이용되어야 합니다.

Нужно использовать атомную энергию только в мирных целях.

1년간의 채탄량(채유량)은 어느 정도나 됩니까?

Какова годовая добыча каменного угля (нефти)?

레이온의 생산에서 일본은 세계 제1위를 차지하고 있읍니다.

По производству (выработке) искусственного шёлка Япония занимает первое место в мире.

나는 광부(석유공업 종사자, 야금공, 선반공, 철물공, 절단공, 방적여공, 직물공) 입니다.

Я шахтёр (нефтяник, металлург, токарь, слесарь, фрезеровщик, прядильщица, ткачиха).

—어떤 공장에서 일하고 계십니까?

—На каком заводе (какой фабрике) вы работаете?

—나는 자동차공장(기계제작소, 공작기계제작공장, 제유공장, 제강소)에서 일하고 있읍니다.

—Я работаю на автомобильном (машиностроительном, станкостроительном, нефтеперерабатывающем, сталелитейном) заводе.

—나는 직물(제화, 연초, 제당) 공장에서 일하고 있읍니다.

—Я работаю на ткацкой(обувной, табачной, сахарной) фабрике.

나는 탄갱(광산)에서 일하고 있읍니다.

Я работаю на шахте (руднике).

공장을 견학할 수 있읍니까?

Можем ли мы осмотреть завод (фабрику)?

당신 공장에는 노동자가 몇 명이나 됩니까?

Сколько рабочих на вашем заводе (вашей фабрике)?

우리들은 조장(기사, 노동자)과 이야기를 하고 싶습니다.

Мы хотели бы поговорить с мастером (инженером, рабочим).

—당신(이) 공장은 어떤 제품(무엇)을 만들고 있읍니까?

—Какую продукцию (что) выпускает ваш (этот) завод?

—우리(이) 공장은 트랙터(자동차, 강철제)를 생산하고 있읍니다.

—Наш (этот) завод производит тракторы (автомобили, сталь).

우리들 공장은 직물(의류, 신발)을 생산하고 있읍니다.

Наша фабрика выпускает ткани (одежду, обувь).

이 공장에서는 공작기계를 생산하고 있읍니다.

На этом заводе производятся станки.

노동생산성은 어느 정도입니까?

Какая производительность труда?

생산의 자동화는 어느 정
도 광범위하게 도입되어
있읍니까?

—이것은 무슨 부(생산부
분)입니까?

—이것은 조립(기계, 공구)
부입니다.

압연(주물, 평로)부를 견
학할 수 있읍니까?

우리들은 조립(주물)부의
작업을 보고 싶습니다.

—이 모터는 무엇으로 가
동됩니까?

—전기로 가동됩니다.

이 기계는 어떻게 작동되
는 지를 설명해 주십시오.

우리들은 트랙터 생산공정
을 견학하고 싶습니다.

선진적인 경험을 어느 정
도 활용하고 있읍니까?

【건설】

현재 당신 나라(지방)에서
진행되고 있는 대규모
건설은 어떤 것들이 있
읍니까?

우리 지역에서는 대규모
주택건설이 진행 중입니
다.

이곳에 세워지고 있는 것
은 무엇입니까?

건설을 시작한 것은(이 끝
나는 날은) 언제쯤입니
까?

Как широко́ применя́ется авто-
матиза́ция произво́дства?

—Како́й это цех?

—Это сбо́рочный (механи́че-
ский, инструмента́льный) цех.

Мо́жно ли осмотре́ть прока́т-
ный (лите́йный, марте́новский
[тэ]) цех?

Мы хоте́ли бы ви́деть рабо́ту
сбо́рочного (лите́йного) це́ха.

—Чем приво́дится в движе́-
ние этот мото́р?

—Он приво́дится в движе́ние
электри́чеством.

Объясни́те, пожа́луйста, как
рабо́тает эта маши́на?

Мы хоте́ли бы осмотре́ть про-
изво́дственный проце́сс тра́-
ктора.

Как вы испо́льзуете передо-
во́й о́пыт?

Каки́е кру́ные стро́йки веду́тся
сейча́с в ва́шей стране́ (в
ва́шем райо́не)?

У нас идёт большо́е жили́щное
строи́тельство.

Что здесь стро́ят?

Когда́ на́чато (бу́дет зако́н-
чено) строи́тельство?

—건설에 어떤 기계를 사용하고 있읍니까?

—Какие машины вы применяете на стройке?

—불도저(굴착기)를 사용하고 있읍니다.

—Мы применяем бульдозер (экскаватор).

나는 벽돌장이(목수, 목공, 가구사, 미장이, 페인트공)입니다.

Я каменщик (плотник, столяр, штукатур, маляр).

【농업】

나는 농업에 종사하고 있읍니다.

Я занимаюсь сельским хозяйством.

우리들은 농업경영(밭, 채원)을 보고 싶습니다.

Мы хотели бы посмотреть крестьянское хозяйство (поле, огород).

[우리들은] 꼴호즈에 가 보고 싶습니다.

Мы хотим побывать в колхозе.

꼴호즈원들이 어떤 생활을 하고 있는 가를 보고 싶습니다.

Мы хотим посмотреть, как живут колхозники.

우리들이 가는 꼴호즈는 이름이 무엇입니까?

Как называется колхоз, в который мы поедем?

나는 농부입니다.

Я крестьянин (крестьянка)

나는 꼴호즈원입니다.

Я колхозник (колхозница).

나는 쏘프호즈원입니다.

Я рабочий (работница) совхоза.

나는 농업기사(트랙터 운전수, 콤바인 운전수)입니다.

Я агроном (тракторист, комбайнер).

꼴호즈의 장(쏘프호즈 소장)은 어느 분입니까?

Кто председатель колхоза (директор совхоза)?

당신은 토지가 얼마나 됩니까?

Сколько у вас земли?

당신 토지는 비옥합니까?

У вас хорошие земли?

당신 지방의 주요 농산물은 무엇입니까?

Какие сельскохозяйственные культуры преобладают в вашем районе?

담배(사과, 포도)의 유명한 산지는 어디입니까?

Какие у вас наиболее известные районы выращивания табака (яблок, винограда)?

차(茶)는 어떤 지방에서 재배되고 있읍니까?

В каки́х райо́нах разво́дится чай?

당신 지방에서는 면화가 자랍니까?

Растёт ли у вас хло́пок?

당신은 무엇을 재배하고 있읍니까?

Что вы выра́щиваете?

우리들은 밀, 호밀, 옥수수, 메귀리, 보리, 메밀 등의 곡물을 재배하고 있읍니다.

Мы выра́щиваем зерновы́е культу́ры (зла́ки): пшени́цу, рожь, кукуру́зу, овёс, ячме́нь, гречи́ху.

우리들은 공업용 작물(사탕 무우, 면화, 해바라기)을 재배하고 있읍니다.

Мы выра́щиваем техни́ческие культу́ры (са́харную свёклу хло́пок, подсо́лнечник).

당신 지방의 밀(쌀)의 경지 면적은 얼마나 됩니까?

Какова́ у вас пло́щаль под пшени́цей (ри́сом)?

과수원의 면적은 어느 정도나 됩니까?

Каку́ю пло́щаль занима́ет фрукто́вый сад?

당신 지방의 사과(배)의 품종은 무엇입니까?

Каки́е у вас сорта́ я́блок (груш)?

당신은 어떤 품종의 밀(메귀리)을 파종하고 있읍니까?

Каки́е сорта́ пшени́цы (овса́) вы се́ете?

당신 지방에서는 언제 밀의 씨뿌리기(모내기)를 시작합니까?

Когда́ в ва́шем райо́не начина́ется сев пшени́цы (поса́дка ри́са)?

당신은 옥수수 씨뿌리기(감자 심기)를 언제하십니까?

Когда́ вы прово́дите сев кукуру́зы (поса́дку карто́феля)?

당신 지방에서는 토지의 관개(간척)을 하고 있읍니까?

Прово́дится ли у вас ороше́ние (осуше́ние) земли́?

—어떤 비료를 사용하고 있읍니까?

—Каки́е удобре́ния вы применя́ете (вно́сите)?

—화학(광물, 유기) 비료를 사용하고 있읍니다.

—Мы применя́ем хими́ческие (минера́льные, органи́ческие) удобре́ния.

당신 지방에서는 어떤〔 농작물의〕 해충이 있읍니까?

해충 구제에 어떤 농약을 사용하고 있읍니까?

당신 지방에서는 쌀(밀)의 수확을 언제 시작합니까?

귤(포도)의 수확은 언제쯤 시작합니까(의 시기는 언제 쯤입니까)?

올해는 풍작입니까?

올해는 쌀 수확은 어떻습니까?

작년은 가뭄으로 흉작이었 읍니다.

당신은 얼마나 감자를 거두웠읍니까?

1 헥타르당 수확고는 얼마나 됩니까?

—어떤 농업기계를 사용하고 있읍니까?

—우리들은 트랙터, 경운기, 파종기, 콤바인, 벌초기, 제초기, 탈곡기를 사용하고 있읍니다.

미개간지의 개척은 어떤 지방에서 하고 있읍니까?

꼴호즈원들의 소득은 어느 정도나 됩니까?

노동에 대한 꼴호즈원들의 보수는 어떻습니까?

꼴호즈원들의 일당은 얼마나 됩니까?

Какие в этом районе встречаются сельскохозяйственные вредители?

Какие средства против вредителей вы применяете?

Когда в вашем районе начинается уборка риса (пшеницы)?

Когда начинается сбор (когда время сбора) мандаринов (винограда)?

Ожидается ли в этом году богатый урожай?

Как вы думаете, какой будет урожай риса в этом году?

В прошлом году у нас был неурожай из-за засухи.

Сколько вы собрали картофеля?

Каков урожай с гектара?

—Какие сельскохозяйственные машины вы используете?

—Мы применяем трáкторы, культивáторы, сéялки, комбáйны, жнéйки, косúлки, молотúлки.

В каких вайóнах идёт освоéние целúнных земéль?

Каковы́ дохóды колхóзников?

Как оплáчивается труд колхóзников?

Сколько получúли колхóзники на трудодéнь?

당신은 노동일이 며칠이나 됩니까?	Скóлько трудоднéй вы зарабóтали (вы́работали)?
씨앗, 종자	сéмя, *複 семенá, семя́н, семенáм*
품종개량	селéкция
토지개량	мелиорáция
농업기계수리소	РТС [*эр-тэ-эс*] (ремонтно - техническая стáнция)

【축산】

—여기는 어떤 부문의 축산업이 발달되어 있읍니까?	—Какие óтрасли животновóдства здесь рáзвиты?
—우리는 낙농(양돈, 목양, 말사육, 양토, 양금, 양봉)이 발달되어 있읍니다.	—У нас рáзвито молóчное животновóдство (свиновóдство, овцевóдство, коневóдство, кроликовóдство, птицевóдство, пчеловóдство).
제주도에는 목축이 성행하고 있읍니다.	На Чечжудó распросртанéно отгóнное животновóдство.
우리는 축사(낙농장, 양돈장, 양금장, 목장)를 견학했으면 합니다.	Мы хотéли бы осмотрéть скóтный двор (молóчную фéрму, свинофéрму, птицефéрму, пáстбище).
나는 우유 짜는 여자(축산기사, 수의사)입니다.	Я доя́рка (зоотéхник, ветеринáр).
당신네는 무슨 가축을 기릅니까?	Какóй у вас имéестя [домáшний] скот?
당신 꼴호즈(쏘프호즈)에는 가축이 몇 마리나 있읍니까?	Скóлько голóв скотá в вáшем колхóзе (совхóзе)?
어떤 새(가금)을 기르고 있읍니까?	Какýю вы содéржите [домáшнюю] птúцу?
이 소(돼지, 양, 말)는 어떤 품종입니까?	Какóй порóды э́ти корóвы (свúньи, óвцы, лóшади)?
당신 꼴호즈의 소에서 짜내는 평균 우유량은 어느 정도입니까?	Какóй срéдний удóй корóв в вáшем колхóзе?

—이 소에서 매년 얼마 만
　큼의 우유를 짭니까?
—연 5000kg을 짭니다.

—Какóй годовóй удóй [от]
　э́той корóвы?
—Э́та корóва даёт в год пять
　ты́сяч *кг* молокá.

산란계 1 수 당 1 년에 평
　균 몇 개의 알을 낳습니
　까?

Скóлько яи́ц вы получáете от
　однóй несу́шки в год?

양 한마리 당 1 년에 몇 kg
　의 양모가 생산됩니까?

Скóлько килогрáммов шéрсти
　вы получáете с каждой овцы́
　в год?

당신네는 소의 사료로　무
　엇을 씁니까?

Какúе у вас кормá для
　крýпного рогáтого скотá?

당신은 배합사료를 사용하
　고 있읍니까?

Применя́ете ли вы комбикор-
мá?

꼴호즈와 쏘프호즈 колхóз(коллекти́вное хозя́йст-
во)「꼴호즈」는 농민협동체이다. 즉 농민집단이　국가의
지침에 따라서 자치적으로 경영하고 있는 농장이다. сов-
хóз(совéтское хозя́йство)「쏘프호즈」는 말할 나위도 없
이 국가가 직영하고 있는 농장을 말한다.
　반과 조 꼴호즈의　밭에서는 꼴호즈원이　그룹으로
나뉘어 작업한다. 즉 꼴호즈에는 몇 개의 *бригáда*「(작업
반」(반장은 *бригади́р*)가 있고,　각각의 *бригáда* 는 또 몇
몇의 *звенó*「조」(조장은 *звеньевóй, звеньевáя*)로　나
뉘어져 있다. 이렇게 하여 조원 또는 반원이　작업성적을
놓고 서로 경쟁하는 것이다. 그리고 나아가서는 꼴호즈 간
의 경쟁에까지 이르게 된다. 이것이 소위 *социалисти́че-
ское соревновáние*「사회주의경쟁」이며, 농업뿐만이 아
니라,　공업 기타 산업부문에서도 널리 행해지고 있다.
　노동일 *трудодéнь* 는 꼴호즈의 노동량 계산단위이며,
누구라도 하루 노동하면 하루 노동일로서 계산되는 것이
아니라, 하루의 노동량은 작업의 쉽고 어려움에 따라 0,5
노동일에서 2,5노동일까지로 평가된다. 그리고 꼴호즈의
수입은 각 꼴호즈원의　1년간의 *трудодéнь* 일수에　따라
분배된다.

【어업, 임업】

우리는 어업(양어, 임업, 목재공업)에 흥미가 있읍니다.

우리는 어촌(어항, 어업꼴호즈, 어시장, 양어장, 임업쏘프호즈, 제재공장)을 찾아가 보고 싶습니다.

나는 어부(산림감시원, 벌채노동자)입니다.

당신은 어떤 [종류의] 물고기를 잡고 있읍니까?

이 물고기는 어떤 계절에 (어디에서) 잡히고 있읍니까?

—당신은 어떤 방법으로 물고기를 잡고 있읍니까?

—우리는 (물고기를) 정치망(투망, 트롤망)으로 잡습니다.

—이 물고기는 많이 잡힙니까?

—아니오, 그다지 잡히지 않습니다.

—나무를 심어 산림을 만들고 있읍니까?

Нас интересу́ет рыболо́вство (рыбово́дство, лесово́дство, лесна́я промы́шленность).

Мы хоте́ли бы посети́ть рыба́цкий посёлок (рыболо́вный порт, рыболове́цкий колхо́з, ры́бный ры́нок, рыбово́дную ста́нцию, леспромхо́з, лесопи́льный заво́д).

Я рыба́к (лесни́к, лесору́б).

Каки́е сорта́ ры́б вы ло́вите?

В како́й сезо́н (где) ло́вится э́та ры́ба?

—Каки́м спо́собом вы ло́вите ры́бу?

—Мы ло́вим ры́бу ставны́м не́водом (закидны́м не́водом, тра́улерами).

—Хоро́ший ли уло́в э́той ры́бы?

—Нет, плохо́й.

Произво́дятся ли поса́дки ле́са?

어선 (포경선)	рыболо́вное (китобо́йное) су́дно
어선단	рыболо́вная флоти́лия
포경선단	китобо́йная флоти́лия
해산물	морски́е проду́кты
목재	лесоматериа́лы [複]
뗏목 띄우기	лесопла́в

자 연

우리는 플라네타리움 (천문대) 을 구경했으면 합니다.

Мы хоте́ли бы посети́ть планета́рий (обсервато́рию).

—이 별은 육안으로 볼 수 있읍니까?

—Э́ту звезду́ мо́жно уви́деть невооружённым гла́зом?

—아니오, 천체만원경으로만 볼 수 있읍니다.

—Нет, то́лько в телеско́п.

화성에 생물이 있다고 생각하십니까?

Как вы ду́маете, есть ли жизнь на Ма́рсе?

—세계 최초의 인공위성은 언제 발사되었읍니까?

—Когда́ запу́щен пе́рвый в ми́ре иску́сственный спу́тник Земли́?

—세계 최초의 인공위성은 1957년 10월 4일 소련에 의해서 발사되었읍니다.

—Пе́рвый в ми́ре иску́сственный спу́тник Земли́ запу́щен Сове́тским Сою́зом четвёртого октября́ ты́сяча девятьсо́т пятьдеся́т седьмо́го го́да.

—언제, 누가 세계 최초로 우주선을 타고 우주를 비행했읍니까?

—Когда́ и кто пе́рвым в ми́ре подня́лся в ко́смос на косми́ческом корабле́?

—1961년 4월 12일 소련의 우주비행사 유리 가가린이 우주선「보스또크」호를 타고 세계 최초로 우주를 비행했읍니다.

—Двена́дцатого апре́ля ты́сяча девятьсо́т шестьдеся́т пе́рвого го́да пе́рвым в ми́ре в ко́смос подня́лся сове́тский космона́вт Юрий Гага́рин на косми́ческом корабле́ «Восто́к».

1966년 2월 3일 우주정거장「루나 – 9」호가 달 표면에 연착했읍니다.

3 февраля́ 1966 го́да автомати́ческая ста́нция «Луна́-9» осуществи́ла мя́гкую поса́дку на пове́рхность Луны́.

이 우주선(스뿌뜨니크)의 발사 목적은 무엇입니까?	Какова́ цель за́пуска э́того корабля́ (спу́тника)?
이 우주선(인공위성)의 무게는 얼마나 됩니까?	Ско́лько ве́сит э́тот косми́ческий кора́бль (спу́тник Земли́)?
이 우주선(인공위성)은 지구를 몇 바퀴 돌았읍니까?	Ско́лько раз облете́л Зе́млю э́тот косми́ческий кора́бль (спу́тник Земли́)?
이 우주선(인공위성)은 우주에 얼마나 머물렀읍니까?	Ско́лько вре́мени про́был в ко́смосе э́тот кора́бль (спу́тник Земли́)?

태양계	со́лнечная систе́ма
태양	Со́лнце
수성	Мерку́рий
금성	Вене́ра
지구	Земля́
화성	Марс
목성	Юпи́тер
토성	Сату́рн
천왕성	Ура́н
해왕성	Непту́н
명왕성	Плуто́н
혹성, 유성(遊星)	плане́та
별	звезда́, 複 звёзды, звёзд
북극성	Поля́рная звезда́
별자리, 성좌	созве́здие
혜성	коме́та
유성(流星)	метео́р
우주개발	освое́ние ко́смоса
우주로켓트	косми́ческая раке́та
유인우주선	косми́ческий кора́бль с челове́ком на борту́
통신위성	спу́тник свя́зи
기상위성	метеорологи́ческий спу́тник
혹성간자동(우주)정거장	автомати́ческая межпланет́ная ста́нция, АМС [а-эм-эс]

집단우주비행	группово́й косми́ческий полёт
우주유영	вы́ход челове́ка из корабля́ в косми́ческое простра́нство
〔궤도상에서의〕자동도킹	автомати́ческая стыко́вка 〔на орби́те〕
로케트 발사장	ракетодро́м
궤도에 진입하다	вы́вести на орби́ту
소련 페넌트	вы́мпел СССР

【자연현상】

낮이 길어(짧아)지고 있읍니다.	Дни стано́вятся длинне́е (коро́че).
이미 날이 밝아오고(저물고) 있읍니다.	Уже́ света́ет (вечере́ет).
우리는 내일 새벽녘에(날이 밝기 전에) 출발합니다.	За́втра мы отпра́вимся на рассве́те (пе́ред рассве́том).
햇빛(달빛)이 빛납니다.	Све́тит со́лнце (луна́).
해가 구름에 가렸읍니다.	Со́лнце скры́лось в облака́х.
하늘이 구름으로 덮였읍니다.	Не́бо покры́лось облака́ми.
하늘에 비구름이 깔렸읍니다.	На не́бе появи́лась ту́ча.
하늘에 무지개가 떴읍니다.	На не́бе 〔появи́лась〕 ра́дуга.

「무지개 색깔을 러시아어로 말해 보라」 (Назови́те по-ру́сски цвета́ ра́дуги) ра́дуга 「무지개」 색깔을 잊지 않기 위해서 다음 문장을 암기해 두면 편리하다. 각 단어의 첫 글자가 ра́дуга 색깔의 첫 글자로 되어 있으므로, 색을 나타내는 단어를 생각해 내는 암시가 될 것이다. 즉 **Ка́ждый охо́тник жела́ет знать, где сидя́т фаза́ны.** 「사냥군은 모두, 꿩이 어디에 있는가를 알고 싶어합니다」.

кра́сный 「빨간색의」,	**ора́нжевый** 「주황색의」
жёлтый 「노란색의」	**зелёный** 「초록색의」
голубо́й 「파란색의」	**си́ний** 「남색의」
фиоле́товый 「보라색의」	

아침(저녁)노을이 멋지군요.	Какáя красивая заря!
여기는 공기가 신선합니다.	Здесь вóздух свéжий.
여기는 덥군요. 그늘로 갑시다.	Здесь жáрко. Пойдёмте в тень.

동; 동쪽의	востóк; востóчный
남; 남쪽의	юг; южный
서; 서쪽의	зáпад; зáпадный
북; 북쪽의	сéвер; сéверный
남동, 동남	юго-востóк
북동, 동북	сéверо-востóк
남서, 서남	юго-зáпад
북서, 서북	сéверо-зáпад
나침반	кóмпас

> 방향을 나타내는 말과 함께 사용되는 전치사 「…로」 (방향)는 на…〔대격〕, 「…에」(장소)는 на…〔전치격〕, 「…에서」는 с…〔생격〕이 된다. 예를들면 на юг(сéвер) 「남(북)으로」, на юге (сéвере) 「남(북)에」, с востóка (зáпада) 「동(서)에서」가 되며 「…의 남(북·동·서)쪽으로」는 к…〔여격〕 от…〔생격〕이 된다. 예를들면 к югу от Москвы 「모스크바 남쪽으로」이다.
>
> 「태양은 동쪽에서 떠서 서쪽으로 집니다」 이 경우 러시아어로는 с…〔생격〕「…에서」 на…〔대격〕 「…로」가 아니라, 어느 것이나 모두 на…〔전치격〕「…에〔있어서〕」 가 되기 때문에 주의하라.
>
> **Сóлнце всхóдит на востóке и захóдит на зáпаде.**

북(남)극	Сéверный (Южный) пóлюс
일출(일몰)	восхóд (закáт) сóлнца
일식(월식, 개기식)	сóлнечное (лýнное, пóлное) затмéние
만조(간조)	〔морскóй〕 прилив (отлив)

【계절】

—당신은 어떤 계절을 가	—Какóе врéмя гóда вы лю́бите

장 좋아합니까?

—나는 봄(여름, 가을, 겨
  울)을 가장 좋아합니
  다.

올해는 봄(겨울)이 늦게
  (일찍) 왔읍니다.

—당신은 거기에 언제 갔
  었읍니까?

—봄(여름, 가을, 겨울)에
  갔었읍니다.

당신은 이번 봄(여름,가을,
  겨울)에 여행을 하실 계
  획입니까?

이곳은 어느 계절이 가장
  좋습니까?

больше всего?

—Я люблю больше всего вес-
  ну (лето, осень, зиму).

В этом году весна (зима) приш-
  ла (наступила) поздно (рано).

—Когда вы были там?

—[Я был там] весной (летом,
  осенью, зимой).

Вы будете путешествовать
  этой весной (этим летом,
  этой осенью, этой зимой)?

Какой здесь самый лучший
  сезон?

기후

—당신네 지방(나라)은 기
  후가 어떻습니까?

—기후가 혹독(온화)합니
  다.

우리 지방(나라)은 대륙성
  (해양성) 기후입니다.

우리 지방(나라)은 기후가
  비교적 온화합니다.

여름에 한국은 습도가 높
  습니다.

당신은 우리 기후에 이미
  익숙해 졌읍니다.

—Какой у вас климат?

—У нас суровый (мягкий) кли-
  мат.

У нас континентальный (мор-
  ской) климат.

У нас сравнительно умеренный
  климат.

Летом в Корее большая вла-
  жность.

Вы уже привыкли к нашему
  климату?

날씨

—오늘은 날씨가 어떻습니
  까?

—오늘은 날씨가 화창합니
  다(좋습니다, 나쁩니
  다, 불쾌합니다).

—Какая сегодня погода?

—Сегодня прекрасная (хоро-
  шая, плохая, отвратитель-
  ная) погода.

오늘은 쾌청합니다(음산합 니다, 비가 옵니다, 구 질구질합니다).

Сегодня ясная (пасмурная, дождливая, сырая) погода.

오늘은 구질구질합니다(음 산합니다, 구름이 꼈읍 니다)

Сегодня сыро (пасмурно, облачно).

—내일은 날씨가 어떨 것 으로 생각합니까?

—Как вы думаете, какая погода будет завтра?

—내일은 흐릴 것 같습니 다.

—Я думаю, завтра будет облачная погода.

облачный 와 пасмурный 는 모두 「구름이 낀」으로 번 역되지만, 전자는 구름이 많이 낀 것이고, 후자는 구름 이 하늘을 엷게 덮을 정도로 희미한 것을 말한다.

아마 내일은 날씨가 좋을 겁니다.

Вероятно, завтра будет очень хорошая погода.

날씨가 좋아집니다(나빠집 니다).

Погода улучшается (ухудшается).

요즘은 좋은 날씨가 계속 되고 있읍니다.

В последние дни стоит прекрасная погода.

—모스끄바의 가을은 날씨 가 어떻습니까?

—Какая погода бывает осенью в Москве?

—모스끄바의 가을은 쾌청 하고 건조한 날씨가 계속됩니다.

—Осенью в Москве стоит ясная и сухая погода.

금년은 이상기후입니다.

В этом году погода необычная.

기온

오늘은 덥습니다(무덥습니 다, 따뜻합니다, 춥습니 다, 시원합니다).

Сегодня жарко (душно, тепло, холодно, прохладно).

오늘은 어제보다 더 덥습 니다(춥습니다).

Сегодня жарче (холоднее), чем вчера.

—덥지 않습니까(춥지않습니까)?	—Вам не жа́рко (хо́лодно)?
—아니오, 시원합니다(따뜻합니다).	—Нет, мне прохла́дно (тепло́).
더워(추위)지고 있읍니다(졌읍니다).	Стано́вится (ста́ло) жа́рко (хо́лодно).
아마도 내일은 오늘보다 더 추울 것입니다.	За́втра, наве́рно, бу́дет холодне́е, чем сего́дня.
6月의 날씨로는 시원합니다.	Для ию́ня прохла́дно.
올해는 겨울이 따뜻합니다.	В э́том году́ зима́ тёплая.
올해는 예년보다 훨씬 춥습니다.	Э́тот год необы́чно холо́дный.
올해는 지난해처럼 그렇게 덥지 않습니다.	В э́том году не так жа́рко, как в про́шлом.
당신네 지방(나라)은 어느 달이 가장 덥습니까(춥습니까)?	Како́й ме́сяц у вас са́мый жа́ркий (холо́дный)?
—당신은 추위(더위)를 타십니까?	—Как вы перено́сите хо́лод (жару́)?
—나는 추위(더위)를 탑니다(타지 않습니다).	—Я (хорошо́) переношу́ хо́лод (жару́).
당신은 추위와 더위 중에서 어느 것을 더 쉽게 견디십니까?	Что вы ле́гче перено́сите, хо́лод и́ли жару́?
나는 발(손)이 얼었읍니다.	У меня́ замёрзли но́ги (ру́ки).
—오늘은 몇 도입니까(오늘의 기온은 어떻습니까)?	—Ско́лько сего́дня гра́дусов? (Кака́я сего́дня температу́ра во́здуха?)
—오늘은 영상 20도입니다.	—Сего́дня два́дцать гра́дусов тепла́.
오늘은 영하 15도입니다.	Сего́дня пятна́дцать гра́дусов моро́за.
당신네 지방(나라)은 여름(겨울)의 최고(최저) 기온이 얼마나 됩니까?	Кака́я у вас са́мая высо́кая (ни́зкая) температу́ра ле́том (зимо́й)?

바람, 비, 천둥

바람이 강해지고 있읍니다 (강해 졌읍니다).	Вéтер усúливается (усúлился).
바람이 잠잠해지고 있읍니 다(바람이 잠잠합니다).	Вéтер стихáет (утúх).
지금 비가 옵니까?	Идёт ли сейчáс дождь [дощ]?
—비가 많이 옵니까?	—Дождь сúльный?
—아니오, 큰 비는 아닙니 다.	—Нет, небольшóй.
아마 비가 올 것 같읍니다.	Вúдимо, бýдет дождь.
비가 내리기 시작했읍니다.	Пошёл (начался) дождь.
비가 더욱 세차집니다(세 차졌읍니다).	Дождь усúливается (усúлился).
비가 억수로 내립니다.	Дождь льёт как из ведрá.
비가 멎었읍니다(지나 갔 읍니다).	Дождь перестáл (прошёл).
내일 비가 오리라 생각하 십니까?	Как вы дýмаете, зáвтра бýдет дождь?
우산을 가지고 왔읍니까?	Вы взяли с собóй зóнтик?
비가 멈출 때까지 기다립 시다.	Подождём, покá не перестáнет дождь.
나는 비를 맞았읍니다.	Я попáл под дождь.
당신네 지방(나라)은 어느 계절에 비가 자주 옵니 까?	В какóе время года у вас чáс- то идýт дождú (идёт дождь)?
우기는 언제 시작되어 언 제 끝납니까?	Когдá начинáется сезóн дож- дéй и когдá он кончáется?
우기는 얼마나 계속됩니까 ?	Скóлько врéменн (как дóлго) продолжáется сезóн дож- дéй?
아마 뇌우가 닥칠 것 같아 요.	Вероятно, бýдет грозá.
번개가 쳤읍니다.	Сверкнýла (блеснýла) мóлния.
천둥이 쳤읍니다.	Загремéл (грянул, удáрил) гром.
지붕에 벼락이 떨어졌읍니 다.	Мóлния удáрила в крышу.

그는 벼락을 맞아 죽었읍니다.	Он уби́т мо́лнией.
오늘은 안개가 꼈읍니다.	Сего́дня тума́н.
눈이 옵니다.	Идёт снег.
당신네 지방(나라)에는 첫 눈이 언제 내립니까?	Когда́ у вас выпада́ет пе́рвый снег?
당신네 지방(나라)에는 눈이 자주 옵니까?	Ча́сто ли у вас быва́ет снег?
어느 지방에 눈이 많이 내립니까?	В каки́х райо́нах выпада́ет мно́го сне́га?
영동 지방은 겨울에 적설량이 수 m에 달합니다.	В райо́не Йондо́н зимо́й сне́жный покро́в достига́ет не́скольких ме́тров.
당신은 오늘 라디오 일기예보를 들었읍니까(신문에서 일기예보를 읽었읍니까)?	Сего́дня вы слу́шали по ра́дио (чита́ли в газе́те) прогно́з пого́ды?
내일의 일기예보는 어떻습니까?	Како́й прогно́з пого́ды на за́втра?
일기예보가 들어 맞았읍니다(맞지 않았읍니다).	Прогно́з пого́ды (не) оправда́лся
당신네 나라는 일기예보가 어느 정도 적중합니까?	Наско́лько то́чно у вас даю́т прогно́з пого́ды?
한란계, 온도계	термо́метр, гра́дусник
우량계	баро́метр
측후소	метеорологи́ческая ста́нция
기상대, 관상대	метеорологи́ческое управле́ние

【자연】

—저기 높은 산이 보이는데 무슨 산입니까?	—Там видне́ется высо́кая гора́. Что э́то за гора́ (Как она́ называ́ется)?
—한라산(화산)입니다.	—Э́то Ха́лласан (вулка́н)
—이 화산은 활화산입니까?	—Э́тот вулка́н де́йствующий?
—아니오, 휴화산(사화산)입니다.	—Нет, неде́йствующий (поту́хший).

당신네 나라에서는 무슨 강이 가장 깁니까(수량 이 가장 많습니까)?

Какая река у вас самая длинная (многоводная)?

이 강의 길이는 얼마나 됩니까?

Какова длина этой реки?

이 강에 배가 다닐 수 있읍니까?

Судоходна ли эта река?

도시에 어떤 강이 흐릅니까?

Какие реки протекают в городе (через город)?

이 운하는 언제 개통되었읍니까?

Когда был открыт этот канал?

당신네 나라에서는 어느 호수가 가장 큽니까(깊읍니까) ?

Какое озеро у вас самое большое (глубокое)?

이 호수의 면적(깊이)은 어떻게 됩니까?

Какова площадь (глубина) этого озера?

어떤 강이 이 호수로 흘러 들어 옵니까?

Какие реки впадают в это озеро?

—오른 (왼) 쪽에 보이는 것이 무엇입니까? 섬이 아닙니까?

—Что это виднеется справа (слева)? Не остров ли это?

—아닙니다,태안반도입니다.

—Нет, это полуостров Тэан.

그곳은 경치가 아름답습니까?

Там красивый пейзаж?

이곳은 전경이 좋습니다.

Отсюда красивый вид.

나는 자연을 좋아합니다.

Я люблю природу.

대륙	материк, континент
육지	суша
해안, 기슭	берег, 複 *-а, -ов*
빙하	ледник, *-а*
산맥	хребет, *-бта*
골짜기	долина
평야	равнина
들판	поле, 複 *-я, -ей*
초원	луг, 複 *луга*
스텝	степь [女], 複生 *-ей*

사막	пусты́ня
삼림, 숲	лес, 複 -а́, -о́в
작은 숲, 관목 숲	ро́ща
타이가	тайга́
늪	боло́то
대양	океа́н
바다	мо́ре, 複 -я́, -е́й
만	зали́в
해협	проли́в
곶	мыс
지류	прито́к
하구	у́стье
시내	ре́чка
샘	клю́ч, -а́
폭포	водопа́д
연못	пруд, -а́

【식물】

이것은 무슨 식물입니까?	Что э́то за расте́ние?
이것은 어떤 식물입니까?	Како́е э́то расте́ние?
이것은 다년생(일년생) 식물 입니까?	Э́то многоле́тнее (однолетнее) расте́ние?
이 식물의 원산지는 어디 입니까?	Где нахо́дится ро́дина э́того расте́ния?
―그 꽃은 무슨 꽃입니까?	―Что э́то за цветы?
―이 꽃은 튜울립(민들레, 수선화) 입니다.	―Э́то тюльпа́н (одува́нчик, нарци́сс).
―당신은 어떤 꽃을 좋아 하십니까?	―Каки́е цветы́ вы лю́бите?
―나는 장미와 달리아를 좋아합니다.	―Я люблю́ ро́зы и георги́ны.
―이것은 무슨 나무입니 까?	―Что э́то за де́рево?
―이것은 소나무(전나무, 자작나무)입니다.	―Э́то сосна́ (ель, берёза).
당신네 지방(나라)에는 참 나무가 자랍니까?	Растёт ли у вас дуб?

이 꽃은 추위에 약합니다 (추위를 견디지 못합니다).	Эти цветы боятся хо́лода.
당신네 지방(나라)에는 언제 벗꽃(매화)이 됩니까?	Когда́ у вас цветёт (расцвета́ет) ви́шня (сли́ва)?
벗꽃이 지금 만개했읍니다.	Ви́шня тепе́рь в по́лном цвету́.
꽃이 폈읍니다(떨어졌읍니다, 시들었읍니다, 말라 비틀어졌읍니다).	Цветы́ расцвели́ (опа́ли, завя́ли, засо́хли).

식물원	ботани́ческий сад
온실	оранжере́я, тепли́ца
꽃	**цветы́**(單 *цвето́к*)
야생화	полевы́е цветы́
백합	ли́лия
국화	хризанте́ма[*тэ*]
양귀비	мак
패랭이꽃, 카네이션	гвозди́ка
나팔꽃	вьюно́к, *-нка́*
은방울꽃	ла́ндыш
물망초	незабу́дка
난	орхиде́я
연꽃	ло́тос
제비꽃	фиа́лка
라일락	сире́нь [女]
삼색제비꽃	аню́тины гла́зки
작약	пио́н
선인장	ка́ктус
꽃봉오리	буто́н
꽃잎	лепесто́к, *-тка́*
풀	**трава́**, 複 *тра́вы, трав*
클로우버	кле́вер
갈대	камы́ш, *-а́*
이끼	мох, *мха*
싹	росто́к, *-тка́*
줄기	сте́бель, *-бля*; 複 *-бли, -блей*
화분	горшо́к, *-шка́*

나무	де́рево, 複 *дере́вья, дере́вьев*
관목	куста́рник, куст
포플라	то́поль [男], 複 *-я, -е́й*
보리수	ли́па
아카시아	ака́ция
낙엽송	ли́ственница
단풍	клён
마가목	ряби́на
버드나무	и́ва
대나무	бамбу́к
야자나무	коко́совая па́льма
덤불	за́росль [女]
뿌리	ко́рень [男], *-рня*; 複 *-рни, -рне́й*
줄기(나무의)	ствол, *-а́*
수피	кора́
가지	ве́тка, 複生 *ве́ток*
그루터기	пень [男], *пня*
잎	лист, *-а́*, 複 *ли́стья, -ьев*
솔방울	ши́шка, 複生 *ши́шек*
밤	кашта́н
버섯	гриб, *-а́*

【동물】

소련에는 약 120만 종류의 동물이 있읍니다.	В СССР о́коло 1 миллио́на 200 ты́сяч ви́дов живо́тных.
이 지역에 어떤 짐승(새)이 서식하고 있읍니까?	Каки́е зве́ри (пти́цы) во́дятся в э́тих места́х?
이것은 육식(초식, 잡식) 동물입니다.	Э́то плотоя́дное (травоя́дное, всея́дное) живо́тное.
이 새는 멸종 위기에 놓여 있읍니다.	Э́та пти́ца нахо́дится под угро́зой исчезнове́ния.
나는 모기에 물렸읍니다.	Меня́ укуси́л кома́р.
당신은 어떤 동물을 키우고 계십니까?	Вы де́ржите какое- нибудь живо́тное?
나는 개를 기릅니다. 그 개의 이름은 「쥬츠까」입니다.	У меня́ есть соба́ка. Её зову́т «Жу́чка».

동물원	зоопа́рк, зоологи́ческий сад
동물	**живо́тное** (複 живо́тные)
야생동물, 야수	ди́кие живо́тные
가축	дома́шние живо́тные
수컷 ; 암컷	саме́ц; са́мка
암캐	соба́ка
수캐	пёс, *пса*
강아지	щено́к, *-нка́*
암코양이	ко́шка, 複生 *ко́шек*
수코양이	кот, *-а́*
새끼 고양이	котёнок, *-нка*; 複 *-тя́та, -тя́т*
암소	коро́ва
황소	бык, *-а́*
송아지	телёнок, *-нка*; 複 *-ля́та, -я́т*
암말	ло́шадь [女], 複生 *-де́й*
숫말	конь [男], *коня́*; 複 *ко́ни, коне́й*
망아지	жеребёнок, *-нка*; 複 *-бя́та, -бя́т*
암산양	коза́, 複 *ко́зы*
숫산양	козёл, *козла́*
새끼 산양	козлёнок, *-нка*; 複 *-ля́та, -ля́т*
암양	овца́, 複 *о́вцы, ове́ц, о́вцам*
숫양	бара́н
새끼 양	ягнёнок, *-нка*; 複 *-ня́та, -ня́т*
돼지	свинья́, 複 *сви́ньи, свине́й, сви́ньям*
돼지 새끼	поросёнок, *-нка*; 複 *-ся́та, -ся́т*
집토끼	кро́лик
낙타	верблю́д
당나귀	осёл, *осла́*
코끼리	слон, *-а́*
사자	лев, *льва́*
호랑이	тигр
표범	леопа́рд
하마	бегемо́т

늑대	волк
여우	лиса́, 複 ли́сы, лис
사슴	оле́нь [男]
코뿔소	носоро́г
기린	жира́ф
캥거루우	кенгуру́ [不変・男]
얼룩말	зе́бра
곰	медве́дь [男]
산토끼	за́яц, за́йца
원숭이	обезья́на
고슴도치	ёж, ежа́
박쥐	лету́чая мышь
뱀	змея́, 複 зме́и, -е́й, -е́ям
도마뱀	я́щерица
악어	крокоди́л
개구리	лягу́шка, 複生 -шек
거북이	черепа́ха
꼬리	хвост, -а́
떼, 무리	ста́до, 複 -а́, стад, -а́м
새	пти́ца
새새끼	птене́ц, -нца́
암탉	ку́рица, 複 ку́ры, кур
수탉	пету́х, -а́
병아리	цыплёнок, -нка; 複 -ля́та, -ля́т
오리	у́тка, 複生 у́ток
거위	гусь [男], 複生 гусе́й
칠면조	индю́к, -а́
비둘기	го́лубь [男], 複生 голубе́й
참새	воробе́й, воробья́
까마귀	воро́на
제비	ла́сточка
갈매기	ча́йка
앵무새	попуга́й
올빼미	сова́, 複 со́вы, сов, со́вам
두루미	жура́вль [男], -я́
백조	ле́бедь [男], 複生 лебеде́й

매	со́кол
독수리	орёл, *орла́*
날개	крыло́. 複 *кры́лья*
깃, 깃털	перо́, 複 *пе́рья*
(새의) 부리	клюв
다리 (조수의)	ла́па
둥우리	гнездо́, 複 *гнёзда*
새장	кле́тка, 複生 *кле́ток*
곤충	**насеко́мое**, 複 **насеко́мые**
모기	кома́р, *-а́*
파리	му́ха
바퀴벌레	тарака́н
빈대	клоп, *-а*
벌	пчела́, 複 *пчёлы, пчёл*
벌집	со́ты [複]
거미	пау́к, *-а*
거미집	паути́на
나비	ба́бочка, 複生 *-чек*
잠자리	стрекоза́, 複 *-о́зы, -о́з*
매미	цика́да
개똥벌레	светля́к, *-а́*
딱정벌레	жук, *-а́*
귀뚜라미	кузне́чик
메뚜기	саранча́
달팽이	ули́тка
지렁이	дождево́й червь (червя́к)
유충, 애벌레	гу́сеница
벼룩	блоха́, 複 *бло́хи, блох, блоха́м*
개미	мураве́й, *-вья́*
개미집	мураве́йник
곤충망	сачо́к, *-чка́*

어류, 바다짐승

이 수족관에 어떤 물고기가 있읍니까 ?	Каки́е ры́бы есть в э́том аква́риуме ?
이것은 바닷물고기입니까, 민물고기입니까 ?	Э́то морска́я и́ли речна́я ры́ба ?

이것은 담수어(심해어)입니다.	Это пресноводная (глубоководная) рыба.
이 물고기는 어디에서 서식합니까?	Где во́дится э́та ры́ба?
당신네 지방(나라)에 이 물고기가 서식합니까?	У вас во́дится э́та ры́ба?
붕어	кара́сь, -я́
잉어	карп
송어	форе́ль [女]
뱀장어	у́горь [男], угря́
대구	треска́
꼬치고기	щу́ка
연어	ке́та
참치	туне́ц, -нца́
고등어	макре́ль [女]
정어리	сарди́на, сарди́нка
청어	се́льдь [女], 複生 -ей, селёдка
농어	о́кунь [男], 複生 окуне́й
가자미	ка́мбала
철갑상어	осётр
오무리(작은 연어의 일종, 바이칼호의 명산품)	о́муль [男]
상어	аку́ла
오징어	кальма́р, карака́тица
문어	осьмино́г, спрут
성게	морско́й ёж
해파리	меду́за
게	краб
가재	рак
굴	у́стрица
해초,	морски́е во́доросли
미역	морска́я капу́ста
고래	кит, -а́
물개	тюле́нь [男]
바다표범	[морско́й] ко́тик
수달	морска́я вы́дра

재해, 공해

우리 나라에는 지진(태풍, 홍수, 화재)이 자주 발생합니다.

У нас ча́сто быва́ют землетря- се́ния (тайфу́ны, наводне́ния, пожа́ры).

[한국에는] 언제 태풍이 붑니까?

Когда́ [в Коре́е] быва́ют тай- фу́ны?

댁은 태풍에 피해를 입지 않았읍니까?

Вы не пострада́ли от тайфу́на?

신문의 보도에 따르면 어제 화산이 폭발하였읍니다.

По газе́тным сообще́ниям, вчера́ произошло́ изверже́- ние вулка́на.

라디오 보도에 따르면 어제 N지방에 강한(약한) 지진이 발생했다고 합니다.

Как передаёт ра́дио, вчера́ в райо́не Н произошло́ си́льное (сла́бое) землетрясе́ние.

진원지가 어디입니까?

Где нахо́дится эпице́нтр зем- летрясе́ния?

―진도는 얼마나 됩니까?

―Какова́ си́ла землетрясе́ния (подзе́много толчка́)?

―진도 6입니다.

―Шесть ба́ллов.

당신은 어제 N지방에서 대홍수(산사태, 눈사태)가 났다는 라디오보도를 들었읍니까?

Вы слы́шали по ра́дио, что вчера́ в райо́не Н бы́ло большо́е наводне́ние (был го́рный обва́л, обру́шилась лави́на)?

강이 범람했읍니다.

Река́ вы́шла из берего́в.

강이 범람하여 다리가 떠내려 갔읍니다.

Река́ разлила́сь и снесла́ мост.

홍수로 수천명이 이재민이 되었읍니다.

По́сле наводне́ния ты́сячи лю- де́й оста́лись без кро́ва.

―태풍(화산의 폭발, 지진, 산사태, 눈사태, 홍수)으로 어떠한 피해가 발생했읍니까?

―Како́в уще́рб от тайфу́на (от изверже́ния вулка́на, от землетрясе́ния, от го́р- ного обва́ла, от лави́ны, от наводне́ния)?

—총피해액이 50억원에 달　　—Общий материáльный ущéрб
　합니다.　　　　　　　　　　достигáет пятú миллиáр-
　　　　　　　　　　　　　　дов вонов.

가옥 40채가 파괴(반파)됐　　Разрýшено (частúчно разрý-
　읍니다.　　　　　　　　　　шено) сóрок домóв.

가옥　20채(다리 2개)가　　Обвалúлись двáдцать домóв
　내려 앉았읍니다.　　　　　(два мóста).

200세대가 피해를 입었읍　　Пострадáло двéсти семéй.
　니다.

가옥 약 3000호가 침수되　　Óколо трёх тысяч домóв за-
　었읍니다.　　　　　　　　　тóплено.

100명이　사망(부상)했읍　　Погúбли (рáнены) сто человéк.
　니다.

100명이　행방불명되었읍　　Сто человéк пропáли бéз вес-
　니다.　　　　　　　　　　　ти.

오늘 라디오는 A시에서 어　　Я слышал сегóдня по рáдио,
　제 대화재가　있었다고　　что вчерá в гóроде А был
　전했읍니다.　　　　　　　　большóй пожáр.

화재로 몇 호의 가옥이 소　　Скóлько домóв сгорéло от по-
　실됐읍니까?　　　　　　　жáра?

화재로 2명이 화상을 입　　В результáте пожáра два че-
　었읍니다.　　　　　　　　ловéка получúли ожóги.

환경오염(공해)이　심해져　　Всё возрастáет загрязнённость
　만 갑니다.　　　　　　　　окружáющей среды.

한국에서는 자연보호운동　　В Корéе шúрится движéние
　이 확대되고 있읍니다.　　за　охрáну　окружáющей
　　　　　　　　　　　　　　среды (прирóды).

　한국의 지진단계는 7등급으로 나뉘어져 있지만, 소련
은 12등급으로 나뉘어져 있으므로 실수없기를!　한국의
지진단계로 말할 경우 7진도계라는 것을 알아야 한다.
　〔7진도에 의한〕진도 3 의 지진은 землетрясéние　в
три бáлла по семибáлльной шкалé (또는 по семибá-
лльной систéме исчислéния)로 한다.
　умерéть 와 погúбнуть는 모두 한국어로는 「죽는다」라
고 번역되지만, умерéть는 병사나 자연사의 경우에, по-

> гибнуть 는 사고 등에 의한 불의의 죽음이나 전사 등에 사용된다는 것을 잊지 말도록. 그러나 스스로 자진해서 어떤 목적을 위해(가령 조국을 수호하기 위해)「죽는다」라고 할 경우에는 умереть 도 사용된다.

천재	стихи́йиое бе́дствие
지진관측소	сейсми́ческая ста́нция
땅의 갈라짐	тре́щина (複 *тре́щины*) 〔в земле́〕
함몰(사태)	о́ползень, -зня
탄광의 폭발〔사고〕	взрыв в ша́хте
소방차(대)	пожа́рная маши́на (кома́нда)
소방대원	пожа́рный, пожа́рник
〔분〕화구	кра́тер
용암	ла́ва
산업폐기물	промы́шленные отхо́ды
자동차의 배기가스	выхлопны́е га́зы автомаши́н
"광화학 스모그"	«фотохими́ческий смог»

ГОВОРИМ ПО-РУССУКИ

한국인을 위한 표준러시아어 회화

2010년 · 1월 1일 초판 인쇄
2010년 · 1월 5일 초판 발행
편   저 · 강 홍 주
발 행 인 · 서 덕 일
발 행 처 · 도서출판 문예림
등   록 · 1962년 7월 12일(제2-110호)
주   소 · 서울시 광진구 군자동 1-13호 문예하우스 101호
전화 Tel:02) 499-1281~2
팩스 Fax:02) 499-1283
http://www.bookmoon.co.kr
E-mail:book1281@hanmail.net
ISBN 978-89-7482-511-9(13790)

정가 8,000원

■ 잘못된 책은 구입하신 서점에서 교환하여 드립니다.
■ 저자와 협의에 의해 인지를 생략합니다.